国家自然科学基金面上项目
"我国农业科研院所科技创新效率研究"
（71373263）

中国农业科研院所科技创新效率研究：
基于创新模式和创新环境视角

毛世平 等 / 著

中国财经出版传媒集团
经济科学出版社
Economic Science Press

序

科学技术是第一生产力，当前新一轮科技革命和产业变革正在重构全球创新版图、重塑全球经济结构，科技创新是国家竞争力的主要源泉。我国正处于建设创新型国家的重要时期，农业作为基础性产业对我国经济发展和深化改革起到了"压舱石"和"战略后院"的作用。当前我国农业正处于从数量增长向高质量发展、从要素驱动向创新驱动发展转型升级的关键时期。这就要求必须进一步强化农业科技创新，以此突破资源环境约束，拓展农业发展空间，提高农业生产效益和竞争力。农业科研院所作为知识创新、技术创新的专业性微观组织，是国家农业科技创新体系的主要创新主体，其科技创新能力及创新效率对农业产业的转型升级具有重要影响。本书以中国农业科研院所为研究对象，在构建农业科研院所科技创新活动理论分析框架的基础上，基于创新模式与创新环境视角探究了中国农业科研院所的创新效率问题。

首先，本书构建了中国农业科研院所科技创新活动的理论分析框架，为进一步研究农业科技创新提供了理论基础。农业科研院所的科技创新活动是一个复杂的过程，本书从创新模式选择与创新环境角度对农业科研院所科技创新活动进行了深入的理论分析，构建了较为系统完整的分析框架，有助于打开农业科研院所开展科技创新活动的"黑箱"，更深入地探究农业科研院所开展科技创新活动的内在机理。同时，本书注重运用符合国际学术规范的研究方法和计量经济分析方法。本书对理论分析框架中每个研究问题的探究都遵循了研究背景、理论分析与研究假说、研究设计、实证结果及研究结论这样一个符合国际学术规范的基本研究方法。现阶段国内对于农业科技创新问题的关注重点多为宏观或中观层面的农业科技投入问题，研究方法多采用定性分析和描述性统计分析方法，对农业科研院所科技创新效率的研究尚处于探索阶段，尤其是基于微观视角对农业科研院所创新效率的研究还不多见。本书基于省级面板数据以及全国1100多家农业科研院所的微观数据，从创新模式和创新环境两个视角对农业科研院所科技创新活动进行实证研究，不仅是对现有文献从宏观、中观层面研究农业科技创新的有益补充，而且进一步拓展了农业科技创新问题的研究范围。

其次，本书探究了创新环境对农业科研院所创新活动的影响。一是基于1977~2016年中国国家立法机关、中央政府及所属部门制定并颁布的科学技术方面的科技法律、行政法规、部门规章和规范性文件，系统梳理出4995条科技创新政策样本，并运用赋值方法对不同科技创新政策的政策力度进行测度，计算各类型创新政策力度年度数值，构建了连续型的中国科技体制改革进程指数；并实证检验了其对农业科研院所创新效率的影响。二是对农业科技创新政策进行分类测量，分析其演变的趋势和特征，进而分析不同类型的中国农业科技创新政策对农业科研院所创新产出的影响。这在一定程度上填补了运用连续性变量分析外部创新环境对农业科技创新活动影响的空白，也是本书的主要创新点之一。

最后，本书的研究发现具有较强的政策含义。本书从创新模式和创新环境两个角度，采用宏（中）观和微观数据对农业科研院所科技创新效率进行探究，并进行相互验证，研究结论更为稳健。特别是运用全国1100多个农业科研院所的大样本微观数据来实证分析农业科研院所创新效率和影响因素，所得研究结论能更有效地反映出农业科研院所的现实状况。在此基础上形成的政策建议具有更强的针对性和更好的应用价值。

本书得到国家自然科学基金面上项目"我国农业科研院所科技创新效率研究"（71373263）以及中国农业科学院创新工程项目（ASTIP-IAED-2019-05）的资助。本书由项目主持人毛世平研究员负责整体设计、提出研究思路，组织课题组成员参与本书的撰写工作，负责本书的修改、完善以及最后统稿和最终审定。具体写作分工如下：吴敬学研究员主要负责本书的研究方法指导，孙立新博士研究生参与了第 1 章和第 12 章的撰写工作；王晓君副研究员参与了第 2 章的撰写工作；林青宁博士参与了第 3 章、第 4 章、第 5 章和第 7 章的撰写工作；项诚副研究员参与了第 6 章的撰写工作；李慧泉硕士研究生参与了第 8 章的撰写工作；杨艳丽硕士参与了第 9 章、第 10 章和第 11 章的撰写工作。由于作者时间与水平所限，本书难免有不妥和不足之处，敬请各位专家和同仁批评指正。

作者向所有支持本书写作的领导和专家们表示衷心感谢！

毛世平

2019 年 8 月 13 日

目 录

第1章 引言 / 1
　　1.1 研究背景与意义 / 1
　　1.2 研究框架及主要内容 / 3

第2章 研究进展 / 11
　　2.1 农业科技创新的内涵 / 11
　　2.2 农业科技创新投入产出研究 / 13
　　2.3 农业科技创新效率研究 / 17
　　2.4 农业科技创新产出影响因素研究 / 20
　　2.5 简要评述 / 23

第3章 农业科研院所科技创新活动分析框架 / 25
　　3.1 理论基础 / 27
　　3.2 创新模式对农业科研院所科技创新活动的影响分析 / 30
　　3.3 创新要素对农业科研院所科技创新活动的影响分析 / 33
　　3.4 创新环境对农业科研院所科技创新活动的影响分析 / 36
　　3.5 本章小结 / 38

第4章 中国农业科研院所科技创新投入产出现状及演变 / 40
　　4.1 农业科研院所科技创新投入产出现状分析 / 41
　　4.2 农业科研院所科技创新投入产出演变分析 / 81
　　4.3 本章小结 / 93

第5章 创新模式对中国农业科研院所创新效率的影响
——基于省级面板数据 / **97**

5.1 研究设计 / 98

5.2 创新模式对农业科研院所创新效率影响的实证分析 / 103

5.3 本章小结 / 115

第6章 创新模式、知识积累对中国农业科研院所创新产出的影响
——基于科研院所微观数据 / **118**

6.1 研究方法 / 119

6.2 数据来源及研究样本 / 122

6.3 农业科研院所创新产出影响因素的实证分析 / 127

6.4 本章小结 / 131

第7章 协同创新模式对中国农业科研院所创新产出的影响 / **132**

7.1 研究设计 / 134

7.2 协同创新模式对农业科研院所创新产出影响的实证分析 / 138

7.3 本章小结 / 142

第8章 创新模式下经费结构、人力资源结构对中国农业科研院所创新产出的影响 / **143**

8.1 经费结构对农业科研院所创新产出的影响 / 144

8.2 人力资源结构对农业科研院所科技产出效率的影响 / 148

8.3 本章小结 / 159

第9章 中国科技体制改革进程量化测度及其演变 / **161**

9.1 数据来源 / 161

9.2 科技创新政策内涵以及范式演进 / 162

9.3 科技创新政策文本结构 / 163

9.4 科技体制改革进程指数构建 / 166

9.5 科技创新政策分析 / 169

9.6 本章小结 / 181

第 10 章　科技体制改革对中国农业科研院所科技创新效率的影响 / 184

10.1　科技创新效率测算模型构建与数据处理 / 184

10.2　农业科研院所科技创新效率测度结果分析 / 189

10.3　科技体制改革进程指数的影响效果 / 191

10.4　本章小结 / 195

第 11 章　农业科技创新政策对中国农业科研院所创新产出的影响 / 196

11.1　中国农业科技创新政策的赋值与测量方法 / 196

11.2　中国农业科技创新政策的演变分析 / 200

11.3　中国农业科技创新政策的影响效果 / 205

11.4　本章小结 / 211

第 12 章　研究结论与政策建议 / 213

12.1　研究结论 / 213

12.2　政策建议 / 218

参考文献 / 224

第1章

引 言

1.1 研究背景与意义

随着全球化进程的加快与信息技术的飞速发展，国家间竞争日益激烈，科技创新能力成为国家竞争力的核心支撑。2006年召开的全国科技大会作出了建设创新型国家的战略决策，随后发布的《国家中长期科学和技术发展规划纲要（2006—2020年）》提出2020年进入世界创新型国家行列的目标。党的十八大提出实施创新驱动发展战略，强调科技创新是提高社会生产力和综合国力的战略支撑。2016年发布的《国家创新驱动发展战略纲要》作出"坚持双轮驱动，建设国家创新体系，推动六大转变"的战略部署，提出构建新的发展动力系统。党的十九大进一步强调加强国家创新体系建设，强化战略科技力量，科技创新已成为国家战略。

现代农业发展的理论与实践都充分证明，现代农业加速发展的源泉主要是科技进步、制度创新和人力资本。作为农业技术进步的源泉，农业科技创新活动的作用至关重要。农业科技创新是转变农业发展方式、保障国家粮食安全与实现农业可持续发展的主要驱动力。加快农业科技进步，既依赖于科技投入，又取决于科技创新效率的提高。农业科技创新效率既是建立农业科技创新运行机制的重大理论问题，也是传统农业向现代农业转型过程中农业科技创新决策面临的重大现实问题。

改革开放以来，中国农业科技发展取得举世瞩目的巨大成就，但中国的农业科技创新水平与发达国家还有较大的差距。据中华人民共和国农业农村部统计，2017年农业科技成果转化率只有40%左右、农业科技贡献率为57.5%，远低于发达国家70%以上、80%以上的水平。农业科研院所作为知识创新、技术创新的专业性微观组织，既是国家农业科技创新的主体，也是国家创新体系的重要组成部分，其创新活动和创新效率有利于推动中国农业产业由要素驱动模式向创新驱动模式转型升级。农业科研院所不同于农业企业、农业高等院校，它不仅要围绕政府产业需求和农村经济发展目标不断开展技术、产品的创新，还承担着农业知识创新和技术扩散等任务，其创新效率的高低直接影响着上述目标和任务的实现程度。

科技创新活动具有高度的路径依赖特性，通过完全独立创新有可能因核心知识僵化而导致农业科研院所的创新效率降低。协同创新以基于契约关系建立起的创新联盟为基本框架，体现人才结合、技术互补、资源配置以及效益共赢的特征，充分发挥各主体方优势资源互补，以共赢为最终目的，并实现协同主体间人才、技术的有机结合。因此，协同创新成为农业科研院所破除条件约束、实现资源互补、提升研发能力的重要途径。如何优化农业科研院所的创新模式进而提升其科技创新效率成为亟须解决的主要问题。那么，当前中国农业科研院所的科技创新效率如何？不同创新模式对农业科研院所创新效率影响如何？创新环境对中国农业科研院所的科技创新效率有何影响？这些都是需要通过研究来回答的科学问题。

目前，国内学者对农业科技创新问题进行了较多研究，绝大多数研究都是围绕宏观和中观层面，关注的重点也更多是宏观或中观层面的农业科技投入问题，多采用定性分析和统计描述性研究方法，对农业科研院所科技创新效率的研究尚处于探索阶段，尤其是基于微观组织的视角对中国农业科研院所创新效率的研究还十分欠缺。特别是，对于不同微观主体（如科研院所、高等院校、农业企业）的创新行为选择及其激励机制的分析较少，对于不同模式[①]下农业科技创新的绩效关注不足，仅有少数研究分析

[①] 本书将创新模式分为独立创新和协同创新两种类型，对创新模式概念界定如下：（1）宏观视角：若农业科研院所存在研发（R&D）外部支出（包括对农业企业、高等院校、科研机构的R&D外部支出），则视为开展协同创新，否则为独立创新。（2）微观视角：若农业科研院所存在与国外研究机构、高等院校、其他独立研究机构或农业企业等机构合办研究部门的行为，则视为开展协同创新，否则为独立创新。

了农业科技企业不同模式的绩效（姚琼等，2015），鲜有对于农业科研院所、高等院校不同模式下的创新效率进行研究。因此，本书基于不同创新模式及创新环境的视角探究中国农业科研院所创新效率和影响因素，并提出提高农业科研院所创新效率的政策与建议，为制定提升中国农业科研院所科技创新效率的政策提供决策支持。本书的研究不仅是对现有文献微观层面农业科技创新研究的有益补充，也是对农业科技创新问题研究视野的进一步拓展，具有重要的理论价值和现实意义。

1.2 研究框架及主要内容

1.2.1 研究框架

农业科研院所作为知识创新、技术创新的专业性微观组织，是国家农业科技创新体系的知识创新主体和重要力量。农业科研院所不仅要围绕政府需求、产业需求和农村经济发展目标不断开展技术、产品的创新，还承担着农业知识创新和技术扩散等任务，其科技创新效率是体现农业科技发展水平的标志，也是中国农业科技创新政策的着力重点。

农业科研院所是中国农业科技创新的主体，其创新效率、创新模式与创新环境成为学术界关注的前沿和热点问题。本书在构建中国农业科研院所科技创新活动分析框架的基础上，基于创新模式与创新环境的视角，探究中国农业科研院所创新效率问题。主要研究目标包括：探究农业科研院所科技创新活动内在机理及影响因素，为研究农业科研院所科技创新效率奠定理论基础；分析独立创新与协同创新模式下的农业科研院所科技创新效率，研究中国农业科研院所科技创新效率变化趋势，并检验创新模式对农业科研院所创新效率的影响；研究创新环境对农业科研院所科技创新效率的影响；提出提高农业科研院所科技创新效率的政策建议，为提升中国农业科研院所科技创新效率提供决策支持。

基于上述研究目标，本书首先梳理国内外相关研究进展，进而构建农业科研院所科技创新活动的理论分析框架，并对农业科研院所科技创新投入产出的现状及演变趋势进行分析。在此基础上，从创新模式视角探究宏微观层面创新模式选择、创新要素配置对农业科研院所科技创新效率的影响；从创新环境视角探究科技体制改革的进程及其演变、科技体制改革以及农业科技创新政策对农业科研院所科技创新效率的影响。最后，基于上述研究结论，提出提高农业科研院所科技创新效率的政策建议。本书的研究框架如图1-1所示。

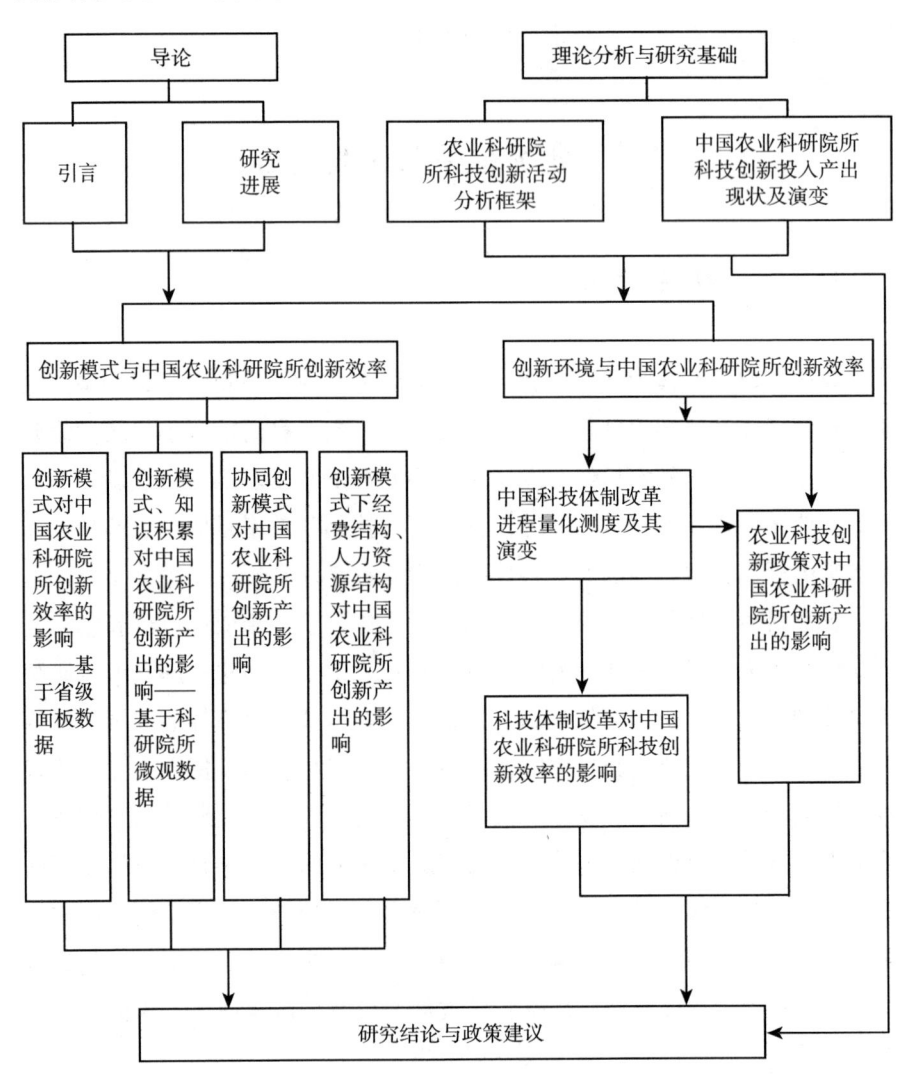

图1-1 本书研究框架

1.2.2 主要内容

本书主要内容共分为12章。

第1章，引言。本章着重阐述了研究背景与意义，对研究框架进行了概述。

第2章，研究进展。本章从农业科技创新内涵、农业科技创新投入产出研究、农业科技创新效率研究和农业科技创新影响因素研究四个方面进行了文献梳理，在此基础上进行文献评述。

第3章，农业科研院所科技创新活动分析框架。本章主要是在对熊彼特创新理论基本思想及由此发展起来的技术创新理论、系统论等理论基础和现有文献进行梳理的基础上，构建了农业科研院所开展科技创新活动的分析框架，以探讨农业科研院所科技创新活动内在机理和影响农业科研院所科技创新活动的主要因素。

第4章，中国农业科研院所科技创新投入产出现状及演变。本章从不同层级、不同行业、不同区域和不同创新模式四个方面，基于经费投入、人力资源投入和科研基础条件投入三个维度，以及知识生产产出、技术转让产出两种产出类型，对中国农业科研院所科技创新投入、产出的现状及演变趋势进行了分析。研究发现：（1）当前中国农业科研院所科技活动收入和支出均大幅度增长，1998～2015年其年均增长速度分别为13.51%和15.80%，其中，科技活动收入主要来源于政府资金投入，科技活动支出则多用于其他日常支出，人员劳务费以及设备购置费占比较低。（2）从人力资源结构来看，农业科技人员主要以课题活动人员为主，科技管理人员以及科技服务人员占比较为稳定。此外，拥有本科学历和硕士研究生学历的科技人员是中国农业科研院所从事科技活动人员的中坚力量。（3）科研基础条件投入水平不断提高，且主要以政府拨款为主，企业资金投入较少。（4）中国农业科研院所创新产出总量呈增加趋势，但国际化水平不高，省级和国家级农业科研院所是主要的知识产出者，中国农业科研院所通过技术转让获得的技术性收入约占总收入的10.00%左右，但人均中文科技论文发表数量、专利所有权转让与许可收入显著下降。（5）省级农业科研院所科技创新投入和产出显著高于国家级和地区级；种植业行业的农业科研院所科技创新投入和产出显著高于畜牧业、渔业、农垦和农机化行业的农业科研院所。

第5章，创新模式对中国农业科研院所创新效率的影响——基于省级面板数据。本章在对创新效率变化趋势进行总体分析的基础上，使用SFA技术无效率方法实证检验协同创新模式对农业科研院所创新效率的影响；然后使用MFA技术实证分析独立创新与协同创新两种创新模式之间是否存在技术水平差距，并在技术水平差距下对两种创新模式的效率水平进行比较分析。研究发现：（1）2009~2015年，中国农业科研院所创新效率呈现稳步上升的态势，东部、中部、西部三大区域农业科研院所的创新效率趋于发散，不存在中部和西部地区农业科研院所创新效率追赶东部地区农业科研院所创新效率的趋势。（2）高研究强度下，独立创新模式无法实现农业科研院所创新效率的再提高，协同创新模式则可以实现创新效率的进一步提升；选择协同创新的农业科研院所多分布于高效率组，低效率组中大多为选择独立创新模式的农业科研院所。（3）农业科研院所的创新产出处于规模报酬递减的阶段，农业科研院所研发经费投入的增多难以有效替代研发人员的减少，而研发人员的增多可在一定程度上有效替代部分研发经费的减少。（4）选择协同创新模式的农业科研院所的创新效率优于选择独立创新模式的农业科研院所，且协同创新的技术前沿面相切于共同前沿面，而独立创新的技术前沿面距离共同前沿面尚存在一定差距，协同创新模式下的技术水平要优于独立创新模式下的技术水平。

第6章，创新模式、知识积累对中国农业科研院所创新产出的影响——基于科研院所微观数据。本章分析中国农业科研院所创新模式的现状，同时基于新增长理论的知识生产函数构建农业科研院所创新产出影响因素的分析模型，考察参与协同创新对农业科研院所创新产出的影响。研究发现：（1）农业科研院所参与协同创新对其国外发表科技论文和申请发明专利有显著促进作用。（2）知识积累显著影响农业科研院所创新产出，而当期投入对中国农业科研院所创新产出的影响并不明显，创新平台对农业科研院所国外科技论文发表有显著促进作用。

第7章，协同创新模式对中国农业科研院所创新产出的影响。本章以农业科研院所研发禀赋结构为门槛变量，构建动态面板双门槛回归模型实证检验协同创新对农业科研院所创新产出的影响。研究发现：农业科研院所研发禀赋结构合理时，协同创新能显著提高农业科研院所创新产出；农业科研院所研发禀赋结构不合理时，选择协同创新模式反而不利于农业科研院所创新产出的提高。

第8章，创新模式下经费结构、人力资源结构对中国农业科研院所创新产出的影响。本章分别构建动态面板差分 GMM 模型与 DEA－Tobit 模型实证检验创新模式下经费结构与人力资源结构对农业科研院所产出效率的影响。研究发现：（1）基础研究经费投入与农业科研院所创新产出之间存在显著的正相关关系，而应用研究与试验发展研究经费投入则与其有不显著的负相关关系；选择独立创新模式农业科研院所的试验发展经费投入与其创新产出之间存在显著的负相关关系；选择协同创新模式农业科研院所的试验发展经费投入与其创新产出之间存在不显著的正相关关系。（2）在农业科研院所科技创新过程中，科技人力资源投入对创新产出的促进作用大于研发经费投入对创新产出的促进作用，反映出人力资源是中国农业科研院所创新产出的主要驱动力。（3）随着课题活动人员、科技管理人员比例的增加，农业科研院所产出效率呈倒"U"型趋势。（4）当全国农业科研院所科技管理人员和课题活动人员平均占比分别为 15.70% 和 65.28% 时，农业科研院所的产出效率达到峰值；选择独立创新和协同创新模式的农业科研院所，当科技管理人员和课题活动人员占比分别为 15.80% 和 64.09%、15.09% 和 66.08% 时，产出效率达到峰值。（5）高技术能力科技人力资源对创新产出的促进作用大于高学历科技人力资源对创新产出的促进作用。

第9章，中国科技体制改革进程量化测度及其演变。本章对中国国家立法机关、中央政府及所属部门制定并颁布的 4995 条科技创新政策样本进行梳理，运用政策赋值法构建了中国科技体制改革进程指数并探究其演变趋势。研究发现：（1）中国科技创新政策总体上呈现出的特征是政策层级偏低，以通知、办法等行政文件为主，法规、条例文件较少，法律文件最少。从制定部门来看，1977～2016 年协同颁布的科技创新政策数量增多、协同颁布政策的部门数量增多、协同颁布科技创新政策力度加强。（2）基于对科技创新政策力度的测量结果，1977 年以来中国科技创新政策的力度和数量都有所提高,但年均增长速度不同。1985年之前的政策数量、政策力度增长速度较低;1985年之后的政策数量、政策力度增长速度加快,但此后年份的增长并不连续。(3)从政策执行部门来看,涉及协同创新的政策数量和政策力度都呈现上升趋势,涉及产学研协同创新的政策数量和政策力度呈两位数的增长。从政策内容来看,尤其强调加强以企业为主体的科技创新联盟建设,但关于产学研战略联盟专门的政策较少,基本是分散在各个创新政策中的条款,并且政策效力不高。(4)在中国科技体制改革全面恢复建设阶段(1977~1984年),政策制定形式以科技政策为主,产业技术政策、财税金融政策、农村科技与社会发展政策数量与力度较低。此阶段,科技体制改革进程总指数为1。在深化体制改革阶段(1985~1992年),中国科技创新政策制定形式仍然以科技政策为主,但其他方面的政策数量和力度都有所增加。科技体制改革进程总指数为1.99。在全面实施科教兴国战略阶段(1993~2000年),科技改革进程加快,产业技术政策和财税金融政策力度与上阶段基本持平,科技体制改革进程总指数是2.32。在建设创新型国家阶段(2001~2008年),科技体制改革进程总指数为4.11。在科技创新治理现代化阶段(2009~2016年),科技体制改革进程总指数为3.24,与上一阶段相比改革进程指数下降21.17%,此阶段中国科技创新政策体系已初步形成。

第10章,科技体制改革对中国农业科研院所科技创新效率的影响。本章基于已构建的科技体制改革进程指数,实证分析科技体制改革对农业科研院所科技创新效率的影响。研究发现:科技改革进程指数对农业科研院所创新效率产生了正向影响;近十年以来,中国科技体制改革成效显著,对提高农业科研院所创新资源配置水平和创新效率发挥着重要作用。

第11章,农业科技创新政策对中国农业科研院所创新产出的影响。本章对改革开放以来(1978~2015年)的农业科技创新政策按照政策层级、政策目标、政策措施进行分类,并运用赋值法对农业科技创新政策进行分类测量,在此基础上,分析其演变的趋势和特征;然后将农业科技创新政策的量化结果引入知识生产函数模型,分析不同类型的农业科技创新政策对农业科研院所创新产出的影响。研究发现:(1)农业科技创新政策数量、政策强度、政策目标力度、政策措施力度均呈现整体性波动增加的趋势，同时呈现以科技成果转化为主要目标、政策措施侧重管理体制改革层面的特征。(2) 农业科技创新政策强度增加能够显著地提高农业科研院所的技术性收入和专利申请量，但对论文发表量没有产生显著影响，这反映了中国农业科技创新政策对基础研究推动效果不明显。(3) 农业科技创新政策目标力度方面，基础研究政策目标力度对农业科研院所专利申请量和技术性收入产生显著的负向影响，对论文发表数量影响不显著；知识产权保护政策目标能够显著地提高农业科研院所的专利申请量和技术性收入，对论文发表数量产生显著的负向影响；科技成果转化政策目标力度的加强有利于提高农业科研院所技术性收入和专利申请量，对论文发表数量的影响不显著。实证结果表明科技成果转化与知识产权保护政策目标的作用效果显著，基础研究政策目标的作用并未得到应有的体现。(4) 农业科技创新政策措施力度方面，管理体制改革措施力度对农业科研院所的技术性收入和专利申请量产生显著的负向作用，对论文发表数量无显著影响；人才激励措施力度对农业科研院所专利申请量和技术性收入具有显著的促进作用；科技经费管理措施对农业科研院所专利申请量产生显著的正向影响，对技术性收入、论文发表数量影响不显著。虽然管理体制改革措施力度高于人才激励和科技经费管理措施力度，但未产生应有的政策效果。

第 12 章，研究结论与政策建议。本章通过对前面各章研究结果的梳理总结，归纳出本书的研究结论，并提出提高农业科研院所科技创新效率的政策建议，为提升中国农业科研院所科技创新能力提供决策支持。基于上述研究结论，本书提出以下政策建议：(1) 政府引导、多方共建，加快完善农业科研院所协同创新机制；(2) 加大基础研究经费投入，优化农业科研院所经费结构配置；(3) 营造良好的人才创新环境，优化人才结构、激发创新人才的创新活力；(4) 优化研发禀赋结构，提高农业科研院所协同创新能力；(5) 强化创新平台建设，增强农业科技创新的支撑能力；(6) 深化科技体制改革，加强顶层设计；(7) 完善中国科技政策协调机制，增强科技成果转化政策力度。

本书构建了中国农业科研院所科技创新活动的理论分析框架，从农业科技的创新要素、创新模式和创新环境三个维度探究了农业科研院所创新活动内在机理及影响因素，为进一步研究农业科技创新提供了理论基础；

通过对农业科技创新活动过程内在机理的剖析,揭示了影响我国农业科研院所创新效率的根源,研究成果可以为我国农业科技政策的制定和完善提供方向与科学依据。

第2章

研究进展

"十三五"时期,中国农业农村发展的内外部环境和内在动因发生了深刻变化,进入"结构升级、方式转变、动力转换"的新时期,农业由传统的资源依附型向科技主导型转变,农业技术进步、制度创新和人力资本最终成为决定一国农业经济发展水平的主要因素。而作为农业科技第一生命力的农业科技创新,在保障中国粮食安全、满足国内需求、缓解资源环境压力以及实现农业绿色发展中必将发挥至关重要的作用(万宝瑞,2012)。

2.1 农业科技创新的内涵

"创新"一词最早起源于著名经济学家熊彼特(J. A. Schumpeter, 1912)的著作《经济发展理论》,在该著作中,熊彼特将"创新"定义为把一种从未有过的生产要素和生产条件的新组合引入生产体系,建立新生产函数的过程。这里的创新既包括科技创新,也包括组织管理创新,因为这二者都会带来生产函数的变化。

"技术创新"扩展到农业经济领域之后,与农业生产特点相结合,有了新的内涵和外延。现代农业经济学一般将"农业科技创新"划分为广义和狭义。广义的农业科技创新可表述为将农业技术发明应用到农业经济活动中所引起的农业生产要素的重新组合,包括新品种或生产方法的研究开发、试验、推广、生产应用和扩散等一系列前后相继、相互关联的技术发展过程（王雅鹏，2015）。狭义的农业科技创新仅指新的农业科技成果的创新和发明。这里的"农业科技创新"更加强调"技术创新"的过程，而不包括"制度或者组织管理方面的创新"，根据"农业科技创新"定义，农业科技创新包括基础研究—应用研究—试验开发—技术成果商业化等连续的几个阶段。

有学者将农业科技创新进一步划分为科学创新、技术创新、科技转化、体制创新、科学与技术传播5个层次（胡慧英等，2010）。如表2-1所示，科学创新包括基础研究方面的创新；技术创新则是指应用技术方面的研究；科技转化指试验开发及技术成果的商业化。从中国科技产业发展的实践看，科学创新一般是由大学和非营利科研院所完成的。应用基础研究、应用技术研究和试验开发多数也是由非营利的国有科研院所完成的，农业科研院所在国家农业创新体系中承担着原始创新和自主创新的功能。而科技成果的商业化则主要是由企业或企业集群完成的。科技创新涉及科研院校、企业、政府及中介机构等多个创新主体。正是这些多元化的创新主体连续性地研发，才使得许多科技创新的成果不断升值，最终转化成为改变人类生活的现实创新产品。值得注意的是，现阶段农业科技创新研究中，体制创新和管理创新往往是作为科技创新的外部环境来考虑的。

表2-1　　　　　　　中国不同层次农业科技创新的内涵

创新的层次	创新的方式	不同层次科技创新的内涵	研究类型	产业链
科学创新	原始创新	科学知识本身的创新、创造，侧重于揭示知识的基础原理和规律	基础研究	产前
技术创新	自主创新	技术创新与创造，侧重于为解决特定的问题而创造的新方法和新途径	应用研究	产中
科技转化	应用创新	技术的应用与推广扩散过程中的创新，侧重于技术的转化、技术引进消化后的再创新等内容	试验发展研究	产后
体制创新	制度创新	包括科技体制改革等方面的创新，侧重于从制度上给予科技创新保障	—	全过程
科学与技术的传播	管理创新	包括生产力促进中心、科技企业孵化器、科技咨询评估机构、技术市场和技术产权交易所、科技情报信息机构等。作用：桥梁和纽带	—	全过程

资料来源：胡慧英等（2010）。

在不同的农业发展阶段，农业科技创新的侧重内容是不同的，如1995以后，中国多数农产品生产的全要素生产率增长的主要源泉为农业科研成果和技术推广，其中选育推广高产与多抗新品种和改善田间管理等技术是中国农作物单产提高的主要途径，而改良养殖动物品种和提高饲料转换率等技术是提升养殖业生产力的重要技术（黄季焜，2013）。党的十八大之后，中国提出保障国家粮食安全、重要农产品有效供给以及生态文明建设等目标，未来农业科技创新可能要在动植物现代育种技术（特别是高产、优质和高抗品种的选育）、以节水节能和资源高效利用为重点的资源节约型农业科技、提高食品质量和安全的农业科技、农业信息科技变革等方面取得重大创新（黄季焜，2013）。根据《国家中长期科学和技术发展规划纲要（2006—2020年）》，中国未来农业科技创新投入重点领域为种质资源发掘创新与新品种定向培育，畜禽水产养殖与疾病防控，农产品精深加工与现代储运，生物质综合开发利用，生态安全与现代林业，环保肥料、农药创新和生态农业，多功能农业装备与设施，农业精准作业与信息化，现代奶业等方面。

2.2 农业科技创新投入产出研究

关于农业科技创新投入的研究主要涉及投入主体、投入总量与结构、效益等方面。中国农业科研投入总量和财政拨款增速加快，农业科研竞争性资金快速增长，但稳定性支持增长缓慢（李强，2011）。另外，中国农业科研投资强度不仅大大低于发达国家水平，也显著低于发展中国家的平均水平（胡瑞法等，2007）。奥尔斯顿和安德森（Alston and Anderson，1994）研究指出，美国政府对农业科研的投资力度远高于对其他科研工作的支持，2007年美国农业R&D支出中政府资金占47.1%，而政府对全国R&D的平均支持力度只有6.7%；政府是美国农业研究公共部的资助主体，联邦所属的农业科研院所中政府经费占96.8%，州属农业科研组织中各级政府的经费占78.2%。从科研经费投入来源来看，发达国家公共部门和私人部门对农业研发领域的投资占总投资的比重分别为45.7%和的54.3%，而发展中国家公共部门和企业等私人部门投资的比重分别为93.7%和6.3%（Pardey et al.，2008）。中国农业科研院所的基础研究支出增长速度低于全国科研院所平均水平，科技经费中非竞争性经费的比例过低（毛世平等，2013）。中国农业科研投资在农业内部行业之间、各个区域之间以及不同层级的科研院所之间存在着不均衡现象（时宽玉等，2008），并且这种不均衡现象与农业科技体制改革的阶段性极其吻合（申红芳等，2008）。

仅从科技创新产出方面来评价科技创新能力的研究并不多，主要集中在科研院所的产出绩效评价方面。科技部"全国各地区科技进步统计监测数据"中对科技活动产出从五个方面来衡量：万名R&D活动人员科技论文数、获国家级科技成果奖励项数、万名就业人员发明专利授权量、万人技术成果成交额、万名R&D活动人员向国外转让专利使用费和特许费。中国科学院科研院所综合绩效评价中，科技活动产出从论文、专利和奖励三个角度来衡量（李晓轩等，2005，2009）。申红芳等（2010）、吴雪莲等（2015）分别采用科研院所发表的科技论文与专著、专利、成果奖励及创收收入4类指标和发表论文、专著及授权专利3项指标作为中国农业科研院所产出绩效的衡量指标。赵红专等（2006）选用科技论文、科技奖励、科技成果、社会贡献及开发经营对中国科学院下属部分科研院所的绩效进行了绩效评价。从已有的研究可知，发表论文（国内外）、专著、授权专利是常用来衡量科研院所创新产出的指标。

为使研究更加全面，现在越来越多的研究把农业科技创新投入和产出放在同一个层面上，通过建立评价指标体系来分析农业科技活动的绩效（见表2-2）。投入指标反映了农业科技创新活动的基础条件，包括资金来源、人才和物力；而产出指标是用来衡量创新能力绩效的。目前该类研究已有大量的工作和成果。农业科技创新投入—产出研究中最为核心和关键的是如何建立投入—产出两端的关系，进行效益或者效率评价。目前来看，应用较为广泛的主要有以下几种方法：（1）专家评分法。即把投入—产出放在一个层面上，通过专家打分赋权的方法，集成一个综合指数来评价农业科技创新活动。该类方法的优点是简单、易懂，常常用于创新活动能力指数发布中（申红芳等，2009；李晓轩等，2009）。（2）相关分析法。如池敏青等（2017）统计了福建省农科院各研究所的科研人力、财力投入和科研成果产出量化分数，并分析了二者的相关性。（3）建立回归模型，将产出指标作为因变量，投入指标作为自变量，分析两者之间的显著性关系，说明投入指标对产出项的解释力或者贡献度。该类方法研究了创新产出与投入之间的动态关系。其中，有两个问题需考虑：一是因回归模型的因变量只有一个，需对产出指标进行处理，要么只选用一个典型产出指标作为代表，如李想等（2013）应用农业专利申请数量作为农业科技活动的产出指标，胡慧英等（2010）将科技成果奖励作为农业科技创新的代表性指标；要么先将各单项产出指标综合为一个"产出绩效"作为因变量来处理（申红芳等，2010）。二是回归模型的形式。多数研究依然是基于柯布—道格拉斯（C-D）函数来构建模型（张玉梅等，2009；李想和穆月英，2013），也有研究采用了经验模型（胡慧英等，2010）。（4）采用参数与非参数法计算农业科技创新的效率。其中，采用非参数的数据包络分析方法（DEA）的研究相对较多，DEA最大的优点是可评价多投入和多产出决策单元的效率，对于农业科技创新活动综合评价非常有效（杜娟，2013）。

表2-2　　　相关研究中涉及的科技创新投入—产出指标

研究对象	投入指标	产出指标	方法	数据来源	文献来源
中国农业科技创新	研究与发展经费支出	农业专利申请数量	状态空间模型	《中国科技统计年鉴》《中国统计年鉴》	李想和穆月英（2013）
	农业研究与发展科技人员数				
福建省农业科学院	科技活动人员数	论文论著	相关性分析	《科技机构统计年报》《福建省属公益类科研院所基本科研专项评估数据采集表》	池敏青等（2017）
	硕博士毕业	SCI、EI、IM、ISTP检索			
	高级职称	国内四大核心期刊			
	科技活动收入	其他期刊			
	承担政府科研项目收入	科技专著			
	科技活动支出	知识产权			
	人员劳动报酬	植物新品种权			
	设备购置费	授权发明专利			
	其他日常支出	授权实用新型专利			
	外协加工费	授权著作权			
		专有证书			

续表

研究对象	投入指标	产出指标	方法	数据来源	文献来源
农业科研院所科技创新能力	人员投入	成果奖励	线性回归模型	《全国农业科学研究与技术开发机构年报表（1986~2005）》《中国科技统计年鉴》	胡慧英等（2010）
	经费投入				
	设备投入				
中国农业科技创新	科技活动人数	发明专利数	DEA	《中国科技统计年鉴》	杜娟（2013）
	研发人员	科技专著数			
	科研经费总额	公开发表学术论文数			
	政府投入经费	专利出售			
	单位投入经费	技术转让			
		人才培养本科生人数			
		人才培养硕士生人数			
		人才培养博士生人数			
中国农业科技创新	国家财政农业科技创新投入	论文	描述	《中国科技统计年鉴》	旷宗仁等（2012）
	中央	专利			
	地方各级政府	重大科技成果			
	企业农业科技创新投入	科技奖励			
	大中型企业				
	小型企业				
	R&D项目				
	R&D人员全时当量				
	R&D经费				
中国科学院	科技人力资源	文献计量学测度		《中国科学院统计年鉴》（1994~2003年）	李强等（2006）
	研究开发资本	知识产权测度			
		绩效测度			

资料来源：作者根据相关文献整理。

综上所述，目前中国关于农业科技投入—产出动态关系的相关研究还比较缺乏，研究多集中在对投入—产出指标选取及指标信息的挖掘上，缺乏对于两者之间效益、效率的讨论。针对中国农业科技创新投入—产出的研究具有以下两点不足：（1）投入方向主要以自然科学领域硬技术研究为主，缺少对组织创新、制度创新、文化创新、市场创新、管理创新等软技术的研究支持，即当前研究集中在狭义的科技创新方面，缺少对广义科技创新活动的研究，这不利于中国农业产业及其科技创新活动的整体发展。（2）产出研究集中在基础研究阶段，应用推广阶段的研究很少，针对作为农业科技创新最终受益者的农民与农村的研究几乎没有。缺乏农业科技创新应用主体——农民的参与，农业科技创新的评价将是不完整的（旷宗仁等，2012）。

2.3 农业科技创新效率研究

农业科技创新效率测度的是投入的最大潜在创新产出与实际产出之间的关系，反映了农业科技创新活动中投入向潜在产出的转化能力（陈建伟，2010）。通过对农业科技创新效率的研究，可以发现当前中国农业创新活动中存在的投入规模、结构是否合理及产出是否有效等方面的诸多问题，为形成最优的投入—产出资源配置方案提供参考。

2.3.1 农业科技创新效率研究内容

国内对农业科技创新效率的研究主要集中于宏观和中观层面。从国家层面来看，张静（2011）用非参数 DEA 方法，对全国和各省份的农业科技创新效率进行了区域比较；许朗（2009）基于 DEA 模型对中国农业科研院所的技术创新效率进行评价和分析比较。从省级层面来看，董明涛（2014）对 2009~2011 年中国 31 个省（区、市）农业科技创新要素的配置效率进行了测算，研究结果表明，中国大部分地区的农业科技创新要素配置处于非 DEA 有效状态，且各地区配置效率差距很大；肖碧云（2016）的研究结果基本相似，认为中国农业科技创新要素的配置效率整体水平不高，省际农业科技创新要素配置效率差距较为明显。申红芳等（2008，2009）对四川省、国家级农业科研院所的效率和科技生产力进行评价，结果表明农业科研效率的阶段性变化与科技体制改革的步伐基本吻合。从区域层面来看，苏时鹏等（2011）、赵骁炀（2014）、傅丽和张社梅（2015）、张莉侠等（2016）分别以福建省、山西省、四川省以及北京、上海和天津三大都市为例，研究了不同省份的农业科技创新效率。

农业中不同行业的农业科技创新效率存在一定差异，这与中国农业政策和体制导向下的农业科技资源配置不平衡有极大的关系。申红芳（2008）根据不同行业农业科研院所的效率评价发现，种植业科研院所的技术效率和规模效率均高于其他行业科研院所的效率，种植业获得科技投入和对科技资源配置的能力均相对较高。不同来源渠道的经费、不同类型的科研项目以及不同形式的经费支出对农业科研投资生产率产生了差异性的增长效应（李纪生，2010）。陈建伟（2010，2012）通过建立农业科技创新效率模型，测算了中国农业科技创新的实际效率和前沿效率，发现农业科技创新综合实际效率整体上呈逐步提高趋势，农业科技创新前沿效率则呈波动性提高的趋势。郑逸芳等（2011）采用阿尔蒙多项式分析方法分析了福建省农业科技创新效率，并就其原因进行了分析。胥巍（2009）通过对四川省水稻科研院所的创新效率进行分析，发现不同性质科研院所在技术创新不同阶段的创新效率有所不同。

从微观视角来看，付野等（2011）通过对农业龙头企业农业科技创新效率的测算，发现农业龙头企业技术创新效率并不乐观，技术效率偏低，普遍存在企业科技研发投入不足、企业规模小、科技人员数量少和资源利用效率不高等问题。陈志强等（2013）以福建省农业产业化龙头企业为研究对象，运用DEA – BCC模型测算了农业龙头企业的科技创新效率。

国外对农业科技创新效率的研究主要集中在农业企业和农户等微观层面，主要从生产效率、技术效率的角度来研究农业科技创新的效率问题。卡拉杨（Kalirajan，1981）基于农户调查资料建立了随机前沿生产函数模型，并采用极大似然估计法，对印度稻谷的生产效率进行了测定。赫什马蒂和穆卢盖塔（Heshmati and Mulugeta，1996）对乌干达香蕉生产商的效率进行了分析，结果表明乌干达香蕉生产商规模效率是递减的，技术效率与农场规模之间未表现出明显的相关关系；杰哈等（Jha et al.，2000）对印度旁遮普地区300个小麦种植农场的配置效率和技术效率进行了分析，得出大型农场在技术效率和配置效率上均明显高于小型农场的结论。

2.3.2 农业科技创新效率研究方法

DEA 是以前沿效率概念为基础，根据一组投入、产出观察值来估计有效前沿面，并根据各决策单元与有效生产前沿面的距离状况，确定各决策单元是否有效的一种数学规划方法。DEA 方法由查尼斯等（Charnes et al., 1978）提出。当前 DEA 被广泛运用于技术效率测度中，与传统统计方法相比：(1) DEA 方法可评价多投入和多产出决策单元的效率，对于系统综合评价十分理想；(2) 投入—产出指标的单位不会影响决策单元的结果，而且还可避免像多指标综合评价中依靠专家打分法确定各指标权重所带来的主观性；(3) DEA 将技术效率分为纯技术效率、规模效率等，使效率结果的分析更加多样化。但值得注意的是，DEA 也要求满足"被评价单元数目必须不少于投入与产出指标数量之和的两倍"，以避免对效率值的高估。

由 DEA 发展而来的分析模型众多，基本分为两类：(1) 静态的效率模型，是在技术水平既定条件下，测度决策单元投入—产出效率，即决策单元距离给定的 DEA 有效前沿面的相对距离，由此计算得到 DEA 效率。静态 DEA 效率包括 CCR 模型和 BCC 模型。CCR 模型假设规模报酬不变，即假设被考察单元可通过增加投入等比例地扩大产出规模。CCR 模型衡量的 DEA 效率称为综合效率，其经济含义是决策单元产出水平不变时，以样本最佳表现（处于效率前沿面上）的考察单元为标准与实际需要的投入比例。BBC 模型假设规模报酬可变，技术效率又可分解为纯技术效率（PTE）与规模效率（SE）。纯技术效率衡量的是现有生产前沿面不变条件下的产出效率，而规模效率衡量的则是在固定规模报酬下的产出效率。(2) 动态技术进步模型，是对决策单元技术水平的跨时期变化进行测度，即 DEA 有效前沿随时间性的移动，由此计算得到的结果称为 DEA 技术进步，反映 TFP 动态变化过程，并且可以将这种 TPF 变化分解为技术进步和决策单元自身效率的改善两部分，评估 TFP 的变化是依靠技术进步还是自身管理水平的改善（张彩彬，2011）。基于动态 DEA 方法计算的 TFP 效率指数称为马奎斯特（Malmquist）生产率指数（张静、张宝文，2011）。

另外，随机前沿（SFA）方法也是基于生产前沿面估计基础上的测算效率的常用方法。SFA方法首先估计一个生产函数，并假定其误差项是由无效率项和随机误差项构成的复合结构；然后通过无效率项和随机误差项的分离，确保被估计效率有效且一致。此方法还考虑了随机误差项对个体效率的影响。SFA方法最大的优势是前沿面是随机的，各决策单元不需共用一个前沿面。SFA方法能对误差项进行区分，更准确地反映技术效率水平，同时还可以对结果进行假设检验。SFA方法的劣势是需要预先假定生产函数形式，还需要大规模样本，随机误差项与技术无效的分离受到强分布假设的影响，估计结果受分布假设模型具体形式的制约（陈建伟，2010）。这可能是当前农业科技创新中鲜见有研究者采用SFA方法的一个主要原因。

2.4 农业科技创新产出影响因素研究

创新是主体基于一定的制度，由相应科技人力资源对研发经费进行合理有效的配置并产生新技术、新专利进而形成新产品的过程。创新产出的有效提升很大程度上取决于创新模式、研发经费和科技人力资源的优化选择。因此，本节对创新模式、研发经费和科技人力资源对创新产出方面的研究进行归纳梳理。

2.4.1 协同创新与创新产出

安索夫（Ansoff，1965）首次对协同的概念进行了界定，认为协同是主体基于知识互换、资源共享，进而创造价值的过程。在此基础上，哈肯（Haken，1983）认为协同是包含多个相互联系、相互作用子系统的复杂系统。现阶段国内外关于协同创新的研究多集中于理论研究、协同创新模式类型研究、协同创新影响因素研究以及协同创新对绩效影响的研究四个方面。第一，关于协同创新理论的研究。切萨布鲁夫（Chesbrough，2003）认为协同创新主要依赖于创新主体内外部知识和资源的整合；埃茨科维塔（Etzkowita，2008）认为协同创新有效运作的基础在于各创新主体能够充分发挥自身优势并积极进行双向互动；陈劲（2012）认为协同创新逐渐发展为创新体系中的一种新范式，主要有整体性、动态性和互补性三个特点，通过主体间的相互协作产生"1+1>2"的效果；何郁冰（2012）认为协同创新的目标与基础在于价值观、文化及利益的协同，核心在于知识及资源的交流、交换，关键在于创新主体组织结构与协调机制的实现；庞长伟（2016）认为协同创新模式可在一定程度上缓解独立创新所面对的研发风险大、研发回报周期长、研发知识僵化和研发的正外部性等问题。第二，关于协同创新模式类型的研究。现有研究主要将协同创新模式划分为"企业—高等院校"协同创新模式、"企业—科研院所"协同创新模式和产学研创新联盟模式三种，除此之外，还有研发小组、科技企业孵化器、研发外包模式和金融机构资助等几种模式。第三，关于协同创新影响因素的研究。就外部影响因素而言，宏观环境和创新环境是影响创新主体协同创新的重要因素，且利好的环境有利于创新主体协同创新战略的实现。除此之外，创新主体的协同模式和政府补助也是重要的外部影响因素；创新主体的协同深度及广度、知识及文化的耦合程度属于影响创新主体协同创新的内部因素。第四，关于协同创新对绩效影响的研究。现阶段学术界普遍认为协同创新是创新主体通过获取外部支持以及内化外部知识进而完善优化自身研发体系，实现研发产出提升的关键。吴友群等（2014）的研究证实了此观点，并认为协同创新对研发产出的影响存在一定的滞后性；白俊红和蒋伏心（2015）认为企业与高等院校协同以及企业与科研院所协同两种协同创新模式对研发产出有显著的正相关关系；詹雯婷等（2015）研究发现互补型协同创新有助于提升创新主体的研发广度，而辅助型协同创新有助于提升创新主体的研发深度。

2.4.2 研发经费与创新产出

研发经费投入是获得科技竞争优势的重要来源，相同条件下，研发经费投入越多越能创造出更多有形以及无形资产，从而创造更多价值并提高生产率。很多研究证实了研发经费投入对科技创新的积极作用，其中国外研究开展较早，无论是对美国企业、瑞典企业还是对英国企业开展的研究，均证实了这一观点（Scherer，1965；Kettle，1994；英国贸工部，2005）。在中国的实践中，王玉春和郭嫒嫒（2008）发现上市公司研发经费投入显著地促进了上市公司绩效的提升，并对上市公司的长期发展有积极作用；冯文娜（2010）、严焰和池仁勇（2013）研究认为，高新企业的研发经费投入显著地提升了企业创新绩效；柳卸林和田凌飞（2019）关于区域创新的研究也证实研发经费投入显著促进了科技创新；孙早和宋炜（2012）的研究不仅证实了研发经费投入显著促进了企业创新绩效，还发现研发经费投入对民营企业创新产出的促进作用要高于对国有企业的促进作用。

近年来，随着国家对研发投入重视程度的加大，企业以及科研院所对研发的重视度日渐加深，一定程度上出现了"R&D 崇拜"的趋势。研发经费投入呈现指数增长的趋势，但科研人员数量和质量却不能与之匹配，导致研发要素禀赋结构不完善，一个国家的技术创新路径选择应当遵循"要素禀赋论"（林毅夫等，2002；Tsai，2011），对 R&D 的"过度崇拜"会导致创新效率的降低（余泳泽和张先轸，2015）。也有研究认为，不能盲目地扩大研发经费投入，研发经费投入发挥作用是以知识产权保护为门槛条件的（陈恒和侯建，2017）。除了研究研发经费投入总量对创新产出的影响，也有学者从 R&D 结构的角度展开探究。R&D 经费支出结构主要分为基础研究、应用研究、试验发展三部分。长期以来，中国研发经费的支出结构不合理，2016 年基础研究的研发费用支出总额仅占研发经费支出总额的 5.2%[①]，远低于应用研究研发经费和试验发展研发经费。严成樑和龚六堂（2013）研究发现，R&D 结构中基础研究更明显地推动了经济增长，应用研究与试验发展的长期作用并不明显。郭江江等（2014）发现我国高校的基础研究显著促进了高校科技论文发表数量及专利申请量，但对专著出版量的作用并不显著；应用研究与试验发展经费投入分别对出版专著及科技论文发表有显著的促进作用。

---

① 2016 年全国科技经费投入统计公报［R］. 国家统计局网站，2017 – 10 – 10.

2.4.3 科技人力资源与创新产出

随着国家创新驱动发展战略的提出，科技人力资源作为科技创新活动的投入要素受到更多重视（陈子韬等，2017），科技人才是进行科技活动的主体（杨丽娟，2007），也是推动科技进步的重要因素之一。新技术创新得以推广应用的程度与人力资本的关系十分显著（Suzana et al.，2013；Lucas，1998；Bamey，1991），人力资本是科技进步和知识积累的重要载体，是知识发挥溢出效应的源动力，强化人力资本积累对创新能力的提升具有显著的促进作用（Romer，1986；Wright，1994；Earl，2001）；知识信息的创新、扩散和应用以及经济社会的发展主要依赖于掌握先进技术和知识的科技人力资源（杨丽娟，2007）。

农业科技人力资源是一种特殊的经济资源，也是一种能给科研院所带来巨大效益的资本，加快农业科技人力资源开发和培养，是保证农业科技进步和农业发展的关键（孙月芳，2008；潘峰英，2015；李玉蕾和袁乐平，2013）。人力资本质量是提高研发产出的重要因素（岳书敬和刘朝明，2006），人力资本质量与生产率显著正相关（Benhabib et al.，1994）。农业科研机构人力资源的规模、质量、结构等都会对我国农业科研创新的效率产生影响（李国祥，1999）；农业科技人力资源是一种特殊的经济资源，其规模、质量和结构决定着农业科技的科研效率（赵瑞全，2006）。农业科技人力资源对农业经济增长具有重要作用，也是推动农业生产和提高农业科技进步的关键动力（宋蕾和辛宇，2006）。对农业科研单位青年科技人才的培养，关键是要加强农业学术带头人培养（宋在田和高成，1999），农业科研院所应该重点培养青年人才，尤其是青年学科领头人和拔尖人才的选拔是人才培养工作的当务之急，加强人力资源培养管理是提高科技产出的重要保障（孙锐，2014）。

2.5 简要评述

由于国情和体制的不同，各国农业科技创新的主体也有所不同。国外尤其是欧美等发达国家，农业企业是农业科技创新的主体，与此相对应，学者也更多地将研究焦点集中于农业企业创新效率方面，而对主要提供公共服务的农业科研院所创新效率关注较少。当前，在中国农业科技创新领域，农业科研院所仍是最重要的创新主体，农业企业还未能成为农业科技的创新主体。目前，中国学者对农业科技创新的研究侧重于发展战略和政策方面的宏观研究，定量研究则侧重于采用结构分析的方法对农业科技创新投入—产出进行分解剖析，基于数理模型分析方法研究农业科技创新投入—产出各要素之间的效率、效益关系，以揭示农业科技创新中各因素之间的关系。国内学者对于农业科技创新的研究仅限于技术创造发明推广，对于科技体制改革等方面创新的关注甚少。

（1）从研究的层面来看，尽管目前国内学者对农业科技创新问题进行了较多研究，但绝大多数研究都是围绕宏观和中观层面，关注的重点也更多是宏观或中观层面的农业科技投入问题，多采用定性分析和统计描述性研究方法，对农业科研院所科技创新效率的研究尚处于探索阶段，尤其是基于微观组织的视角对中国农业科研院所创新效率的研究还十分欠缺。

（2）从研究的深度来说，由于中国农业政策和体制导向下的农业科技资源配置不平衡，必然会导致农业中不同行业科技创新效率存在差异，但很少有学者对行业间的差异进行对比研究。针对农业科技创新能力内部影响因素的研究，现阶段学术界在创新模式、人力资源结构和经费结构方面作了较为细致的研究，但研究主体多为企业，以农业科研院所作为研究对象的相关成果较少。此外，面对创新开放程度日趋扩大，农业科研院所应当选择何种创新模式，有何约束条件？不同创新模式下，人力资源结构与经费结构对农业科研院所研发产出的影响是否有所不同？这些都是需要进一步研究的问题。

（3）从研究的方法来看，当前研究重经验模型的应用、轻背后机制机理的分析。例如，基于 DEA 评价农业科技创新效率时，当前研究对农业科技创新经济效率背后的经济学理解不够，对结果的解读还不够深入，没有结合中国农业科技体制机制改革及政策导向进行深入讨论。农业科技创新环境的研究主要以文献研究和调查研究为主，创新政策实施效果的定量研究很少。

第3章

农业科研院所科技创新活动分析框架

　　自从我国提出"建设创新型国家"战略目标以来，创新系统中各主体均加大了对创新的重视程度。2016年，为加快创新驱动发展战略的实施，国务院出台了《国家创新驱动发展战略纲要》。党的十九大报告再次强调：创新是引领发展的第一动力，是提高社会生产力和综合国力的战略支撑。这一期间，中国科技创新投入快速增长，专利申请总量和授权总量、科技论文和著作数量都有了明显的提高，但仍存在农业科技成果转化率低下、农业科技贡献率不高等问题。罗默的R&D内生增长理论认为，创新产出不断提高的关键在于研发过程中新技术、新知识的不断投入，以及人力资本水平和经费结构的完善。因此，创新驱动的本质在于人力资本驱动、经费投入驱动，以及优化创新模式实现技术知识的更新迭代。创新开放性不足、研发经费结构不合理以及创新型人力资源结构矛盾突出等问题制约了国家创新体系的构建。农业科研院所作为中国知识创新、技术创新的专业性微观组织，是国家农业科技创新体系的主要创新主体。相对于农业企业、农业高等院校，农业科研院所不仅要围绕政府创新需求、产业需求、农村经济发展目标不断开展技术创新、研发创新以及产品的迭代创新，同时也承担着农业科技创新成果转化和技术扩散等任务。农业科研院所是推动中国农业产业由要素驱动型向创新驱动型转变，从而实现农业现代化的重要力量。

　　基于此，本章以熊彼特创新理论基本思想及由此发展起来的技术创新理论、系统理论等为理论基础，以创新模式为主线，分别从经费投入、人力资源投入、科研基础条件、知识积累等创新要素，以及科技体制改革和农业科技创新政策等创新环境方面探讨影响农业科研院所创新活动机理

(见图3-1)。图3-1的分析框架表明,农业科研院所基于市场需求、农业产业需求以及政府创新需求开展科技创新活动,并反馈市场需求、农业

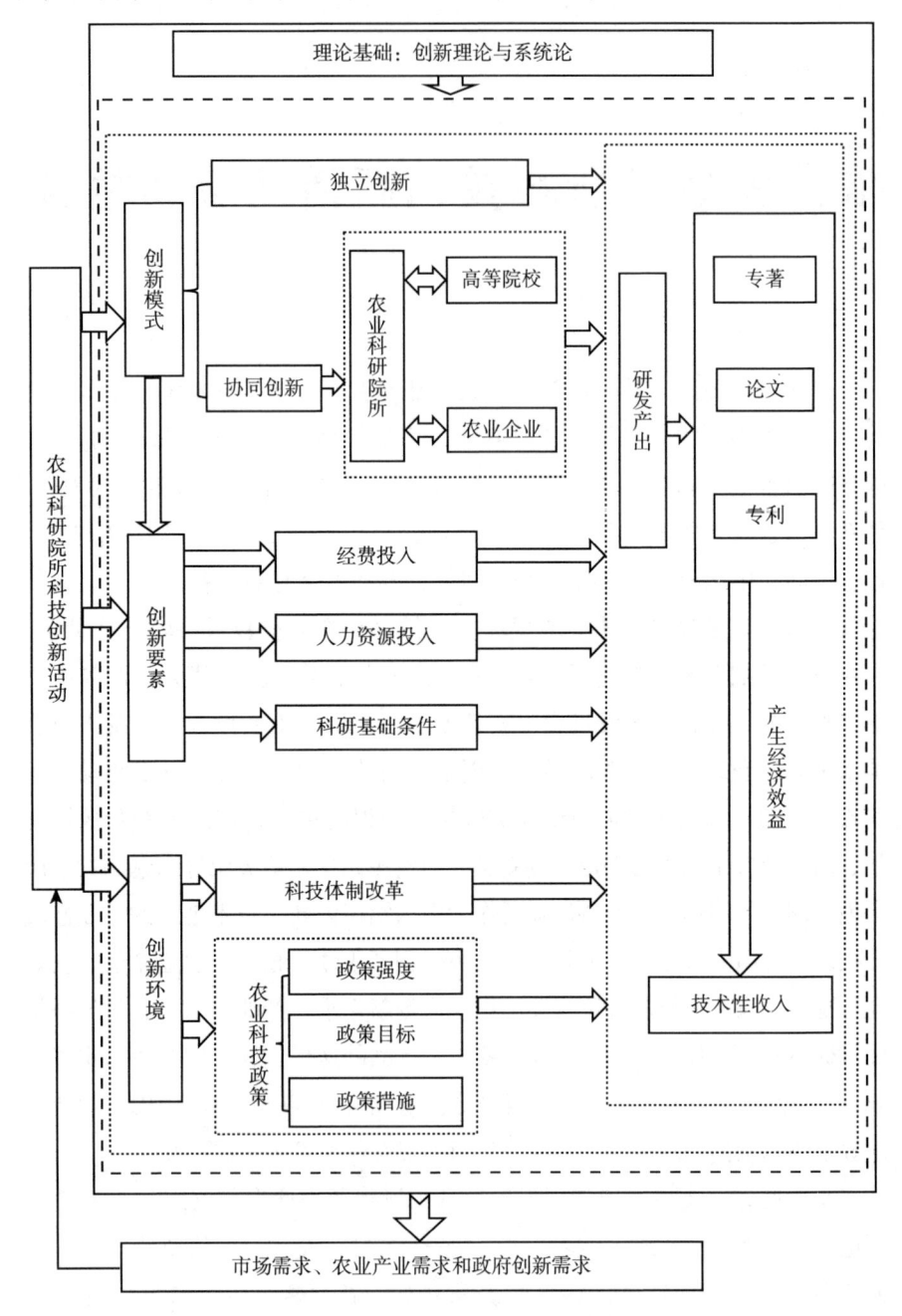

图3-1 农业科研院所科技创新活动机理及影响因素分析框架

产业需求和政府创新需求。农业科研院所科技创新活动主要涉及创新模式、创新要素和创新环境三个方面。(1) 农业科研院所科技创新活动包括研发、成果转化以及产生经济效益等多个阶段，单纯依赖独立创新很难应对创新的不确定性和外部性，需要多方参与、协同创新，农业科研院所通过与高等院校、农业企业及其他农业科研院所的合作，实现各方优势资源的耦合互动，有利于农业科研院所科技创新活动各阶段顺利开展，实现科技创新效率的提高。这一部分旨在回答农业科研院所创新模式选择及其适宜性条件的问题，简单来讲，即农业科研院所"怎么研发（模式选择）"。(2) 探讨创新要素对农业科研院所创新活动的影响。主要解决如何通过创新要素合理配置确保农业科研院所科技活动有效开展。(3) 创新环境能为创新活动提供动力和规则。本研究以科技体制改革与农业科技政策作为创新环境的表征，科技体制创新和机制创新是农业科技创新发展的外部动力，农业科技创新政策为促进农业科研院所知识创新、农业科技成果转化提供了法律与政策支持手段。不断优化的创新环境为中国提升农业科技自主创新能力和国际竞争力发挥了重要作用。

3.1 理论基础

创新理论最早由熊彼特于 1912 年在《经济发展理论》一书中提出，之后相继在《经济周期》和《资本主义、社会主义和民主主义》等著作中加以完善和运用，最终形成了完善的熊彼特创新理论思想体系。创新理论的提出，突破了古典经济学研究的框架约束，摒弃了单纯从人口（L）、工资（W）、租金（R）等经济投入变量视角的古典经济学研究方法，强调技术进步和制度变革对经济发展的巨大作用，尤其是创新活动引起的生产力变革在经济发展和社会进步中的突出作用。

熊彼特（1912）把创新定义为一种新的生产函数，并从五个方面对创新加以诠释：(1) 采用一种新的产品，也就是消费者还不熟悉的产品或产品的一种新特性；(2) 采用一种新的生产方法，也就是在有关制造部门中尚未通过经验检定的方法，这种新的方法绝不需要建立在科学上新的发现的基础之上，并且也可以存在于商业上处理一种产品的新方式中；（3）开辟一个新的市场，也就是有关国家的某一制造部门以前不曾进入的市场，并不管这个市场以前是不是存在；（4）掠取或控制原材料或半制成品的一种新的供应来源，不论这种来源是已经存在的，还是第一次创造出来的；（5）实现任何一种工业的新组织，比如创造一种垄断地位或打破一种垄断地位。简而言之，就是企业家使用一种新方法、新原料、新思维生产新产品从而开拓新市场进而创造一种新型的创新组织体系。将这种新的生产函数应用于经济发展中，推动经济不断发展。

熊彼特的创新理论打破了古典经济学的研究框架，其创新理论强调创新是经济发展的根本现象，创新可以解释经济发展的历史过程，促进社会进步。随着技术创新和科技革命的不断兴起，经济学家对技术变迁日益重视，理论界对熊彼特的创新理论给予了极大的关注，在熊彼特创新理论的基础上进行系统的分析和研究，并且形成了"新熊彼特主义"。新熊彼特主义把创新理论发展为当代西方经济学的两个分支理论：基于熊彼特创新理论的技术创新经济学、以制度变革和制度形成为对象的制度创新经济学。

熊彼特为创新理论的发展奠定了理论基础，也为熊彼特经济思想的继承者提供了研究基础。但作为新熊彼特主义演化经济学的理论基础，熊彼特的创新理论是有缺陷的。（1）它没有分析技术变革的过程。熊彼特完全把注意力放在了创新上，忽略了使创新得以实现的发明，且又人为割裂了创新与发明之间的关系，更加忽视了对技术进步至关重要的研发活动。对创新理论而言，创新是一个新的函数，是一个概念性定义，技术对创新的重要性被彻底忽略了。（2）熊彼特的创新理论认为，创新的主体是企业，行为者是企业家，但却没有对企业家行为理论进行分析，也过分夸大了企业家对创新的重要性。基于这两方面的问题，经济学家在熊彼特创新理论的基础上将其演化发展为两个分支：一是将技术进步纳入新古典经济学的理论框架，拓展为新古典经济增长理论和内生经济增长理论；二是侧重研究技术创新的扩散和技术创新的"轨道""范式"等理论问题。

基于熊彼特创新理论，众多学者对技术创新问题进行了大量研究，由于这些研究的出发点和前提存在不同程度的差异，因此对"技术创新"概念进行了不同的界定（见表3-1）。

表 3-1　　　　　　　　　　技术创新的阶段性定义

机构或学者	技术创新的定义
熊彼特	建立一种新的生产函数或供应函数，即企业家对生产要素进行新的组合
曼斯菲尔德	一种新产品或工艺首次引进市场或被社会适用
经济合作与发展组织(OECD)	包括产品创新、工艺创新，以及在产品和工艺方面显著的技术变化
美国科学基金会(NSF)	将新的产品或改进的产品、过程或服务引进市场

资料来源：范柏乃. 城市技术创新透视：区域技术创新研究的一个新视角 [M]. 北京：机械工业出版社，2004.

技术创新理论已经发展形成了新古典学派、新熊彼特学派、制度创新学派和国家创新系统学派四大理论学派。

系统论作为一门学科，是美籍奥地利生物学家贝塔朗菲于 20 世纪 30 年代创立的。贝塔朗菲认为，系统可以定义为相互作用的若干要素的复合体，全面深刻地剖析了系统管理的观点。在此之前，巴纳德也曾提出过用系统观点来研究管理问题，他把企业看成由物质的、生物的、个人的和社会的几个要素构成的一个"协作系统"，但他研究分析的重点是在企业内部而不是企业与周围环境的关系。马克思的唯物辩证法也涉及了系统论的研究。系统思想和系统方法现已成为自然科学家和社会科学家分析问题的重要方法。

一般系统论把系统定义为具有特定功能的、相互间有机联系的许多要素所构成的一个具有某种功能的有机整体。系统论是研究系统的一般模式、性能和规律的学问，它研究系统的基本特征，并寻求适应一切系统的原理和原则，试图通过各种系统方法控制、管理和改造系统。它的产生和运用不仅对现代科学技术的发展产生了积极的影响，而且还提供了一种新的思维方式。系统的整体观念是系统论的核心思想。系统论是对整体和整体性的科学探索，系统中各要素不是孤立存在的，而是相互关联，构成了一个不可分割的整体。系统的层次性表现为不同的等级系列。系统的子系统为系统的一级要素，子系统的要素则为系统的二级要素，每一个要素都由其下层级别的诸要素组成，要素级别的存在反映了系统的空间扩展性和时间延续性特征。系统的各个同级要素之间还表现为一定的横向联系，同时，各层级之间的诸要素又表现为特定的纵向联系。这种横向和纵向的联系就是系统的关联性特征。系统所有要素的这种相互作用使得系统表现出特定的结构，即系统要素相互关联的内部变化的综合。系统又具有动态性特征，系统内部要素和外部环境的变化都会引发系统的动态变化，而系统的相应变化会直接影响系统的功能。系统论不仅为现代科学的发展提供了理论和方法，也为解决现代社会中的政治、经济、文化、军事、科技、教育等方面的各种复杂问题提供了方法论基础，在各个领域都有广泛的应用。

3.2 创新模式对农业科研院所科技创新活动的影响分析

独立创新模式是指农业科研院所不依赖其他组织的作用，仅依靠自身力量进行科研创新的模式。独立创新使创新的开放性不足，专业技能难以充分发挥，影响其创新效率。因此，为实现农业科研院所创新产出的进一步提升，适应农业生产需求、市场需求以及政府的创新需求，农业科研院所的科技创新不仅仅采用独立创新模式，也选择了与高等院校协同创新、与农业企业协同创新、与其他农业科研院所协同创新模式，农业科研院所协同创新模式如图3-2所示。

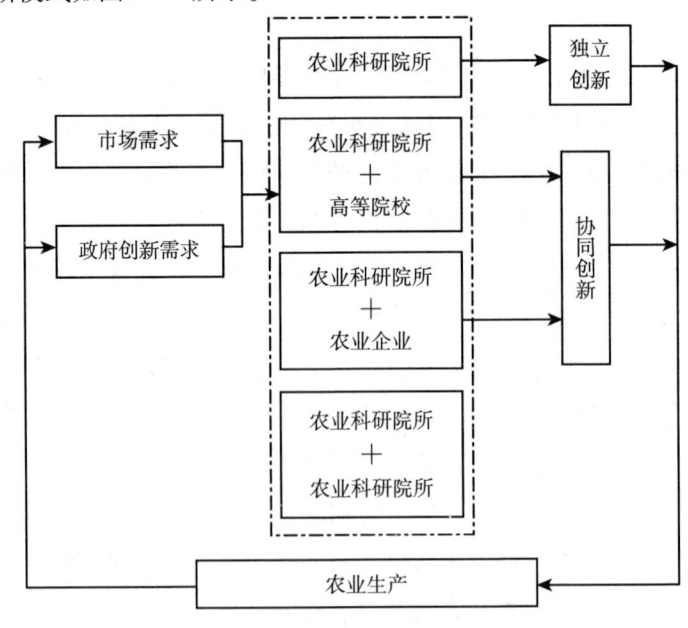

图3-2　农业科研院所科技创新模式

第3章 农业科研院所科技创新活动分析框架

许多研究指出,创新是主体提升核心竞争力、推进绩效提高的关键因素。中国农业科研院所的创新模式主要包括独立创新与协同创新两种类型,研发活动中知识资源内化吸收这一过程具有很强的路径依赖特性。协同创新模式意味着主体可以实现组织内部与组织外部之间技术优势、人才优势的有机结合。随着科技的发展,协同创新逐渐发展为创新体系中的一种新范式,协同创新主要有整体性、动态性和互补性三个特点,通过主体间的相互协作产生"1+1>2"的效果。协同创新是基于契约关系建立起来的创新联盟,强调人才结合、技术互补、资源配置和效益双赢,充分发挥主体各方优势资源互补,以共赢为最终目的,并实现协同主体间人才、技术的有机结合,可在一定程度上缓解独立创新所面对的研发风险大、研发回报周期长、研发知识僵化和研发的正外部性等问题。基于何郁冰(2012)等的研究,本书认为:协同创新是以组织间创新要素的整合和技术优势互补为基础,以目标协同为愿景,以资源协同为核心,以实现技术共享、资源优化配置为目标的创新模式,并提出基于三个层级的协同创新模式基本框架:目标协同层级、组织协同层级以及资源协同层级(见图3-3)。

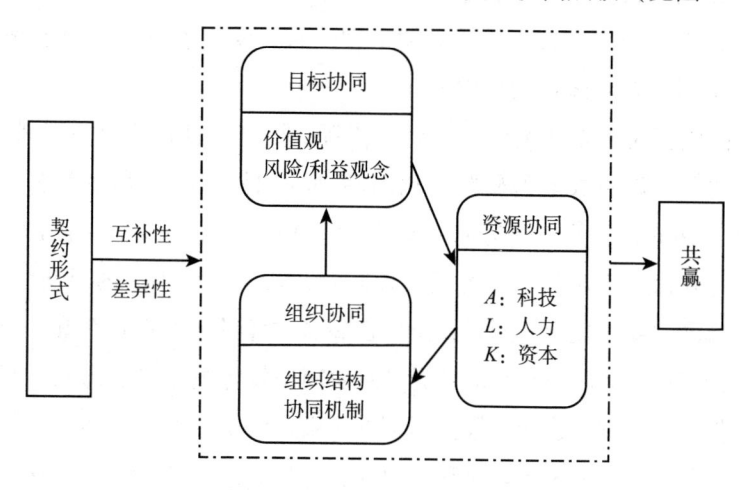

图3-3 协同创新模式基本框架

(1)目标协同(基础)。所谓目标协同是指协同各方通过协同创新实现自身的愿景。目标协同的基础在于定位明确,即协同各方对自身能力以及自身愿景的定位。科研院所及高等院校偏向于科研导向,注重协同创新带来的学术价值;企业则更倾向于经济利益导向,通过协同创新实现自身利润最大化。因此，协同创新的基础在于目标协同，即在协同创新的体制里，协同各方均以最终愿景为导向，实现创新要素的合理流动及配置，充分实现社会效益与经济效益的有机结合。（2）组织协同（主体）。组织协同是协同创新机制的主体部分，协同创新涉及利益导向不同的组织各方，必须搭建合理的跨组织管理框架才能实现组织各方的互动合作，发挥"1+1>2"的效果。传统的点对点和链式协同模式已经不再适合现行的协同创新。因此，在协同创新过程中，应该将政府、第三方中介机构和金融机构等主体纳入协同创新的网络框架，实现各方优势资源互补。（3）资源协同（核心）。资源协同是协同创新系统的核心，资源协同可以实现创新要素的有效配置以及创新要素在协同创新系统内的合理流动。资源协同可以实现技术在协同各方的有效转移、内化吸收、合理配置和改造升级，是一个技术转移——消化吸收——技术升级的过程。在资源协同中，各方应充分实现资源共享，搭建合理有效的技术联盟平台。农业科研院所实行协同创新模式是提高农业产业自主创新能力、促进农业科技与农业市场经济结合的重要举措，是深化科技体制改革，进一步完善农业科技创新治理体系，实现农业产业创新驱动发展，完善国家创新体系的关键所在。

协同创新对于创新主体整合外部资源、提高创新产出具有显著作用。然而，协同创新对农业科研院所创新活动的积极影响也存在很多不确定性。(1) 协同创新的基础是契约关系，契约关系的存在导致协同创新各主体之间存在信息不对称以及委托代理问题，致使协同创新的风险性加大，制约了协同创新的发展；同时，协同创新各主体的研发存量存在差异，根据资源依赖理论，研发存量的差异导致协同创新各主体"话语权"呈现非均衡，易产生冲突，进而导致协同创新失败。(2) 协同创新各主体的目标导向存在差异，协同创新的过程相对较为短暂，同时创新主体的研发禀赋结构也难以实现外部知识的及时内化，这些情况会导致协同创新的效力大打折扣。(3) 不同创新主体研发存量及科研基础建设的差异、创新主体内部体制机制的障碍以及缺乏利益分配与风险承担机制，也容易导致协同创新的失败，进而影响创新主体的创新产出。研发体量较低的农业科研院所面临研发资金与人才短缺等问题，选择协同创新模式可以有效缓解上述问题，弥补研发资源不足的缺陷；而研发体量较高的农业科研院所开展协同创新的目的主要在于实现知识、技术的交互共享和人才的双向流动。

3.3 创新要素对农业科研院所科技创新活动的影响分析

本部分基于农业科研院所创新活动的内涵，探讨创新要素对农业科研院所创新活动的影响。创新要素是指确保科研院所正常运行、科研人员正常生活、科技活动正常开展的条件满足程度和确保各项科技活动正常开展的各种资源要素（如研发经费、科技人力资源、科研基础条件和知识积累等）的规模及质量水平。

3.3.1 研发经费对农业科研院所创新活动的影响

研发经费投入是获得竞争优势的重要来源，研发经费投入越多越能创造出更多有形和无形资产，从而创造价值并提高创新效率。但仍存在两方面问题：（1）近年来，随着国家对研发重视程度的加大，企业和科研院所对研发的重视度日渐加深，一定程度上出现了"R&D崇拜"趋势；研发经费投入呈现指数增长的趋势，但科研人员数量、科研人员质量却不能与之匹配，"科研要素禀赋结构"不完善，一个国家的技术创新路径选择应当遵循"要素禀赋论"（林毅夫等，2002；Tsai，2011），对R&D的"过度崇拜"会导致创新效率的降低（余泳泽、张先轸，2015）。（2）中国农业科研院所经费结构不合理。中国科研院所的R&D经费支出结构主要分为基础研究、应用研究、试验发展三种类型。长期以来，中国研发经费的支出结构不合理，据科技部统计，2016年基础研究研发费用支出总额仅占研发经费支出总额的5.2%，远低于应用研究经费和试验发展研发经费。基础研究处于创新链的最前端，可以为新产品和新技术提供基础新原理与基础新概念，是创新活动开展的驱动力，是新发明、新技术产生的知识源泉。基础研究是创造新知识、产生新概念的过程，具有风险性高、不确定性高的特点，基础研究的创新产出是具有非竞争性、非排他性的公共产品，具有很强的外部性，导致科研院所开展基础研究获得的收益小于社会整体获得的收益。因此，政府应加大对基础研究的重视程度和资金支持力度，以鼓励农业科研院所开展基础研究。基础研究处于创新链的最前端，从基础研究经由科技成果转化进而转化为现实生产力的过程尚存在很多障碍。同时，选择不同创新模式的农业科研院所的经费结构与创新产出之间的关系也存在差异，选择独立创新的科研院所的研发开放性较差，难以实现研发技术的共享，因此必须加强自身基础研究以夯实创新基础；相反，若试验开发经费支出过高则会影响基础研究的投入，造成创新原始驱动力不足的问题。而选择协同创新模式的农业科研院所，基础研究仍是其新发明、新技术产生的源泉，但在协同创新的过程中，农业科研院所通过创新主体间的相互协作，实现知识、技术和资源的共享交换，实现技术的改造升级，对新技术、新品种的需求更大，因此在试验发展方面的经费须有所增加。

3.3.2 科技人力资源对农业科研院所创新活动的影响

加强人力资源管理是科研院所提高科技产出效率的重要保障（孙锐，2014），创新实践中激励科技管理人员与课题活动人员的互动能更有效地促进科技创新。一方面，一定比例的科技管理人员是促进科研活动、提高科技产出效率的基础保证，科技管理人员的组织、引导、支持、服务、协调作用在创新研发活动中起到不可替代的保障作用；而当科技管理人员超过一定比例界限时，就会造成管理"冗余"，降低管理效率，进而降低科技创新效率。另一方面，加强课题活动人员的培养，对科研院所的科研创新活动产生正向影响（李玉蕾等，2013），高水平的课题活动人员有利于促进科研创新活动和技术革新，课题活动人员的创造性劳动和价值取向是技术创新的源泉和根本，进而在一定程度上提高其科技产出效率（陈蓉，2011）；但过多的课题活动人员因科研资金等因素的限制，并不能发挥全部的科研创新能力，也使农业科研院所的用人成本过高。因此，农业科研院所的科技管理人员和课题活动人员应合理配置，而不是一味地追求科技管理人员或课题活动人员的高数量。人力资本质量是提高研发产出的重要因素（岳书敬、刘朝明，2006），本章认为人力资本质量主要体现在学历和能力两个方面。人力资本的平均受教育程度越高,其人力资本质量就越好,人力资本质量与生产率显著正相关(Benhabib and Spiegel,1994)。高学历的人力资源的知识能力和技能更加丰富,吸收能力也更强,能有效降低学习专业技术的时间成本。人力资源还可以进一步分解为具有不同技术能力的人力资源,科技人力资源的技术能力在科技实践过程中可以不断培养和提高,在科技创新中发挥"干中学效应"。

3.3.3 科研基础条件对农业科研院所创新活动的影响

农业科研基础条件是指为了支持和促进科研活动开展所需要的科学实验条件与基础设施。狭义的农业科研基础条件是指科研条件中的硬件(包括实验材料、仪器、设备、设施等内容),以及为保障科学研究开展所必需的基础设施(包括房屋、场地、水电气等资源);广义内涵是指开展科研活动所依托的全部物质条件与保障能力,还包括文献、基础数据、规范和标准、生物种质资源及标本等。本书中将农业科研基础条件界定为科研土建工程、科研仪器设备及科研创新平台。

农业科研院所作为农业科技创新主体,其科研基础条件建设状况关乎中国农业科技创新水平和国家创新战略的实施。农业科研院所科研基础条件是开展创新活动的根本保障,科研土建工程和科研仪器设备是农业科研院所开展科研工作的保障性条件。农业科研院所科研土建工程主要包括实验室建设、水电等基础保障设备建设和田间工程等,其中,实验室建设是科研仪器设备发挥作用的基础前提,水电等保障设备则是科研仪器设备和科研创新平台正常运转的根本性支撑;农业科研仪器设备是进行农业科学研究的物质基础和技术手段,是衡量农业科研单位综合研究能力的重要标志,也是培养高素质应用型创新人才的重要资源和提高农业科研成果质量的重要保障;农业科技创新平台是集聚创新要素和自主科技创新活动建设的重要载体,是激活创新要素的重要措施,是保障转化创新成果的有效手段。通过整合各类科技创新要素,搭建一批创新要素配置更优、联合创新活动更强、开放服务水平更高的科技创新平台,形成科技创新和科技成果转化的集聚效应和辐射效应,是增强区域自主创新活动的关键。为此,国家出台了一系列政策以保障中国各产业的科研基础条件能得到有效提高。[①]

3.3.4 知识积累对农业科研院所创新活动的影响

新增长理论认为创新主体通过R&D投入可以生产出新知识，知识积累形成知识存量，知识存量又推动技术创新，从而驱动经济增长（严成樑等，2010；张静、王宏伟，2017）。罗默（Romer，1990）首次提出要将知识生产从一般生产部门中分离出来，认为知识的生产过程与一般产品不同，除了研发劳动力，以往积累的知识资本也应是知识生产的要素之一（张静、王宏伟，2017）。基于此，根据新增长理论，知识具有非竞争性和累积性，因而构建农业科研院所创新活动生产模型时应考虑知识的积累作用，需要估算知识存量。[②]

3.4 创新环境对农业科研院所科技创新活动的影响分析

本部分基于农业科研院所创新活动的内涵，探讨农业科研院所创新活动的外部环境影响因素。

3.4.1 科技体制改革对农业科研院所创新活动的影响

改革开放40多年来，中国从科学研究理念到科技工作地位、从科研布

[①] 国家提出加强中国科技创新平台建设的科技创新战略。2004年，中国全面启动科技基础条件平台的建设工作。2004年7月3日，国务院办公厅转发了由国家科技部、发改委、教育部和财政部联合制定的《2004—2010年国家科技基础条件平台建设纲要》。在农业领域，《全国农业和农村经济发展第十二个五年规划》的实施是国家大幅提升农业科学技术和物质装备水平以及强化农业科技基础条件建设的标志。

[②] 目前涉及新增长理论的知识生产函数主要采用永续盘存法估算知识存量（严成樑等，2010；张静、王宏伟，2017）。此外，也有研究使用科技成果总数代替知识存量，如以研究人员发表的SCI期刊论文总数作为其学术能力的代理变量。

局到科技实力等各个方面都发生了历史性的改变,科技体制改革取得了突破性的进展,初步形成了适应社会主义市场经济的新型科技体制,国家创新体系建设进展顺利。科技体制创新和机制创新是农业科技发展的外部动力。在40年的科技体制改革实践中,农业科技体制不断创新和完善。主要体现在:农业科技体系结构得到优化,形成了多元化的创新主体格局;农业科研院所科技管理和运行机制发生了重要转变,改变了主要依靠行政手段管理科技工作的局面,市场配置科技资源的基础作用日益突出;技术开发类农业科研院所的企业转制基本完成,确立了技术开发的市场导向,技术创新和产业化能力持续增强;公益类农业科研院所的改革取得重要的进展,科研人员结构得到优化,运行机制更加灵活,农业科技投入产出大幅度增加;地方农业科研院所改革积极推进,支持区域农业发展能力不断增强。

3.4.2 农业科技政策对农业科研院所创新活动的影响

在中国科技体制改革的过程中,农业科技创新政策为促进农业科研院所知识创新、农业科技成果转化提供了法律与政策支持手段,为中国提升农业科技自主创新能力和国际竞争力发挥了重要作用。农业科技政策对农业科研院所创新活动的影响主要体现在:基础研究的地位增强,农业基础研究投入力度不断加强,管理体系日益完善,建设了一批以基础研究为主的农业科研基地和实验室;中国通过以竞争择优为主的经费配置方法改革,使农业科研人员竞争意识明显增强;农业科研院所管理体制在科研立项、选题、课题组织、科研成果评价、奖励机制等方面进行了一系列的变革,推行以市场需求作为农业科研院所的科技创新导向,使农业科研院所的科研活动与市场需求紧密结合,促进了农业科研成果的顺利转化;农业科技创新政策引导农业科研院所重视多学科、跨部门、跨地区的联合,充分发挥各农业科研部门的作用,促进研究人员之间的协同创新,提高农业科研院所科技创新效率;通过改革科研机构人才评价和分配制度,农业科研人员的积极性明显提升。

3.5 本章小结

本章首先对熊彼特创新理论、技术创新理论和系统论等相关理论基础进行了梳理总结，在此基础上从创新模式、创新要素、创新环境等方面对农业科研院所创新活动的内在机理进行了阐述分析。

（1）创新模式对农业科研院所科技创新活动的影响。协同创新逐渐发展为创新体系中的一种新范式，具有整体性、动态性和互补性三个特点，协同创新通过创新主体间的相互协作产生"1+1>2"的效果。协同创新强调人才结合、技术互补、资源配置和效益共赢，能实现协同创新主体间人才、技术和经济的有机结合，在一定程度上缓解独立创新所面对的研发风险大、研发回报周期长、研发知识僵化和研发的正外部性等问题。但同时，由于协同创新的存在基础是契约关系，契约关系的存在导致协同创新各主体之间存在信息不对称和委托代理问题，致使协同创新的风险性加大，制约了协同创新的发展；同时，各协同创新主体的研发存量存在差异，根据资源依赖理论，研发存量的差异导致各协同创新主体"话语权"呈现非均衡，易产生冲突；各协同创新主体的目标导向存在差异，同时创新主体的研发禀赋结构也难以实现外部知识的及时内化，这会对协同创新的效果产生较大影响。

（2）创新要素对农业科研院所科技创新活动的影响。其一，加强人力资源管理是科研院所提高科技产出效率的重要保障（孙锐，2014），创新实践中激励科技管理人员与课题活动人员的互动能更有效地促进科技创新。但过多的课题活动人员因研发经费等因素的限制，并不能发挥全部的科研创新能力，也使农业科研院所的用人成本过高。因此，农业科研院所的科技管理人员和课题活动人员应合理配置，而不是一味地追求科技管理人员或课题活动人员的高数量。其二，人力资本质量是提高研发产出的重要因素（岳书敬、刘朝明，2006），主要体现在学历和能力两个方面。人力资本的平均受教育程度越高，人力资本质量就越好，人力资本质量与生产率显著正相关（Benhabib and Spiegel，1994）。高学历人力资源的知识能力和技能更加丰富，吸收能力也更强，能有效降低学习专业技术的时间成本。人力资源还可以进一步分解为具有不同技术能力的人力资源，科技人力资源的技术能力在科技实践过程中能得到不断培养和提高，在科技创新中发挥"干中学效应"。其三，研发经费投入是获得竞争优势的重要来源，研发经费投入越多越能创造出更多有形和无形资产，从而创造价值并提高创新效率。但研发经费投入过多，"科研要素禀赋结构"和研发经费结构不合理时，会影响科研院所创新效率。其四，农业科研院所科研基础条件是实现自主创新、提升创新效率的根本保障，科研土建工程和科研仪器设备是农业科研院所开展科研工作的保障性科研条件。

（3）创新环境对农业科研院所科技创新活动的影响。其一，科技体制创新和机制创新是农业科技发展的外部动力，对中国科技创新的作用体现在以下方面：农业科技体系结构得到优化，形成了多元化的创新主体格局；农业科研院所科技管理和运行机制发生了重要转变，改变了主要依靠行政手段管理科技工作的局面，市场配置科技资源的基础作用日益突出；技术开发类农业科研院所的企业转制基本完成，确立了技术开发的市场导向，技术创新和产业化能力持续增强；公益类农业科研院所的改革取得重要的进展，科研人员结构得到优化，运行机制更加灵活，农业科技投入产出大幅度增加；地方农业科研院所改革积极推进，支持区域农业发展能力不断增强。其二，在中国科技体制改革的过程中，农业科技创新政策为促进农业科研院所知识创新、农业科技成果转化提供了法律与政策支持，为中国提升农业科技自主创新能力和国际竞争力发挥了重要作用。

第4章

中国农业科研院所科技创新投入产出现状及演变

本章从不同层级、不同行业、不同区域和不同创新模式四个方面,基于经费投入、人力资源投入和科研基础条件投入三个维度,以及知识生产产出、技术转让产出两种产出类型,对中国农业科研院所科技创新投入产出的现状及演变进行了分析。其中,根据所属行政级别,将农业科研院所划分为国家级农业科研院所、省级农业科研院所、地市级农业科研院所三个层级;根据细分行业属性,将农业划分为种植业、畜牧业、渔业、农垦和农机化五个细分行业;按照中国地理区划,将农业科研院所分布划分为华北地区、东北地区、华东地区、中南地区、西南地区和西北地区六个区域;[①] 创新模式划分为独立创新与协同创新两种类型。本章数据来源于《全国农业科技统计资料汇编》(1998~2015年)。

[①] 六个区域包括的省份为:华北地区(北京市、天津市、河北省、山西省),东北地区(辽宁省、吉林省、黑龙江省、内蒙古自治区),华东地区(上海市、江苏省、浙江省、安徽省、福建省、江西省、山东省),中南地区(河南省、湖北省、湖南省、广东省、广西壮族自治区、海南省),西南地区(重庆市、四川省、贵州省、云南省、西藏自治区),以及西北地区(陕西省、甘肃省、青海省、宁夏回族自治区、新疆维吾尔自治区)。这里统计口径仅限于中国大陆。

4.1 农业科研院所科技创新投入产出现状分析

4.1.1 创新投入分析

1. 基于研发经费投入维度

农业科技活动经费收入总额是指农业科研院所从各种渠道筹集到的计划用于农业科技活动的经费，主要来源于政府资金（包括政府财政拨款和承担政府项目资金）和非政府资金，选取该指标衡量农业科研院所科技活动投入规模和科技活动投入来源结构（见表4-1）。农业科研院所科技活动支出主要包括人员劳务费、设备购置费和其他日常支出，用于衡量农业科研院所科技活动投入的用途。

表 4-1　2015年基于研发经费投入维度的农业科研院所科技创新投入现状

项目			总量（亿元）	占比（%）
科技活动收入	政府资金	财政拨款	148.92	61.45
		承担政府项目	54.78	22.60
		其他	7.13	2.94
		合计	210.83	86.99
	非政府资金		31.52	13.01
	合计		242.35	100.00
科技活动支出	人员劳务费		78.99	36.47
	设备购置费		19.83	9.16
	其他日常支出		117.75	54.37
	合计		216.57	100.00

如表4-1所示，从中国科研院所科技创新活动经费收入总额、来源结构以及科技活动支出衡量的用途结构来看，2015年全国农业科技活动收入为242.35亿元，从其来源结构来看，政府资金投入为210.83亿元，占比86.99%；非政府资金投入为31.52亿元，占比13.01%。在政府资金投入结构中，财政拨款达148.92亿元，占比61.45%，是政府资金投入的主要

来源；承担政府项目资金为 54.78 亿元，占比 22.60%。从科技活动经费支出结构来看，2015 年全国农业科研院所科技活动总支出为 216.57 亿元，其中，人员劳务费用为 78.99 亿元，占科技活动总支出的 36.47%；设备购置费为 19.83 亿元，占科技活动总支出的 9.16%，比重最小；其他日常支出为 117.75 亿元，占比 54.37%。由此可见，现阶段中国农业科技活动收入资金来源主要以政府资金为主，政府在中国农业科技投入体系中发挥主导作用。政府对农业科技活动的持续大规模投入为中国农业科技创新水平的提高奠定了基础，非政府资金在全国农业科技活动中占比 13.01%，是对以政府资金为主导的投入方式的有益补充。

（1）从不同层级农业科研院所视角分析。如表 4-2 所示，从不同层级科技活动收入总额及来源结构来看，2015 年省级农业科研院所农业科技活动收入最多，占科技活动总收入的 54.18%；从来源结构来看，政府资金中的财政拨款是各层级农业科研院所科技活动收入的主要来源。具体来看，2015 年国家级、省级和地市级农业科研院所农业科技活动收入分别为 64.80 亿元、131.30 亿元和 46.24 亿元，分别占农业科技活动总收入的 26.74%、54.18% 和 19.08%。

表 4-2　　2015 年不同层级农业科技活动收入总额及来源结构

层级	项目		总量（亿元）	占比（%）
国家级	政府资金	财政拨款	38.06	58.73
		承担政府项目	13.59	20.97
		其他	1.58	2.45
		合计	53.23	82.15
	非政府资金		11.57	17.85
	合计		64.80	100.00
省级	政府资金	财政拨款	76.22	58.05
		承担政府项目	33.51	25.52
		其他	4.16	3.17
		合计	113.89	86.74
	非政府资金		17.41	13.26
	合计		131.30	100.00

续表

层级	项目		总量（亿元）	占比（%）
地市级	政府资金	财政拨款	34.65	74.93
		承担政府项目	7.66	16.58
		其他	1.39	3.00
		合计	43.70	94.51
	非政府资金		2.54	5.49
	合计		46.24	100.00

如表 4-3 所示，从不同层级农业科研院所科技活动支出总额和用途来看，省级农业科研院所科技活动支出最大，主要用于人员费用和其他支出，且不同层级科研院所科技活动支出结构有较大差异。从支出总额来看，2015 年中国农业科研院所科技活动支出为 216.58 亿元，其中，人员费用 78.99 亿元，占比 36.47%；设备购置费 19.84 亿元，占比 9.16%；从不同层级农业科研院所的支出结构来看，国家级农业科研院所的人员支出、设备购置支出与其他日常支出之比为 1∶0.39∶2.34，省级农业科研院所的对应比例为 1∶0.26∶1.47，地市级农业科研院所的对应比例为 1∶0.12∶0.90，其中国家级农业科研院所的其他日常支出占比相对较高、人员劳务费占比相对较低，地市级农业科研院所的人员劳务费占比则相对较高。

表 4-3　2015 年不同层级农业科研院所科技活动支出情况

层级	科技活动支出（亿元）	人员费用 总量（亿元）	人员费用 比重（%）	设备购置费 总量（亿元）	设备购置费 比重（%）	其他开支 总量（亿元）	其他开支 比重（%）
合计	216.58	78.99	36.47	19.84	9.16	117.75	54.37
国家级	60.10	16.11	26.80	6.26	10.42	37.73	62.78
省级	113.43	41.54	36.63	10.98	9.68	60.91	53.70
地市级	43.05	21.34	49.57	2.60	6.03	19.11	44.40

（2）从不同行业农业科研院所视角分析。如表 4-4 所示，从不同行业农业科研院所科技活动收入总额及来源结构来看，2015 年种植业农业科研院所农业科技活动收入最多，占科技活动总收入的 64.56%；从来源结构来看，政府资金中的财政拨款是各行业农业科研院所科技活动收

入的主要来源。

表4-4 2015年不同行业农业科研院所科技活动收入总额及来源结构

行业	项目		总量（亿元）	占比（%）
种植业	政府资金	财政拨款	93.54	59.78
		承担政府项目	37.29	23.83
		其他	4.90	3.14
		合计	135.73	86.75
	非政府资金		20.74	13.25
	合计		156.47	100.00
畜牧业	政府资金	财政拨款	22.08	57.83
		承担政府项目	7.87	20.61
		其他	1.72	4.50
		合计	31.67	82.94
	非政府资金		6.52	17.06
	合计		38.19	100.00
渔业	政府资金	财政拨款	16.62	64.94
		承担政府项目	6.45	25.22
		其他	0.28	1.07
		合计	23.35	91.23
	非政府资金		2.24	8.77
	合计		25.59	100.00
农垦	政府资金	财政拨款	10.47	75.84
		承担政府项目	1.86	13.50
		其他	0.08	0.59
		合计	12.41	89.93
	非政府资金		1.39	10.07
	合计		13.80	100.00
农机化	政府资金	财政拨款	6.22	74.90
		承担政府项目	1.29	15.55
		其他	0.15	1.85
		合计	7.66	92.30
	非政府资金		0.64	7.70
	合计		8.30	100.00

如表4-4所示，2015年种植业、畜牧业、渔业、农垦和农机化五个行业的科技活动收入分别为156.47亿元、38.19亿元、25.59亿元、13.80亿元和8.30亿元，种植业农业科技活动收入最多，占科技活动总收入的64.56%，主要在于种植业在农业中的基础地位，种植业关乎粮食生产安全、种子安全、食品安全和粮食储备等国计民生。中国种植业正处于由传统种植向现代化种植转型的关键节点，保持种植业科技活动投入稳定持续，对促进农业产业发展以及农业现代化实现具有重要意义。从资金来源结构来看，政府资金为各行业科技活动收入的主要资金来源，分别占种植业、畜牧业、渔业、农垦和农机化科技活动收入的86.75%、82.94%、91.23%、89.93%和92.30%。

如表4-5所示，从不同行业科技活动支出情况来看，2015年种植业科技活动支出最多，且不同行业间科技活动支出的用途基本一致，用于其他开支最多，人员劳务费次之。具体来看，2015年，种植业、畜牧业、渔业、农垦和农机化行业科技活动支出分别为142.54亿元、32.92亿元、21.36亿元、11.97亿元和7.79亿元，占科技活动总支出的比重分别为65.81%、15.20%、9.86%、5.53%和3.60%，种植业作为农业基础行业，科技活动支出相应最多。从不同行业科技活动支出用途来看，其他开支为主要支出项目。从人员费用来看，五个行业的人员费用分别为52.56亿元、10.93亿元、6.66亿元、4.83亿元和4.01亿元，占总科技经费支出的比例分别为36.87%、33.22%、31.19%、40.33%和51.45%，可以看出，人员费用占总科技支出比例最高的是农机化行业，其次依次是农垦行业、种植业、畜牧业和渔业；从设备购置费来看，五个行业的设备购置费用分别为13.33亿元、2.56亿元、2.19亿元、1.24亿元和0.52亿元，五个行业的设备购置费用占比相对较低，分别为9.35%、7.77%、10.25%、10.33%和6.64%，可以看出，设备购置费用占总科技活动支出比例最低的是农机化行业，最高的是农垦行业。种植业、畜牧业、渔业、农垦和农机化五个行业中，人员费用与设备购置费用支出的比例分别为3.94:1、4.27:1、3.04:1、3.91:1和7.75:1，农机化行业的比例结构略微失调。

表4-5 2015年不同行业农业科研院所科技活动支出情况

行业	科技活动支出（亿元）	人员费用 总量（亿元）	比重（%）	设备购置费 总量（亿元）	比重（%）	其他开支 总量（亿元）	比重（%）
种植业	142.54	52.56	36.87	13.33	9.35	76.65	53.77
畜牧业	32.92	10.93	33.22	2.56	7.77	19.42	59.01
渔业	21.36	6.66	31.19	2.19	10.25	12.51	58.56
农垦	11.97	4.83	40.33	1.24	10.33	5.91	49.34
农机化	7.79	4.01	51.45	0.52	6.64	3.26	41.92

（3）从不同区域农业科研院所视角分析。由于各区域间农业科研院所分布不均衡，采用各区域农业科研院所科技活动收入和支出的均值来分析不同区域农业科研院所科技创新投入情况。

如表4-6所示，从不同区域农业科研院所科技活动收入及其资金来源结构来看，华北地区、华东地区和中南地区农业科研院所科技活动收入较高，西北地区科技活动收入最低；从资金来源结构来看，政府资金是各区域科技活动收入的主要来源。具体从科技活动收入总量来看，华北地区和华东地区农业科研院所科技活动收入均值较高，分别为10.21亿元和9.23亿元，占其均值总额的22.04%和19.94%；西南地区和西北地区农业科研院所科技活动收入均值较低，分别为5.18亿元和4.29亿元，占其均值总额的11.18%和9.27%。华北地区内部各农业科研院所科技活动收入间标准差最大，区域内科技活动收入差距较大。从资金来源结构来看，各区域政府资金投入占其科技活动收入的比重均超过85%，其中，华北地区政府资金投入占比最高，达91.12%。从政府资金来源来看，政府拨款占比最高。

表4-6 2015年不同区域农业科研院所科技活动收入及其资金来源结构   单位：亿元

区域	项目	均值	标准差	最小值	最大值
华北地区	科技活动收入总额	10.21	12.07	2.41	31.64
	政府资金	9.30	10.66	1.59	28.11
	政府拨款	6.21	7.05	0.80	18.54
	承担政府项目	2.58	3.43	0.78	8.70
	地方政府资金	0.51	0.42	0.02	1.01
	非政府资金	0.91	1.50	0.02	3.53

续表

区域	项目	均值	标准差	最小值	最大值
东北地区	科技活动收入总额	8.35	3.37	5.56	12.10
	政府资金	7.15	1.82	5.32	8.96
	政府拨款	5.52	1.79	4.00	7.49
	承担政府项目	1.36	0.23	1.18	1.62
	地方政府资金	0.27	0.19	0.14	0.48
	非政府资金	1.19	1.68	0.21	3.14
华东地区	科技活动收入总额	9.23	5.21	3.20	15.95
	政府资金	7.89	4.13	2.79	13.13
	政府拨款	5.30	3.01	1.85	9.68
	承担政府项目	2.41	1.67	0.50	5.61
	地方政府资金	0.17	0.17	0.01	0.53
	非政府资金	1.35	1.34	0.41	4.07
中南地区	科技活动收入总额	9.05	2.59	6.65	13.95
	政府资金	7.84	2.55	4.98	12.30
	政府拨款	5.88	1.95	3.61	8.34
	承担政府项目	1.73	1.07	0.63	3.74
	地方政府资金	0.23	0.23	0.09	0.68
	非政府资金	1.21	0.54	0.50	1.67
西南地区	科技活动收入总额	5.18	2.50	1.80	7.82
	政府资金	4.44	1.98	1.80	6.92
	政府拨款	3.24	1.61	1.49	5.55
	承担政府项目	1.06	0.48	0.31	1.64
	地方政府资金	0.14	0.13	0.00	0.36
	非政府资金	0.73	0.71	0.00	1.83
西北地区	科技活动收入总额	4.29	3.13	1.54	7.85
	政府资金	3.68	2.46	1.38	6.84
	政府拨款	2.55	1.88	0.67	5.17
	承担政府项目	1.04	0.66	0.31	1.87
	地方政府资金	0.10	0.02	0.08	0.13
	非政府资金	0.61	0.85	0.05	2.04

如表4-7所示，从不同区域科技活动支出结构来看，就科技活动支出

总额来看,华北地区、华东地区和东北地区的农业科研院所科技活动支出最多,分别为9.77亿元、7.97亿元和7.89亿元;西北地区的科技活动支出总额均值最小,为3.56亿元,中南地区为7.79亿元,西南地区为4.74亿元,西南地区和西北地区农业科研院所的科技活动支出较低,其他地区相对较为平稳,差距不大。从科技活动支出结构来看,各地区人员费用的支出情况与支出总额较为类似,排名前三位的依次为华北地区、华东地区和东北地区,支出额度分别为3.10亿元、3.06亿元和2.98亿元;从人员费用占比看,虽然西北地区的人员费用支出最少,但其人员费用占总科技活动支出比例为40.25%,是六个区域中最高的,其次依次是华东地区(38.44%)、东北地区(37.74%)、西南地区(37.70%)、中南地区(36.36%)和华北地区(31.75%)。以上数据显示,随着"西部开发""振兴东北老工业基地""中部崛起"等一系列措施的实施,东、中、西部区域发展的相对差距总体缩小,西北、东北和中部地区农业科研院所也加大了对人才的重视程度,对人才的吸引力也逐渐加大。各地区设备购置费支出分别为华北地区1.20亿元、中南地区0.74亿元、东北地区0.67亿元、华东地区0.62亿元、西北地区0.31亿元、西南地区0.30亿元,其中,华北地区农业科研院所1.20亿元的设备购置费中,北京地区为0.46亿元,占整个华北地区设备购置费用的38.33%,这主要是因为北京地区农业科研院所多为国家级农业科研院所,其科技体量、研发配套体系较为完善,支出也相应更多。

表4-7　2015年不同区域农业科研院所经费支出描述性统计分析　　单位:亿元

区域	项目	均值	标准差	最小值	最大值
华北地区	科技活动支出	9.77	12.25	2.22	31.58
	人员费用	3.10	2.98	0.85	8.34
	设备购置费	1.20	1.93	0.20	4.64
	其他开支	5.47	7.37	1.18	18.60
东北地区	科技活动支出合计	7.89	3.31	5.38	11.64
	人员费用	2.98	0.66	2.45	3.71
	设备购置费	0.67	0.43	0.41	1.16
	其他开支	4.25	2.23	2.50	6.76

续表

区域	项目	均值	标准差	最小值	最大值
华东地区	科技活动支出合计	7.97	4.56	2.71	13.23
	人员费用	3.06	1.78	1.03	5.76
	设备购置费	0.62	0.34	0.17	1.02
	其他开支	4.29	2.59	0.87	7.52
西北地区	科技活动支出合计	3.56	2.68	1.13	6.53
	人员费用	1.43	1.00	0.43	2.65
	设备购置费	0.31	0.24	0.07	0.58
	其他开支	1.81	1.46	0.57	3.51
西南地区	科技活动支出合计	4.74	2.44	1.84	7.38
	人员费用	1.79	0.80	0.85	2.71
	设备购置费	0.30	0.22	0.05	0.63
	其他开支	2.65	1.45	0.95	4.29
中南地区	科技活动支出合计	7.79	2.02	6.31	11.56
	人员费用	2.83	0.69	2.22	4.13
	设备购置费	0.74	0.21	0.44	0.94
	其他开支	4.22	1.24	3.32	6.49

（4）从不同创新模式农业科研院所视角分析。通过探讨不同创新模式农业科研院所科技活动收入和支出，来分析独立创新和协同创新两种不同创新模式农业科研院所科技创新投入情况，更具有比较价值。

如表4-8所示，从不同创新模式农业科研院所科技活动收入及其资金来源结构来看，选择协同创新模式的农业科研院所科技活动收入高于选择独立创新模式的农业科研院所；从资金来源结构来看，政府资金是两种创新模式科技活动收入的主要来源。具体从科技活动收入总量来看，选择协同创新模式的农业科研院所收入均值为11.98亿元，选择独立创新模式的农业科研院所收入均值为5.53亿元，其中，选择协同创新模式的农业科研院所获得的非政府资金为1.63亿元，也高于选择独立创新模式的农业科研院所的0.68亿元。

表 4-8　2015 年不同创新模式农业科研院所科技活动收入及其资金来源结构　　单位：亿元

模式	项目	均值	标准差	最小值	最大值
独立创新	科技活动收入总额	5.53	2.59	1.54	9.24
	政府资金	4.85	2.26	1.38	8.54
	政府拨款	3.56	1.92	0.67	7.81
	承担政府项目	1.11	0.50	0.31	1.88
	非政府资金	0.68	0.66	0.00	2.04
协同创新	科技活动收入总额	11.98	7.70	4.04	31.64
	政府资金	10.35	6.69	3.35	28.11
	政府拨款	7.07	4.52	2.02	18.54
	承担政府项目	2.95	2.35	0.97	8.70
	非政府资金	1.63	1.40	0.02	4.07

如表 4-9 所示，从不同创新模式科技活动支出结构来看，就科技活动支出总额来讲，选择协同创新模式的农业科研院所为 10.83 亿元，高于选择独立创新模式农业科研院所的 4.87 亿元；无论是人员费用、设备购置费用还是其他开支，选择协同创新模式的农业科研院所均要高于选择独立创新模式的农业科研院所，协同创新模式的三项经费分别为 3.78 亿元、1.06 亿元和 6.00 亿元。

表 4-9　2015 年不同创新模式农业科研院所经费支出描述性统计分析　　单位：亿元

模式	项目	均值	标准差	最小值	最大值
独立创新	科技活动支出	4.87	2.37	1.13	8.42
	人员费用	1.87	0.80	0.43	2.96
	设备购置费	0.41	0.26	0.05	0.91
	其他开支	2.59	1.42	0.57	4.87
协同创新	科技活动支出合计	10.83	7.73	3.61	31.58
	人员费用	3.78	2.00	1.46	8.34
	设备购置费	1.06	1.23	0.23	4.64
	其他开支	6.00	4.64	1.92	18.60

综上可知，从 2015 年农业科研院所科技活动收入来看：第一，科技活动收入主要以政府资金为主，非政府资金收入占比较小，非政府资金主要以技术性收入为主；第二，从层级来看，省级农业科研院所科技活动收入最多，其次依次是国家级与地市级农业科研院所；第三，从不同行业来看，种植业科技活动收入最多，畜牧业次之；第四，华北地区和华东地区农业科研院所科技活动收入均值较高，但华北地区内部各农业科研院所科技活动收入差距较大；第五，选择协同创新模式的农业科研院所科技活动收入高于选择独立创新模式的农业科研院所。

从 2015 年农业科研院所科技活动支出来看：第一，科技活动支出中主要以其他开支为主，人员费用和设备购置费占比较低；第二，从不同层级来看，国家级农业科研院所和省级农业科研院所的经费结构主要以其他开支为主，人员费用和设备购置费占比较低，地市级农业科研院所的人员费用占比较高，高于设备购置费和其他开支；第三，从不同行业来看，种植业的科技活动支出最多，农机化行业最少，除农机化行业外，其余四个行业的科技活动支出比例较为均衡，农机化行业的科技活动支出比例略有失衡，人员费用占比较高；第四，从不同区域来看，华东地区、华北地区和东北地区的农业科研院所科技活动支出最多，西北地区的科技活动支出总额均值最少，但人员费用占总科技活动支出比例是六个区域中最高的；第五，选择协同创新模式的农业科研院所科技活动各项支出均高于选择独立创新模式的农业科研院所。

2. 基于科技人力资源投入维度

本部分主要基于科技人力资源投入维度，分别从科技活动人员构成情况和质量情况分析不同层级、不同行业、不同区域农业科研院所科技创新投入状况。其中，科技活动人员构成主要分为科技管理人员、课题活动人员和科技服务人员三部分；科技活动人员质量情况主要用科技活动人员的学位、学历和职称情况来衡量。

（1）农业科技活动人员构成情况。如图 4-1 所示，从全国农业科技人员构成情况来看，2015 年全国从事科技活动人员总人数为 69381 人，其中，女性科技活动人员总量为 26154 人，占比 37.70%。从人员构成来看，课题活动人员数量最多,为46102人,占比66.45%;其次是科技服务人员,为12422人;科技管理人员最少,为10857人。

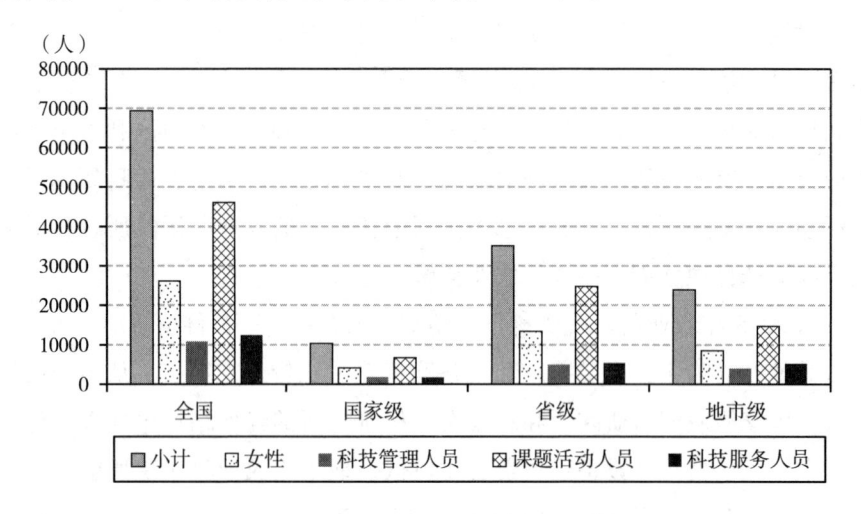

图4-1 2015年不同层级农业科研院所科技活动人员情况

从图4-1不同层级科技活动人员投入情况来看,省级农业科研院所从事科技活动的人员数量最多,三个层级的农业科研院所中,课题活动人员总量均属最多。具体来看,2015年不同层级中省级农业科研院所从事科技活动的人员数量最多,为35117人,占比50.61%;其次是地市级,为23934人,占比34.50%;最后是国家级,为10330人,占比14.89%。其中,省级农业科研院所中,从事农业科技活动的女性数量为35117人,占比38.24%;地市级农业科研院所中,从事农业科技活动的女性数量为8526人,占比35.62%;国家级农业科研院所中,从事农业科技活动的女性数量为4199人,占比40.65%。可见,三个层级的农业科研院所从事科技活动人员中女性占比相对稳定且占比较高。从人员构成情况来看,国家级、省级和地市级三个层级的农业科研院所中,课题活动人员总量均属最多,分别为24739人、14680人和6683人,占比分别为70.45%、61.34%和64.70%,均保持在相对稳定且较高的水平。三个层级(省级、地市级和国家级)农业科研院所中的科技服务人员数量分别为5403人、4975人和5240人,科技管理人数数量分别为4014人、1779人和1868人。

第4章　中国农业科研院所科技创新投入产出现状及演变

如图4-2所示，从不同行业科技活动人员投入情况来看，种植业行业从事科技活动的人员数量最多，为46383人；其次依次是畜牧业9339人、渔业5300人、农垦4221人、农机化4138人。其中，种植业课题活动人员数量最多，为31240人，占比67.35%；其次依次是科技服务人员和科技管理人员，数量分别为8023人和7120人；其他四个行业科技服务人员数量和科技管理人员数量相对稳定，比例基本保持在15.00%~20.00%。种植业、畜牧业、渔业、农垦和农机化行业从事科技活动的女性人员数量分别是18013人、3631人、1756人、1498人和1256人，占比均保持在30.00%~40.00%，处于相对较高的水平。从人员构成情况来看，课题活动人员数量占比在五个行业（种植业、畜牧业、渔业、农垦和农机化）中均为最高，分别是种植业31240人，占比67.35%；畜牧业6311人，占比67.58%；渔业3548人，占比66.94%；农垦2462人，占比58.33%；农机化2541人，占比61.41%。五个行业中农垦行业占比最低，但与其他行业占比差距并不大，均维持在较高的比例上。

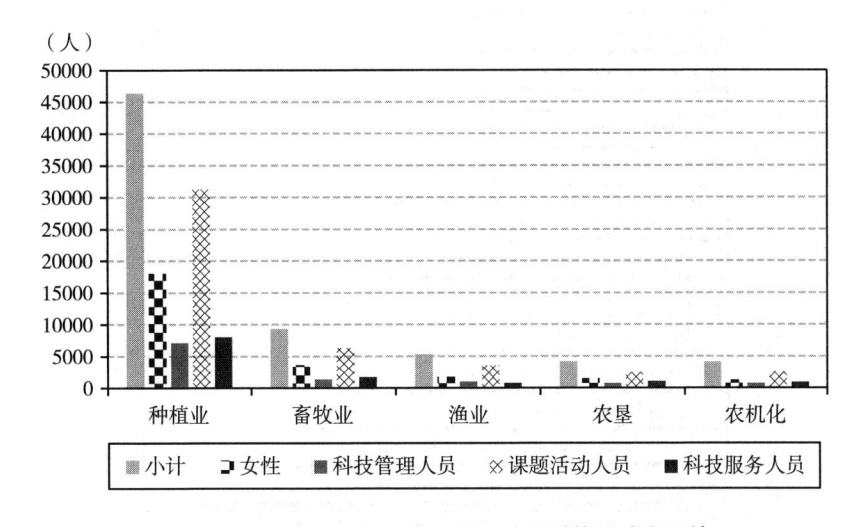

图4-2　2015年不同行业农业科研院所科技活动人员情况

如图4-3所示，从不同省份农业科研院所科技活动人员情况来看，科技活动人员数量排名前六位的省份分别是北京4707人、山东4030人、广东3798人、河南3367人、黑龙江3317人、云南3198人，这六个省份科技人员数量占全国农业科研院所科技活动人员投入的32.31%，占

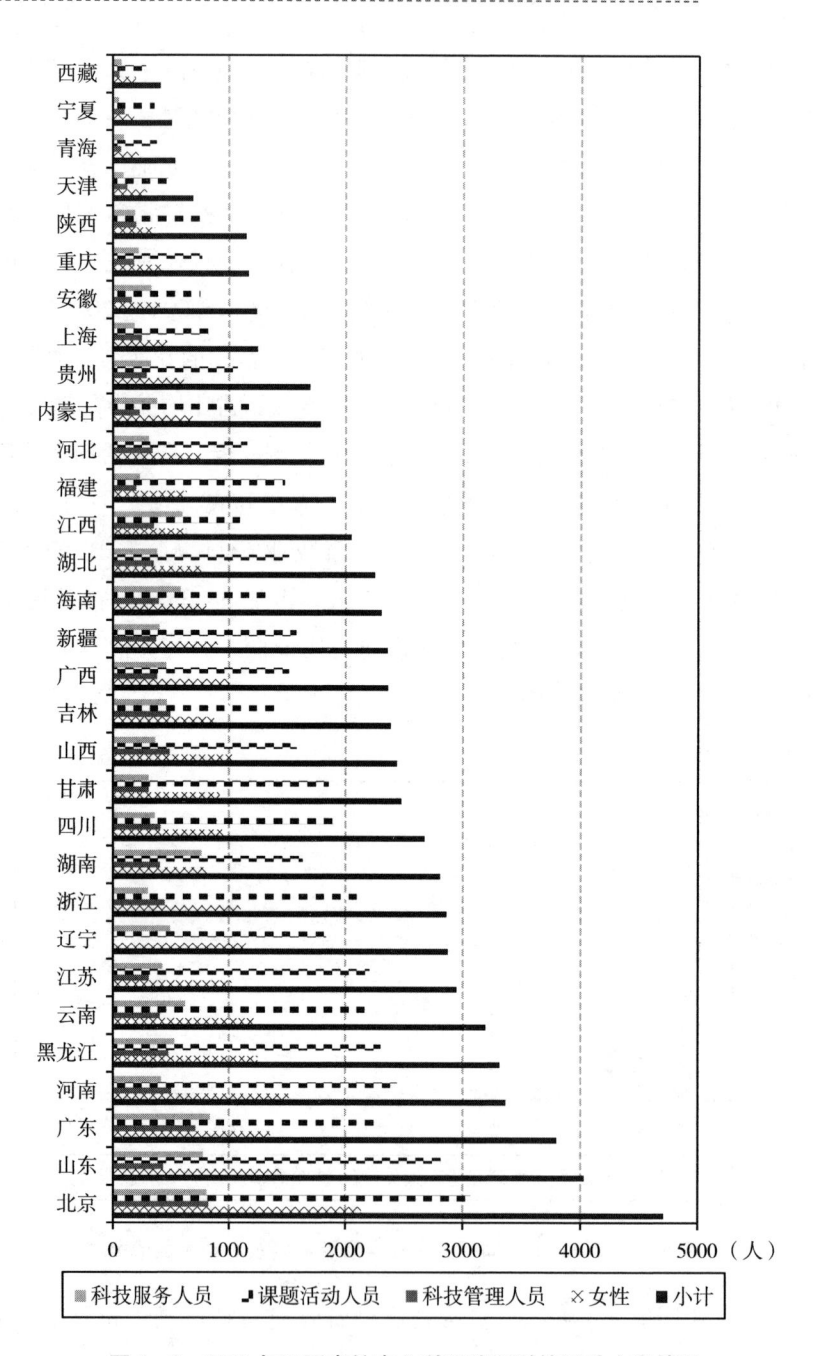

图4-3 2015年不同省份农业科研院所科技活动人员情况

比很高，这六个省份分属华北地区、华东地区、中南地区、东北地区和西南地区。科技活动人员数量排名后六位的省份分别是西藏、宁夏、青海、天津、陕西和重庆，分属西南地区、西北地区和华北地区，其中有三个省份属于西北地区。定性分析来看，西北地区的科技活动人员数量最少，而华东地区、华北地区的农业科技活动人员数量较多。

在此基础上，使用Stata15.0对相关数据进行描述性统计分析，定量检验各区域农业科研院所的科技活动人员数量情况。

如表4-10所示，从不同区域农业科研院所科技活动人员构成情况可以看出：其一，科技活动人员数量均值从高到低依次为东北地区2859.00人、中南地区2815.67人、华东地区2328.57人、华北地区2285.60人、西南地区1830.40人、西北地区1406.00人，定量分析的结果与定性分析基本相同，即西北地区科技活动人员数量最少，而华北地区、东北地区、华东地区相对较多。尤其要注意，中南地区科技活动人员在定性分析过程中不突出，但在定量分析中其科技活动人员数量排名第二位，表明中南地区各省份农业科研院所科技活动人员均保持相对较高的数量。其二，各地区课题人员数量从高到低依次为东北地区1852.67人、中南地区1779.50人、华东地区1610.57人、华北地区1492.40人、西南地区1239.00人、西北地区987.20人，排名结果跟科技活动人员总量排名一致，表明各个区域的农业科研院所课题人员数量保持相对稳定的状态，比例基本维持在60.00%~70.00%，处于较高的比例。其三，各个区域的科技管理人员和科技服务人员数量的占比相对稳定，占科技活动人员总量的比例在15.00%~20.00%，且两者比例基本维持在1:1，相对比较稳定。

表4-10　2015年不同区域农业科研院所科技活动人员构成情况　　　单位：人

区域	项目	均值	标准差	最小值	最大值
华北地区	科技活动人员	2285.60	1492.51	691	4707
	科技管理人员	402.00	273.69	122	826
	课题活动人员	1492.40	967.63	479	3072
	科技服务人员	391.20	260.99	90	809
东北地区	科技活动人员	2859.00	466.21	2385	3317
	科技管理人员	489.50	10.61	482	497
	课题活动人员	1852.67	441.30	1421	2303
	科技服务人员	498.33	32.56	467	532

续表

区域	项目	均值	标准差	最小值	最大值
华东地区	科技活动人员	2328.57	1012.59	1243	4030
	科技管理人员	309.14	112.25	160	450
	课题活动人员	1610.57	785.19	752	2814
	科技服务人员	408.86	213.57	185	780
西北地区	科技活动人员	1406.00	959.04	508	2476
	科技管理人员	209.80	132.61	67	375
	课题活动人员	987.20	692.79	360	1856
	科技服务人员	209.00	148.15	50	404
西南地区	科技活动人员	1830.40	1123.37	413	3198
	科技管理人员	269.00	153.64	53	412
	课题活动人员	1239.00	782.53	287	2165
	科技服务人员	322.40	203.85	73	626
中南地区	科技活动人员	2815.67	640.38	2252	3798
	科技管理人员	460.83	135.08	353	716
	课题活动人员	1779.50	452.79	1324	2444
	科技服务人员	575.33	189.43	383	838

如表4－11所示，不同创新模式农业科研院所科技活动人员中，选择协同创新模式的农业科研院所科技活动人员数量均值为2859人，高于选择独立创新模式的农业科研院所科技活动人员数量2286人；选择协同创新模式的农业科研院所科技管理人员、课题活动人员和科技服务人员的数量分别为490人、1853人和498人，均高于选择独立创新模式的农业科研院所的相应人员数量。从人员构成来看，两种创新模式农业科研院所科技活动人员均以课题活动人员为主，科技管理人员与科技服务人员数量基本相近。

表4－11　2015年不同创新模式农业科研院所科技活动人员构成情况　　单位：人

模式	项目	均值	标准差	最小值	最大值
独立创新	科技活动人员	2286	1493	691	4707
	科技管理人员	402	274	122	826
	课题活动人员	1492	968	479	3072
	科技服务人员	391	261	90	809

续表

模式	项目	均值	标准差	最小值	最大值
协同创新	科技活动人员	2859	466	2385	3317
	科技管理人员	490	11	482	497
	课题活动人员	1853	441	1421	2303
	科技服务人员	498	33	467	532

综上可知,其一,2015年全国农业科技人员主要以课题活动人员为主,其次依次是科技服务人员和科技管理人员,其占比相对稳定在15.00%~20.00%,其中女性科技活动人员数量占比较高,维持在40.00%左右的水平;其二,省级农业科研院所科技活动人员数量最多,其次依次是国家级与地市级农业科研院所;其三,种植业行业科技活动人员数量最多,而农机化行业科技活动人员数量最少;其四,西北地区科技活动人员数量最少,而华北地区、东北地区、华东地区相对较多;其五,选择协同创新模式的农业科研院所科技活动人员总数量以及科技管理人员、课题活动人员和科技服务人员的数量均高于选择独立创新模式的农业科研院所。

(2)农业科技活动人员质量情况。人力资源结构是反映农业科研院所人力资本质量的重要标志。一般认为,农业科研院所的平均受教育程度越高,其人力资本质量越好。从全国(不包括港澳台,下同)农业科研院所从事科技活动人员学历情况来看,2015年全国农业科研院所从事科技活动人员中,博士研究生学历8033人,占比11.58%;硕士研究生学历17532人,占比25.27%;本科学历25570人,占比36.85%;大专学历10082人,占比14.53%;其他学历8164人,占比11.77%。从全国的情况来看,本科学历占比最多,其次依次是硕士研究生学历、大专学历、其他学历,博士研究生学历占比最少,可见本科学历以及硕士研究生学历的科技人员是全国农业科研院所从事科技活动人员的中坚力量。

如图4-4所示,从不同层级农业科研院所科技活动人员质量情况来看,全国农业科研院所从事科技活动人员中,省级农业科研院所从事科技活动的人员数量最多,为35117人,占比50.61%;国家级农业科研院所从事科技活动的人员数量为10330人,占比14.89%;地市级农业科研院

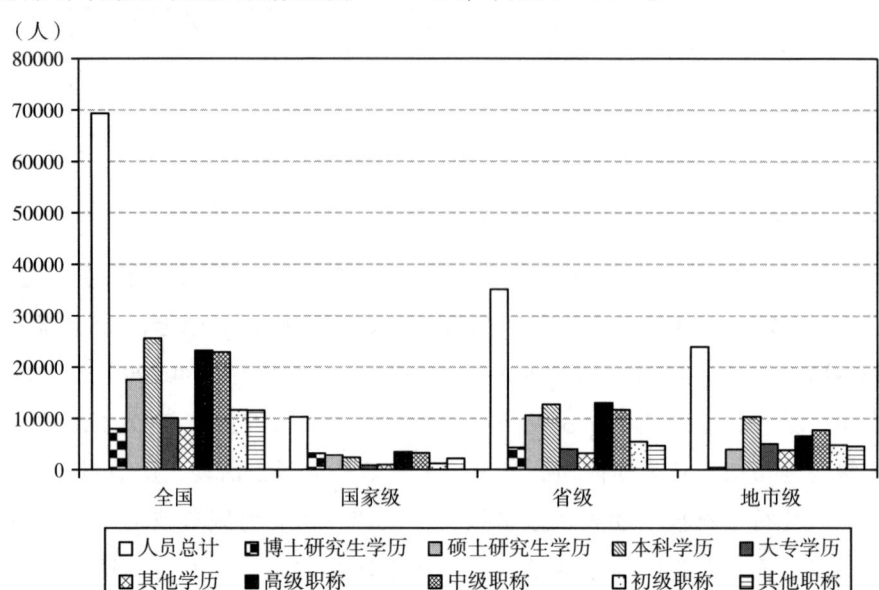

所从事科技活动的人员数量为 23934 人，占比 34.50%。

图 4-4　2015 年不同层级农业科研院所科技活动人员质量情况

从学历构成来看，国家级农业科研院所从事科技活动人员中，博士研究生学历 3209 人，占国家级农业科研院所总人数比例为 31.06%；硕士研究生学历 2852 人，占比 27.61%；本科学历 2388 人，占比 23.11%；大专学历 877 人，占比 8.49%；其他学历 1004 人，占比 9.72%。国家级农业科研院所中，博士研究生学历占比最高，其次依次是硕士研究生学历、本科学历、其他学历和大专学历，这个结果与全国农业科研院所从事科技活动人员的教育背景略有不同，博士研究生学历和硕士研究生学历的科技人员是国家级农业科研院所的主要人员组成。省级农业科研院所从事科技活动人员中，博士研究生学历 4366 人，占比 12.43%；硕士研究生学历 10631 人，占比 30.27%；本科学历 12772 人，占比 36.37%；大专学历 4079 人，占比 11.62%；其他学历 3269 人，占比 9.31%。硕士研究生学历和本科学历的科技人员是省级农业科研院所科技人员的主要组成。地市级农业科研院所从事科技活动人员中，博士研究生学历 458 人，占比 1.91%；硕士研究生学历 4049 人，占比 16.92%；本科学历 10410 人，占比 43.49%；大专学历 5126 人，占比 21.42%；其他学历 3891 人，占比

16.26%。本科学历和大专学历的科技人员为地市级农业科研院所从事科技活动人员主要构成。由此可见，首先，国家级农业科研院所平均受教育程度最高，受教育程度高的人才的知识储备和技能储备更加丰富，在资源配置合理性方面占据优势，可大幅降低学习专业技术带来的时间成本，在承担国家级农业重大课题项目上更有优势；其次，国家级农业科研院所由于其地理位置及科研条件的优越性，更容易吸引高学历人才。地市级农业科研院所由于自身地理位置及科研条件的局限，在吸引高学历人才上有一定的劣势，故而博士研究生学历学历的人才占比极低，主要以本科学历人才为主，大专及其他学历人才也占据了很大的比例，这与地市级农业科研院所承担的农业科技推广任务有一定关系。

从职称结构看，2015年，全国高级职称人员23217人、占比33.46%，中级职称22905人、占比33.01%，初级职称11649人、占比16.79%，其他职称11610人、占比16.73%，主要以高级职称与中级职称为主。国家级农业科研院所中四个级别职称（高级、中级、初级和其他职称）人数分别是3536人、3371人、1229人和2194人；省级农业科研院所中四个级别职称人数分别是13050人、11744人、5561人和2194人；地市级农业科研院所中四个级别职称人数分别是6631人、7790人、4859人和4654人。各个层级的农业科研院所的科技人员均主要以中高级职称为主，且各层级职称比例较为稳定。

如图4-5所示，从农业科研院所科技活动人员学历和职称情况来看，种植业从事科技活动人员数量最多，其次是畜牧业。具体来看，2015年种植业从事科技活动人员46383人，其中，博士研究生学历5487人、硕士研究生学历12250人、本科学历16883人、大专学历6407人、其他学历5356人，占总人数比例分别为11.83%、26.41%、36.40%、13.81%、11.55%；畜牧业从事科技活动人员9339人，其中，博士研究生学历1296人、硕士研究生学历2208人、本科学历3266人、大专学历1431人、其他学历1138人，占比分别为13.88%、23.64%、34.97%、15.32%、12.19%；渔业从事科技活动人员5300人，其中，博士研究生学历745人、硕士研究生学历1446人、本科学历1913人、大专学历701人、其他学历495人，占比分别为14.06%、27.28%、36.09%、13.23%、9.34%；农垦行业从事科技活动人员 4221 人，其中，博士研究生学历 462 人、硕士研究生学历 1114 人、本科学历 1217 人、大专学历 613 人、其他学历 815 人，占比分别为 10.95%、26.39%、28.83%、14.52%、19.31%；农机化行业从事科技活动人员 4138 人，其中，博士研究生学历 43 人、硕士研究生学历 514 人、本科学历 2291 人、大专学历 930 人、其他学历 360 人。从学历构成来看，除农机化行业外，其他四个行业在学历组成结构方面基本维持一致，主要以硕士研究生学历学历与本科学历为主，博士研究生学历学历占比维持在 10.00%~15.00%。农机化行业主要以本科学历与大专学历为主，博士研究生学历和硕士研究生学历占比较少，尤其是博士研究生学历仅占 1.04%，学历组成结构失衡。从职称结构看，五个行业的科技活动人员主要以高级职称与中级职称为主，占比将近 70.00%，初级职称与其他职称较少。

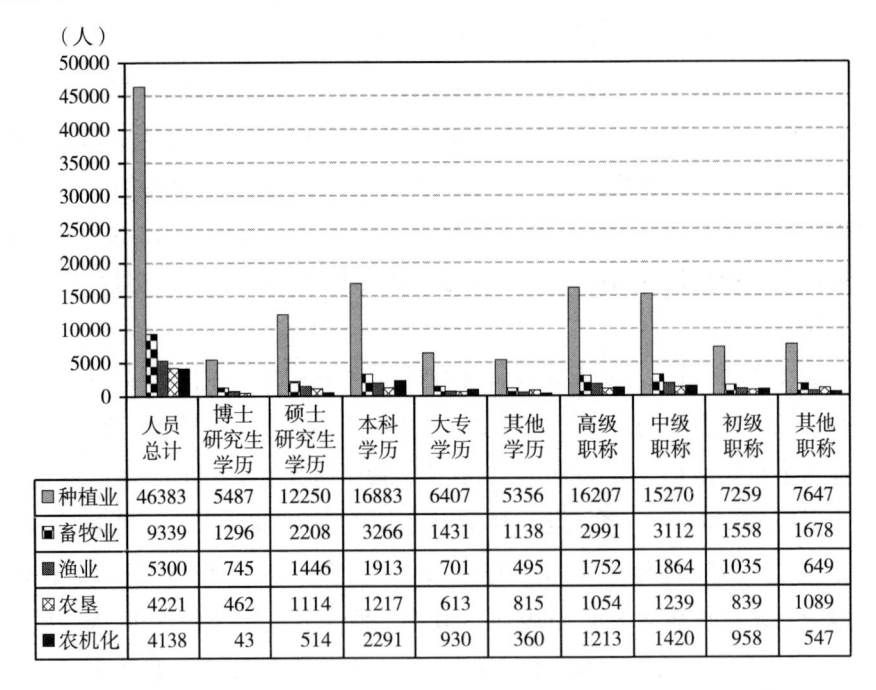

	人员总计	博士研究生学历	硕士研究生学历	本科学历	大专学历	其他学历	高级职称	中级职称	初级职称	其他职称
种植业	46383	5487	12250	16883	6407	5356	16207	15270	7259	7647
畜牧业	9339	1296	2208	3266	1431	1138	2991	3112	1558	1678
渔业	5300	745	1446	1913	701	495	1752	1864	1035	649
农垦	4221	462	1114	1217	613	815	1054	1239	839	1089
农机化	4138	43	514	2291	930	360	1213	1420	958	547

图 4-5 2015 年不同行业农业科研院所科技活动人员学历和职称情况

如图 4-6 所示，从不同省份农业科研院所科技活动人员学历情况来看，研究生学历（博士研究生和硕士研究生）人数最多的六个省份分别是北京（2890 人）、山东（1719 人）、浙江（1623 人）、江苏（1554 人）、

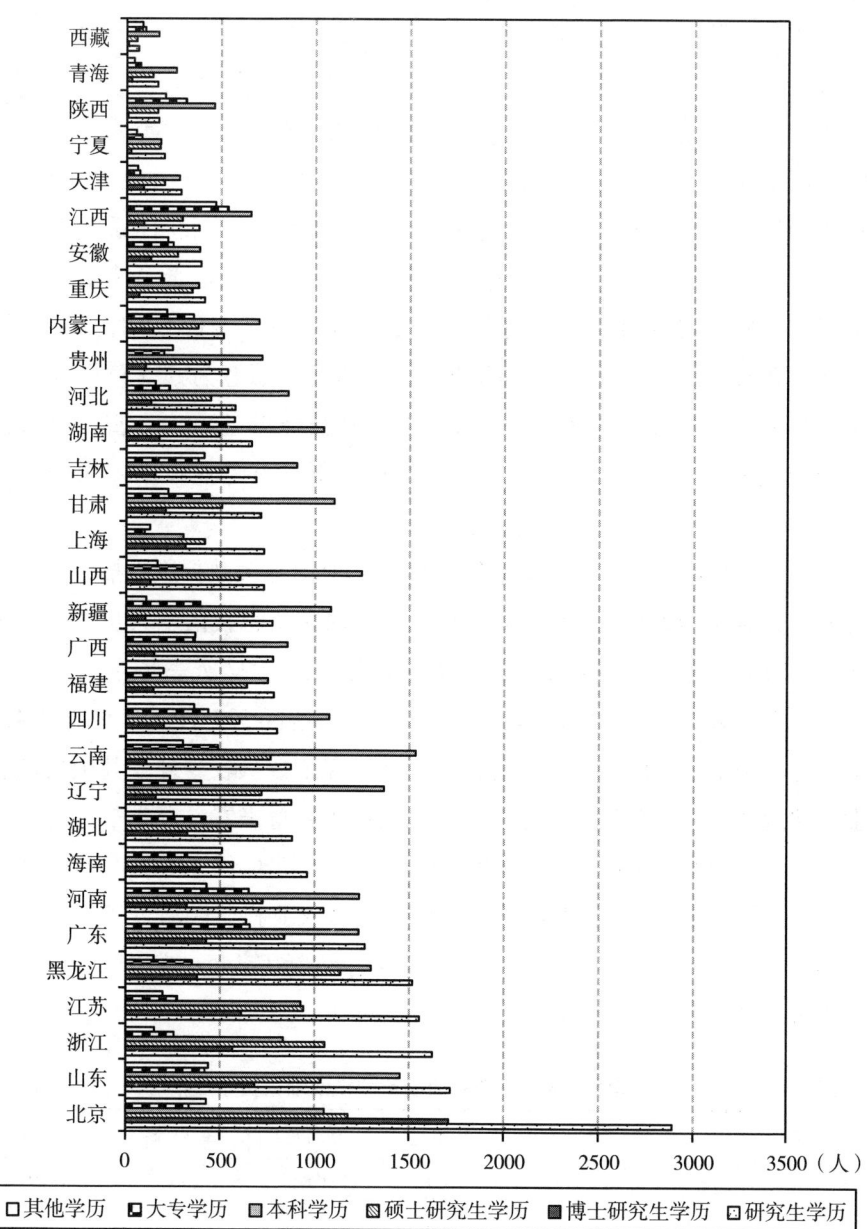

第4章 中国农业科研院所科技创新投入产出现状及演变

图4-6 2015年不同省份农业科研院所科技活动人员学历职称情况

黑龙江（1517人）和广东（1267人），这六个省份从事农业科技活动的研究生学历总人数占全国的41.35%；这六个省份主要集中在华北地区、华东地区、东北地区和中南地区。研究生学历人数排名后六位的省份分别是江西（383人）、天津（287人）、宁夏（198人）、陕西（168人）、青海（162人）和西藏（62人）；这六个省份分属华北地区、西南地区和西北地区。定性分析看，西南地区和西北地区研究生学历人才十分欠缺，而华北地区和华东地区农业科研院所的研究生学历人才则相对较多，这缘于教育程度高的人会优先选择位于发达地区的、创新体系健全的农业科研院所，这些农业科研院所也更易留住人才。从这个意义上讲，人力资源结构与农业科研院所的创新效率之间存在互为因果的内在关系。人才内在价值决定了创新效率高的农业科研院所愿意为其支付更高的成本。另外，受教育程度高的人的知识储备和技能储备更加丰富，这些人在资源配置合理性方面占据优势，可大幅降低学习专业技术带来的时间成本。

在定性分析的基础上，本章使用Stata15.0对相关数据进行描述性统计分析。如表4-12所示，从不同区域农业科研院所科技活动人员学历情况来看，就研究生数量均值而言，分别是东北地区1027人、华东地区1026人、华北地区999人、中南地区933人、西南地区537人、西北地区403人，除西南地区、西北地区农业科研院所研究生数量较少外，其余地区农业科研院所研究生数量基本保持一致。从博士数量来看，分别是华北地区438人、华东地区361人、中南地区297人、东北地区228人、西南地区95人、西北地区72人，西南地区、西北地区农业科研院所处于经济欠发达地区，且自身创新体系研发存量与其他地区差距较大，难以吸引、留住高端人才。

表4-12　　　2015年不同区域农业科研院所科技活动人员学历情况　　　单位：人

区域	项目	均值	标准差	最小值	最大值
东北地区	研究生学历	1027	434.64	688	1517
	博士研究生学历	228	129.66	150	378
	硕士研究生学历	798	308.32	538	1139
	本科学历	1190	250.80	903	1367
	大专学历	377	23.71	352	399
	其他学历	264	135.31	148	413

续表

区域	项目	均值	标准差	最小值	最大值
华北地区	研究生学历	999	1068.80	287	2890
	博士研究生学历	438	711.77	88	1711
	硕士研究生学历	561	374.57	199	1179
	本科学历	827	369.39	279	1248
	大专学历	256	116.05	68	354
	其他学历	202	137.55	57	427
华东地区	研究生学历	1026	588.25	383	1719
	博士研究生学历	361	254.50	89	683
	硕士研究生学历	664	347.52	268	1056
	本科学历	759	381.24	303	1453
	大专学历	287	148.04	96	538
	其他学历	256	139.41	124	471
西北地区	研究生学历	403	312.18	162	775
	博士研究生学历	72	83.64	6	207
	硕士研究生学历	331	244.73	136	675
	本科学历	618	446.13	179	1102
	大专学历	260	173.71	72	440
	其他学历	124	84.26	40	221
西南地区	研究生学历	537	325.68	62	874
	博士研究生学历	95	69.71	8	199
	硕士研究生学历	442	269.54	54	767
	本科学历	775	546.22	168	1533
	大专学历	282	169.40	99	488
	其他学历	235	107.20	84	361
中南地区	研究生学历	933	212.33	663	1267
	博士研究生学历	297	114.33	147	426
	硕士研究生学历	635	128.10	491	841
	本科学历	929	295.48	511	1237
	大专学历	491	143.81	325	658
	其他学历	461	141.08	254	639

如表4-13所示，从不同创新模式农业科研院所科技活动人员学历和

职称情况来看，选择协同创新模式的农业科研院所人员总数为 2938 人，高于选择独立创新模式农业科研院所的 1853 人；从研究生学历看，选择协同创新模式农业科研院所博士和硕士研究生学历数量均值分别为 455 人和 828 人，高于选择独立创新模式农业科研院所的 151 人和 421 人；从职称结构来看，选择协同创新模式的农业科研院所高级职称和中级职称人数均值分别为 1079 人和 978 人，高于选择独立创新模式农业科研院所的 567 人和 607 人。由此可见，选择协同创新模式的农业科研院所的人员质量高于选择独立创新模式的农业科研院所。

表 4-13　2015 年不同创新模式农业科研院所科技活动人员学历和职称情况　　单位：人

模式	项目	均值	标准差	最小值	最大值
独立创新	人员总数	1853	918	413	3367
	博士研究生学历	151	113	6	392
	硕士研究生学历	421	209	54	767
	本科学历	700	407	168	1533
	大专学历	320	174	68	652
	其他学历	262	160	40	573
	高级职称	567	286	82	1154
	中级职称	607	305	122	1043
	初级职称	354	205	80	696
	其他职称	324	211	43	817
协同创新	人员总数	2938	971	1694	4707
	博士研究生学历	455	471	98	1711
	硕士研究生学历	828	264	439	1179
	本科学历	1053	257	717	1453
	大专学历	335	136	180	658
	其他学历	266	165	105	639
	高级职称	1079	359	537	1807
	中级职称	978	299	464	1361
	初级职称	415	153	229	718
	其他职称	466	303	237	1125

综上所述，从学历构成来看：其一，从全国情况来看，本科学历的科技人员占比最高，其次依次是硕士研究生学历、大专学历、其他学历，博士研究生学历的科技人员占比最少，本科学历和硕士研究生学历的科技人员是全国农业科研院所从事科技活动人员的中坚力量。其二，国家级农业科研院所中，博士研究生学历的科技人员占比最多，其次依次是硕士研究生学历、本科学历、其他学历的科技人员和大专学历；硕士研究生学历和本科学历的科技人员是省级农业科研院所科技人员的主要组成，博士研究生学历占比适中；地市级农业科研院所中，本科学历和大专学历的科技人员为其人员主要构成，高学历层次的硕士研究生及博士研究生学历占比较低。其三，除农机化行业外，其他四个行业在学历组成结构方面基本维持一致，主要以硕士研究生学历和本科学历的科技人员为主，博士研究生学历占比维持在10.00%~15.00%。农机化行业主要以本科学历与大专学历的科技人员为主，博士研究生学历和硕士研究生学历的科技人员占比较少，尤其是博士研究生学历仅占1.04%，学历组成结构失衡。其四，研究生学历的科技人员占比较高的六个省份分别是北京、山东、浙江、江苏、黑龙江和广东；占比较少的六个省份分别是江西、天津、宁夏、陕西、青海和西藏；从地理区划看，华北地区、华东地区博士研究生学历的科技人员较多，西南地区、西北地区博士研究生学历的科技人员数量与其他地区差距过大。其五，选择协同创新模式的农业科研院所高学历的科技人员明显高于选择独立创新模式的农业科研院所。从职称结构来看：其一，农业科研院所均主要以中高级职称为主，且各层级职称比例较为稳定；其二，五个行业（种植业、畜牧业、渔业、农垦和农机化）主要以高级职称和中级职称为主，占比将近70.00%，初级职称与其他职称较少；其三，选择协同创新模式的农业科研院所职称结构优于选择独立创新模式的农业科研院所。

3. 基于科研基础条件投入维度

本部分主要基于科研基础条件投入维度，分析中国农业科研院所科研基础条件投入的强度、用途以及投入资金的来源。其中，用科研基建占基建完成额的比重衡量科研基础条件投入强度，科研基础条件投入主要用于科研仪器设备和科研土建工程两部分，而科研基础条件投入资金主要来源于政府资金、企业资金、事业单位资金和其他四部分。

中国农业科研院所的基本建设投资完成额中科研基建完成额占据绝大部分,主要以政府拨款形式下发,且与政府资金分配相近,省级农业科研院所和种植业科研院所是主要的资金获得者。2015年全国农业科研院所基本建设投资实际完成额为29.05亿元,其中,科研土建工程实际完成额所占比重最大,占基本建设总投资额的59.26%,其次是科研仪器设备完成额占比31.01%,生活土建与设备完成额占比9.74%。科研基建完成额为26.23亿元,其中,政府拨款20.38亿元,占科研基建的77.70%;其他资金约为3.23亿元,占比12.30%;事业单位资金约为2.54亿元,占比9.70%;企业资金约为0.07亿元,占比0.28%。资金来源主要以政府拨款为主。2015年全国农业科研院所年末固定资产原价为314.24亿元,其中,科研房屋建筑物114.67亿元,占固定资产的36.49%;科研仪器设备119.23亿元,占固定资产的37.94%。

如表4-14所示,从不同层级农业科研院所科研基础条件来看,2015年省级农业科研院所的基本建设投资完成额最高,占全国农业科研院所基本建设投资完成额的46.50%;其次是国家级农业科研院所,占比34.17%;地市级农业科研院所仅占19.34%。不同层级农业科研院所的科研基建投资占比均在90.00%以上,但经费来源结构有一定差异。地市级农业科研院所的政府拨款占比为89.82%,高于国家级和省级农业科研院所的87.99%和65.83%;地市级农业科研院所的事业单位资金占比为8.83%,低于国家级和省级农业科研院所的9.40%和10.23%。地市级农业科研院所的科研房屋占年末固定资产总值的比例也较高,为41.15%,高于国家级和省级农业科研院所的31.44%和37.28%;地市级农业科研院所的科研仪器占年末固定资产总值的比例较低,为20.05%,低于国家级和省级农业科研院所的51.23%和38.29%。

表4-14　　2015年不同层级农业科研院所科研基础条件　　单位:亿元

项目	合计	国家级	省级	地市级
基建完成额	29.05	9.93	13.51	5.62
科研仪器设备	9.01	4.02	4.20	0.79
科研土建	17.22	4.77	8.35	4.10

续表

项目	合计	国家级	省级	地市级
生产设备	0.57	0.02	0.15	0.40
生活设备	2.26	1.12	0.81	0.33
科研基建	26.23	8.79	12.55	4.89
政府拨款	20.38	7.73	8.26	4.39
企业资金	0.07	0.05	0.00	0.02
事业单位资金	2.54	0.83	1.28	0.43
其他资金	3.23	0.18	3.00	0.04
固定资产原价	314.24	87.81	158.16	68.28
其中：科研房屋	114.67	27.61	58.95	28.10
科研仪器	119.23	44.98	60.56	13.69

如表4-15所示，从不同行业农业科研院所科研基础条件来看，2015年种植业科研院所的基本建设投资完成额最高，占全国农业科研院所的62.96%；其次是畜牧业科研院所占全国农业科研院所的15.08%；除了农垦科研院所的科研基建投资占比为59.92%以外，其他各细分行业科研院所的科研基建投资占比均在90.00%以上。各细分行业科研院所的科研基建投资资金来源结构有一定差异，农垦科研院所的政府拨款占比最高，为93.42%；种植业、渔业和畜牧业科研院所的政府拨款占比分别为73.50%、95.63%和77.17%；农机化科研院所的政府拨款占比最低，为56.63%。农机化科研院所的事业单位资金占比最高，为42.59%；其次是畜牧业科研院所的事业单位资金占比，为15.87%；种植业和渔业科研院所的事业单位资金占比分别为9.54%和0.87%；农垦科研院所的事业单位资金占比仅为2.32%。2015年末，除农机化行业外，其余四个行业（种植业、畜牧业、渔业和农垦）的固定资产原值中，科研仪器设备占比均较高，分别为36.67%、42.61%、41.91%和37.75%；农机化行业科研房屋占比相对较高，为43.20%，而科研仪器仅占27.92%。

表4-15　　　　2015年不同行业农业科研院所科研基础条件　　　　单位：亿元

项目	种植业	畜牧业	渔业	农垦	农机化
基建完成额	18.29	4.38	3.34	2.52	0.52
科研仪器设备	5.21	1.35	1.28	0.91	0.26
科研土建	11.42	2.88	2.05	0.61	0.26
生产设备	0.44	0.10	0.00	0.02	0.00
生活设备	1.22	0.04	0.00	0.99	0.00
科研基建	16.63	4.24	3.33	1.51	0.52
政府拨款	12.22	3.27	3.19	1.41	0.29
企业资金	0.07	0.00	0.00	0.00	0.00
事业单位资金	1.59	0.67	0.03	0.04	0.22
其他资金	2.75	0.29	0.12	0.06	0.00
固定资产原价	201.30	45.50	37.20	20.28	9.96
其中：科研房屋	73.46	16.75	14.77	5.37	4.30
科研仪器	73.82	19.39	15.59	7.65	2.78

从地理区划来看，2015年度基本建设完成额排名前六位的省份分别是江苏（3.14亿元）、北京（3.11亿元）、浙江（2.51亿元）、海南（1.82亿元）、湖北（1.81亿元）和安徽（1.72亿元），这六个省份分属华东地区、华北地区、中南地区；基建完成额排名后六位的省份分别是福建（0.27亿元）、天津（0.21亿元）、宁夏（0.20亿元）、西藏（0.15亿元）、陕西（0.13亿元）和青海（0元），这六个省份分属华东地区、华北地区、西北地区、西南地区。定性分析来看，华东地区、中南地区和华北地区的基本建设完成额相对较高，但华东地区和华北地区各省份间完成额情况不均衡；西北地区和西南地区的基本建设完成额较低，与其他地区差距较大。在此基础上，使用Stata15.0软件对各地区科研基础条件投入情况进行描述性统计分析（见表4-16）。

表4-16　　　2015年不同区域农业科研院所科研基础条件　　　　单位：亿元

区域	项目	均值	标准差	最小值	最大值	区域	项目	均值	标准差	最小值	最大值
东北地区	基建完成额	0.86	0.53	0.37	1.43	华北地区	基建完成额	0.92	1.23	0.21	3.11
	科研仪器设备	0.44	0.27	0.14	0.66		科研仪器设备	0.47	0.60	0.14	1.53
	科研土建	0.42	0.30	0.23	0.77		科研土建	0.44	0.63	0.05	1.54
	生产设备	0.00	0.00	0.00	0.00		生产设备	0.00	0.01	0.00	0.02
	生活设备	0.00	0.00	0.00	0.00		生活设备	0.02	0.02	0.00	0.03
	科研基建	0.86	0.53	0.37	1.43		科研基建	0.90	1.22	0.19	3.07
	政府拨款	0.64	0.30	0.30	0.84		政府拨款	0.79	0.98	0.19	2.54
	企业资金	0.02	0.03	0.00	0.05		企业资金	0.00	0.00	0.00	0.00
	事业单位资金	0.11	0.16	0.02	0.30		事业单位资金	0.11	0.24	0.00	0.54
	其他资金	0.09	0.16	0.00	0.28		其他资金	0.00	0.01	0.00	0.02
	固定资产总值	11.81	3.55	8.24	15.34		固定资产总值	12.73	16.40	3.70	42.02
	科研房屋	4.56	1.33	3.38	6.01		科研房屋	3.85	3.47	1.29	9.94
	科研仪器	3.78	2.74	1.92	6.92		科研仪器	6.66	10.21	1.72	24.92
华东地区	基建完成额	1.37	1.12	0.27	3.14	西北地区	基建完成额	0.38	0.40	0.00	0.98
	科研仪器设备	0.22	0.14	0.03	0.41		科研仪器设备	0.15	0.21	0.00	0.49
	科研土建	0.97	0.81	0.14	2.12		科研土建	0.23	0.31	0.00	0.77
	生产设备	0.06	0.13	0.00	0.34		生产设备	0.00	0.00	0.00	0.00
	生活设备	0.11	0.28	0.00	0.74		生活设备	0.00	0.00	0.00	0.00
	科研基建	1.19	0.90	0.21	2.40		科研基建	0.38	0.40	0.00	0.98
	政府拨款	0.77	0.51	0.19	1.62		政府拨款	0.31	0.31	0.00	0.78
	企业资金	0.00	0.00	0.00	0.00		企业资金	0.00	0.00	0.00	0.00
	事业单位资金	0.05	0.05	0.00	0.11		事业单位资金	0.06	0.09	0.00	0.21
	其他资金	0.37	0.66	0.00	1.64		其他资金	0.00	0.01	0.00	0.02
	固定资产总值	12.30	6.79	4.08	18.75		固定资产总值	4.48	3.31	1.46	8.53
	科研房屋	4.82	3.12	1.27	8.34		科研房屋	1.89	1.25	0.52	3.26
	科研仪器	4.69	3.05	0.82	8.78		科研仪器	1.64	1.49	0.41	3.69
西南地区	基建完成额	0.57	0.46	0.15	1.12	中南地区	基建完成额	1.25	0.56	0.65	1.82
	科研仪器设备	0.14	0.15	0.00	0.40		科研仪器设备	0.39	0.28	0.13	0.94
	科研土建	0.42	0.36	0.00	0.92		科研土建	0.62	0.29	0.42	0.97
	生产设备	0.00	0.00	0.00	0.00		生产设备	0.00	0.02	0.00	0.05
	生活设备	0.01	0.01	0.00	0.02		生活设备	0.22	0.38	0.00	0.98
	科研基建	0.57	0.46	0.15	1.10		科研基建	1.01	0.42	0.63	1.70
	政府拨款	0.51	0.39	0.15	1.02		政府拨款	0.84	0.40	0.48	1.41
	企业资金	0.00	0.00	0.00	0.01		企业资金	0.00	0.01	0.00	0.01
	事业单位资金	0.02	0.03	0.00	0.08		事业单位资金	0.16	0.13	0.01	0.34
	其他资金	0.04	0.08	0.00	0.17		其他资金	0.02	0.02	0.00	0.06
	固定资产总值	5.83	3.22	1.86	9.62		固定资产总值	12.90	7.21	6.86	26.60
	科研房屋	2.32	1.40	1.09	4.01		科研房屋	4.48	1.71	2.95	7.39
	科研仪器	1.70	1.04	0.28	3.00		科研仪器	4.18	2.29	2.34	8.52

如表 4-16 所示，从不同区域农业科研院所科研基础条件来看，基建完成额和科研基建排名从高到低分别为华东地区（1.37 亿元和 1.19 亿元）、中南地区（1.25 亿元和 1.01 亿元）、华北地区（0.92 亿元和 0.90 亿元）、东北地区（0.86 亿元和 0.86 亿元）、西南地区（0.57 亿元和 0.57 亿元）以及西北地区（0.38 亿元和 0.38 亿元）；从体量上看，西北地区和西南地区与其他地区在基础建设完成额及科研基建上的差距明显。

如表 4-17 所示，从不同创新模式农业科研院所科研基础条件来看，选择协同创新模式的农业科研院所基建完成额为 0.56 亿元，大于选择独立创新模式农业科研院所的 0.21 亿元，两者的基建均以科研土建和科研仪器设备为主，分别为 0.37 亿元和 0.12 亿元、0.11 亿元和 0.09 亿元；选择协同创新模式的农业科研院所的科研基建为 0.49 亿元，也显著高于选择独立创新模式农业科研院所的 0.20 亿元，政府拨款是农业科研院所科研基建的主要资金来源；选择协同创新模式的农业科研院所固定资产原价为 6.22 亿元，高于选择独立创新模式农业科研院所的 2.43 亿元，两者的科研房屋和科研仪器费用分别为 1.95 亿元和 2.63 亿元、1.04 亿元和 0.87 亿元。

表 4-17　2015 年不同创新模式农业科研院所科研基础条件　　单位：亿元

项目	独立创新	协同创新
基建完成额	0.21	0.56
科研仪器设备	0.09	0.12
科研土建	0.11	0.37
生产设备	0.00	0.00
生活设备	0.00	0.07
科研基建	0.20	0.49
政府拨款	0.17	0.18
企业资金	0.00	0.00
事业单位资金	0.02	0.06
其他资金	0.01	0.25
固定资产原价	2.43	6.22
其中：科研房屋	1.04	1.95
科研仪器	0.87	2.63

综上可知，2015年科技基础条件投入中：第一，科研土建工程实际完成额所占比重最大，其次是科研仪器设备完成额，生活土建与设备完成额占比较小。第二，科研基建完成额主要以政府拨款为主，企业资金占比过小。第三，2015年全国农业科研院所年末固定资产原价主要以科研房屋和科研仪器为主。第四，从不同层级来看，省级农业科研院所的基本建设投资完成额最高，其次依次是国家级和地市级；不同层级农业科研院所的科研基建投资占比均较高，经费来源均主要以政府资金为主；地市级农业科研院所的科研仪器设备占年末固定资产总值的比例较低。第五，从细分行业来看，种植业科研院所的基本建设投资完成额最高，农垦行业完成额最低；各细分行业科研院所的科研基建投资资金来源均主要以政府资金为主，畜牧业科研院所的政府拨款占比最低；除农机化行业外，其余四个行业的固定资产原值中，科研仪器占比均较高，农机化行业科研房屋占比相对较高。第六，基建完成额和科研基建完成较高的主要是华东地区、中南地区和华北地区，西北地区和西南地区与其他地区在基建完成额及科研基建上的差距明显。第七，选择协同创新模式的农业科研院所的基建完成额、科研基建和固定资产原价均高于选择独立创新模式的农业科研院所。

4.1.2　创新产出分析

本部分主要基于知识生产产出和技术转让产出两个维度，分析中国农业科研院所科技创新产出现状。其中，知识生产产出主要考察体现农业科研院所知识生产能力的科技论文、科技著作、科技成果奖励、没有被物化的专利等，用发表科技论文、出版科技著作、专利受理数、专利授权和有效发明专利数五个指标来衡量；技术转让产出主要考察体现农业科研院所技术创新能力的发明专利、专利授权、植物新品种等被物化的技术生产产出，该产出通过转让给其他机构而获得的技术性收入来表示。

1. 基于知识生产产出维度

如图4-7所示，从全国农业科研院所知识产出情况来看，2015年全国农业科研院所发表科技论文28732篇，其中，在国外发表论文4773篇，占发表论文总数量的16.61%。出版科技著作达881部，专利受理数为6934件，获得专利授权为5417件，其中，发明专利2509件，占比46.32%；国外授权61件，占比1.13%；有效发明专利为11048件。从不同层级农业科研院所知识产出情况来看，省级农业科研院所发表科技论文15327篇、出版科技著作441部、专利受理数3986件均最多，分别占全国农业科研院所的53.34%、50.06%、57.48%；其次是国家级农业科研院所，分别是8047篇、331部、2225件，其对应比例分别为28.01%、37.57%、32.09%；地市级农业科研院所发表科技论文、出版科技著作、专利受理数最少。但国家级农业科研院所国外发表论文最多，占全国农业科研院所的58.77%，高于省级农业科研院所（37.90%）和地市级农业科研院所（3.33%）；同时，国家级农业科研院所的国外授权专利数占专利授权总数比例最高，为6.16%，省级农业科研院所和地市级农业科研院所相对应的比例仅为0.58%与0.68%，国家级农业科研院所的国际化知识生产产出明显优于省级农业科研院所及地市级农业科研院所。同时，省级农业科研院所获得的专利授权、发明专利和有效发明专利数也最多，分别占全国农业科研院所的53.28%、55.16%和57.07%；其次是国家级农业科研院所，其对应比例分别为36.11%、33.04%和34.33%；地市级农业科研院所的对应比例分别为10.61%、11.80%和8.60%。

如图4-8所示，从不同行业农业科研院所知识产出情况来看，种植业科研院所发表科技论文、国外发表论文、出版科技著作和专利受理数均最多，分别占全国农业科研院所的65.21%、59.54%、69.58%和56.91%；其次是畜牧业科研院所，其对应比例分别为15.13%、18.54%、18.16%和16.46%；之后，依次为渔业、农垦和农机化行业的科研院所。同时，种植业科研院所获得的专利授权、发明专利、国外授权数和有效发明专利数也最多，分别占全国农业科研院所的53.96%、65.32%、80.33%和60.29%；其次是畜牧业科研院所，其对应比例分别是18.42%、13.47%、3.27%和16.21%；之后，依次为渔业、农垦和农机化行业的科研院所。

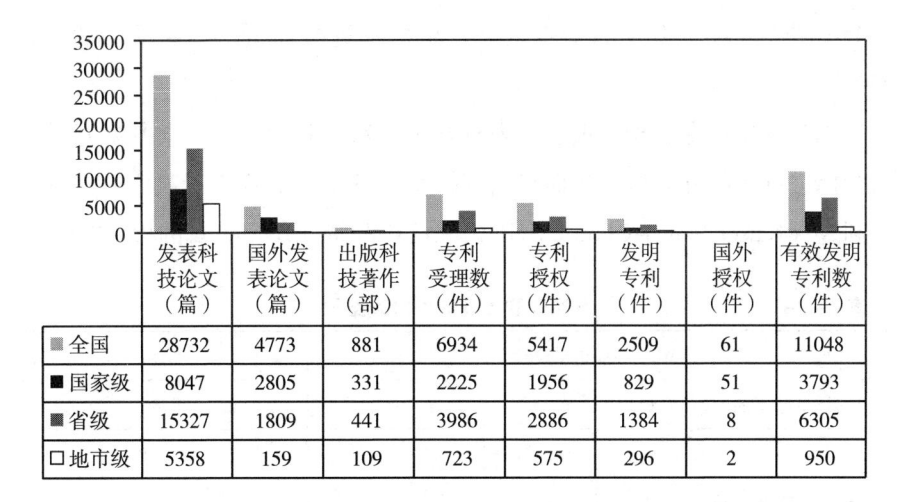

图4-7 2015年不同层级农业科研院所知识生产产出情况

	发表科技论文（篇）	国外发表论文（篇）	出版科技著作（部）	专利受理数（件）	专利授权（件）	发明专利（件）	国外授权（件）	有效发明专利数（件）
全国	28732	4773	881	6934	5417	2509	61	11048
国家级	8047	2805	331	2225	1956	829	51	3793
省级	15327	1809	441	3986	2886	1384	8	6305
地市级	5358	159	109	723	575	296	2	950

图4-7 2015年不同层级农业科研院所知识生产产出情况

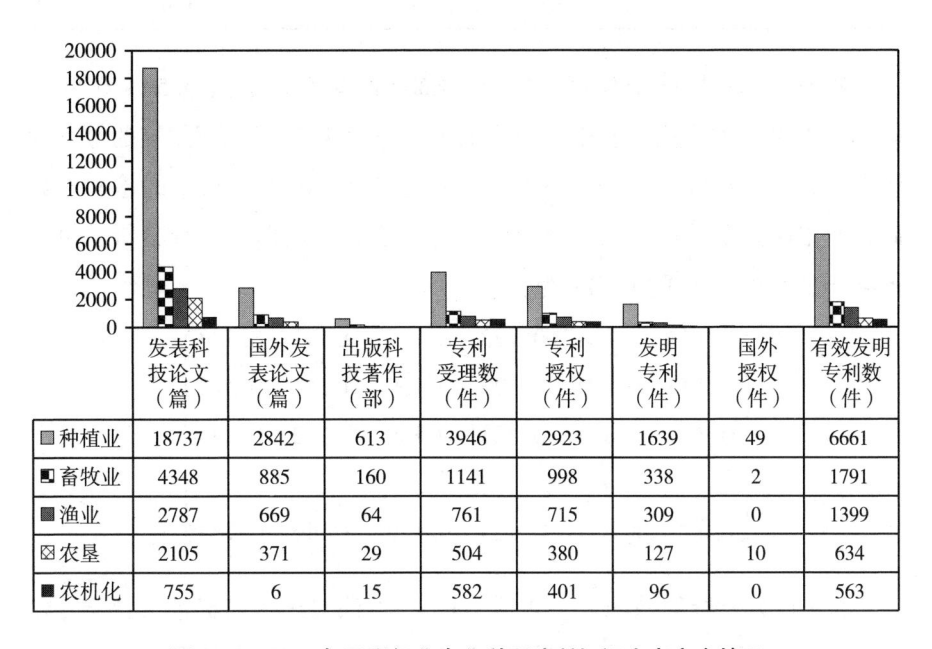

	发表科技论文（篇）	国外发表论文（篇）	出版科技著作（部）	专利受理数（件）	专利授权（件）	发明专利（件）	国外授权（件）	有效发明专利数（件）
种植业	18737	2842	613	3946	2923	1639	49	6661
畜牧业	4348	885	160	1141	998	338	2	1791
渔业	2787	669	64	761	715	309	0	1399
农垦	2105	371	29	504	380	127	10	634
农机化	755	6	15	582	401	96	0	563

图4-8 2015年不同行业农业科研院所知识生产产出情况

从不同区域农业科研院所知识产出情况来看，知识生产产出包括专利、专著、论文等，涉及创新链的前端、中端环节，这里首先使用主成分分析方法确定科技论文、科技著作和专利授权量的权重，在此基础上采用

TOPSIS 方法①对所涉及的知识生产产出标量进行评价,得到单一的产出变量。

本节首先对专利授权量、发表科技论文数量和出版科技著作数量等产出指标进行主成分分析,从而得到其权重。表 4-18 列出了凯泽-迈耶-奥利金(Kaiser-Meyer-Olkin,KMO)和巴特利特(Bartlett)的检验结果。

表 4-18　　　　　　　　　KMO 和 Bartlett 检验结果

KMO 和 Bartlett 检验		结果
取样足够度的 KMO 度量		0.86
Bartlett 球形度检验	近似卡方	472.18
	df	28
	Sig.	0.00

从表 4-18 检验结果可以看出,KMO 值为 0.86,且 0.50 < 0.86 < 1.00;Bartlett 球形度检验中,渐进的卡方值为 472.18,其相应的显著性概率(Sig.)为 0.00,小于 0.001,通过了 1% 显著性水平的检验,因此,使用该数据进行主成分分析处理是合适的。根据主成分分析,可以得到产出变量的权重矩阵 ω_j 为:

$$\begin{bmatrix} 0.143 & 0.141 & 0.123 & 0.139 & 0.142 & 0.143 \\ 0.143 & 0.141 & 0.123 & 0.139 & 0.142 & 0.143 \\ 0.143 & 0.141 & 0.123 & 0.139 & 0.142 & 0.143 \\ \vdots & \vdots & \vdots & \vdots & \vdots & \vdots \\ 0.143 & 0.141 & 0.123 & 0.139 & 0.142 & 0.143 \end{bmatrix}$$

在主成分分析的基础上,使用 TOPSIS 方法对产出指标进行评价。基于 TOPSIS 方法对产出变量的评价,得到最终知识产出变量评价结果(见表 4-19)。

---

① TOPSIS 方法(technique for order preference by similarity to an ideal solution)由黄和严(C. L. Hwang and K. Yoon,1981)提出,相比其他评价方法,TOPSIS 方法具有对原始数据的最大化使用、计算简单(Excel、SAS 均可实现)、约束条件少以及结果精确等方面的优势。1989~2017年,中国知网(CNKI. NET)共收录 7902 篇有关 TOPSIS 方法的文献,且呈逐年递增的趋势。

表 4-19　　2015 年农业科研院所知识产出地理区划综合评价排名

地区	c_i	排名	地区	c_i	排名
北京	0.9878	1	云南	0.0933	17
江苏	0.3968	2	湖南	0.0845	18
山东	0.3924	3	山西	0.0842	19
浙江	0.3223	4	贵州	0.0815	20
广东	0.2655	5	安徽	0.0777	21
甘肃	0.2334	6	辽宁	0.0731	22
海南	0.2326	7	内蒙古	0.0626	23
河南	0.2310	8	天津	0.0511	24
上海	0.1801	9	吉林	0.0505	25
湖北	0.1773	10	江西	0.0492	26
福建	0.1649	11	重庆	0.0400	27
四川	0.1532	12	陕西	0.0189	28
新疆	0.1456	13	宁夏	0.0132	29
黑龙江	0.1222	14	青海	0.0111	30
广西	0.1202	15	西藏	0.0100	31
河北	0.1100	16			

如表 4-19 所示，从农业科研院所知识产出地理区划综合评价排名可以看出，北京农业科研院所的综合知识产出 c_i 远大于其他省份农业科研院所，排名第 1 位；江苏、山东、浙江的农业科研院所综合知识产出 c_i 排名第 2~4 位；陕西、宁夏、青海和西藏的农业科研院所综合知识产出 c_i 排名后 4 位。从地理区划看，华北地区只有北京的综合知识产出排名靠前，华北地区其他省份的农业科研院所综合知识产出排名均在 15 名之后，差距较大；华东地区的江苏、山东和浙江的农业科研院所分别排名第 2、3、4 位，从整体看，华东地区农业科研院所的综合知识产出较高；东北地区和中南地区的农业科研院所综合知识产出排名处于中间水平；西北地区和西南地区的农业科研院所综合排名最后，知识产出水平较低。

如表 4-20 所示，从不同创新模式农业科研院所知识生产产出看，选择协同创新模式的农业科研院所发表科技论文数量均值为 579 篇，显著高于选择独立创新模式的农业科研院所（273 篇），且国外发表论文 92 篇、出版科技著作 17 部，也高于选择独立创新模式的农业科研院所发表的国外论文 25 篇、出版科技著作 8 部；选择协同创新模式的农业科研院所拥有的专利受理数量均值为 171 件、专利授权 132 件、发明专利 66 件、国外授权

1件和有效发明专利数336件，也明显高于选择独立创新模式的农业科研院所拥有的专利受理61件、专利授权41件、发明专利18件、国外授权0件和有效发明专利数84件。

表4-20　　2015年不同创新模式农业科研院所知识产出

模式	项目	均值	标准差	最小值	最大值
独立创新	发表科技论文（篇）	273	150	0	613
	国外发表论文（篇）	25	20	0	64
	出版科技著作（部）	8	11	0	49
	专利受理（件）	61	48	0	161
	专利授权（件）	41	37	0	131
	发明专利（件）	18	16	0	52
	国外授权（件）	0	0	0	1
	有效发明专利数（件）	84	74	0	242
协同创新	发表科技论文（篇）	579	222	300	1095
	国外发表论文（篇）	92	64	18	190
	出版科技著作（部）	17	11	2	30
	专利受理（件）	171	143	19	395
	专利授权（件）	132	112	7	320
	发明专利（件）	66	55	1	160
	国外授权（件）	1	1	0	3
	有效发明专利数（件）	336	268	25	900

综上可知，2015年中国农业科研院所的知识产出量较大，但国际化水平不高，省级和国家级农业科研院所是其中主要的知识产出者，且国家级农业科研院所的产出质量要略高一筹；在各细分行业农业科研院所中，种植业科研院所完成了全部知识产出的近2/3。TOPSIS综合评价的结果显示，北京、江苏、山东、浙江和广东属于综合知识产出排名靠前的省份。从整体看，华东地区农业科研院所的综合知识产出较高；东北地区农业科研院所和中南地区农业科研院所综合知识产出排名在中间水平；西北地区和西南地区的农业科研院所综合排名最后，知识产出水平较低。选择协同创新模式的农业科研院所无论是论文产出还是专利产出均高于选择独立创新模式的农业科研院所。

2. 基于技术转让产出维度

中国农业科研院所通过技术转让获得的技术性收入约占总收入的

10.00%，其中，省级和国家级农业科研院所、种植业和畜牧业科研院所是技术转让及成果转化主体。

如图4-9所示，从不同层级农业科研院所技术转让产出情况来看，2015年全国农业科研院所获得技术性收入22.66亿元，其中，国家级和省级农业科研院所分别获得9.57亿元和12.01亿元，分别占比42.23%和53.00%；地市级农业科研院所则获得技术性收入1.08亿元，占比4.77%。

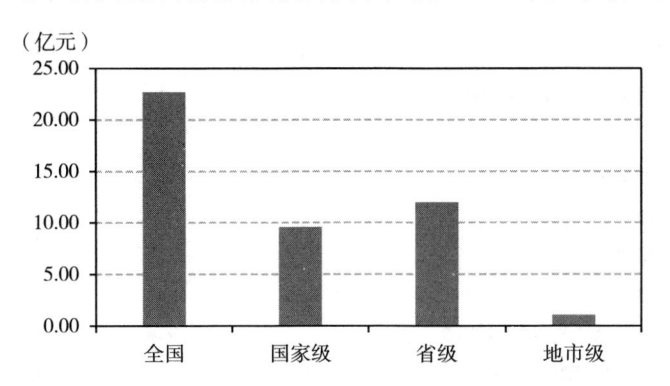

图4-9 2015年不同层级农业科研院所技术性收入情况

如图4-10所示，从不同行业农业科研院所技术转让产出情况来看，种植业科研院所获得的技术性收入最多，为14.04亿元，占比61.96%；其次是畜牧业科研院所获得的技术性收入为5.37亿元，占比23.70%；渔业、农垦和农机化行业科研院所分别获得技术性收入1.78亿元、0.83亿元和0.63亿元，占比分别为7.86%、3.66%和2.78%。

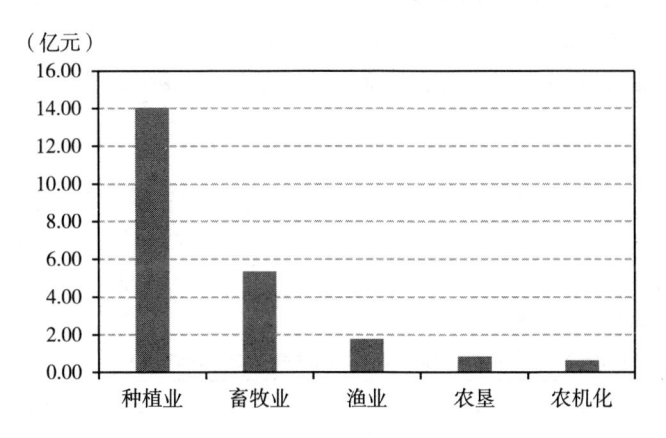

图4-10 2015年不同行业农业科研院所技术性收入情况

如图4-11所示，从不同省份农业科研院所技术性收入情况来看，技术性收入排名前六位的省份分别是黑龙江（3.06亿元）、北京（2.98亿

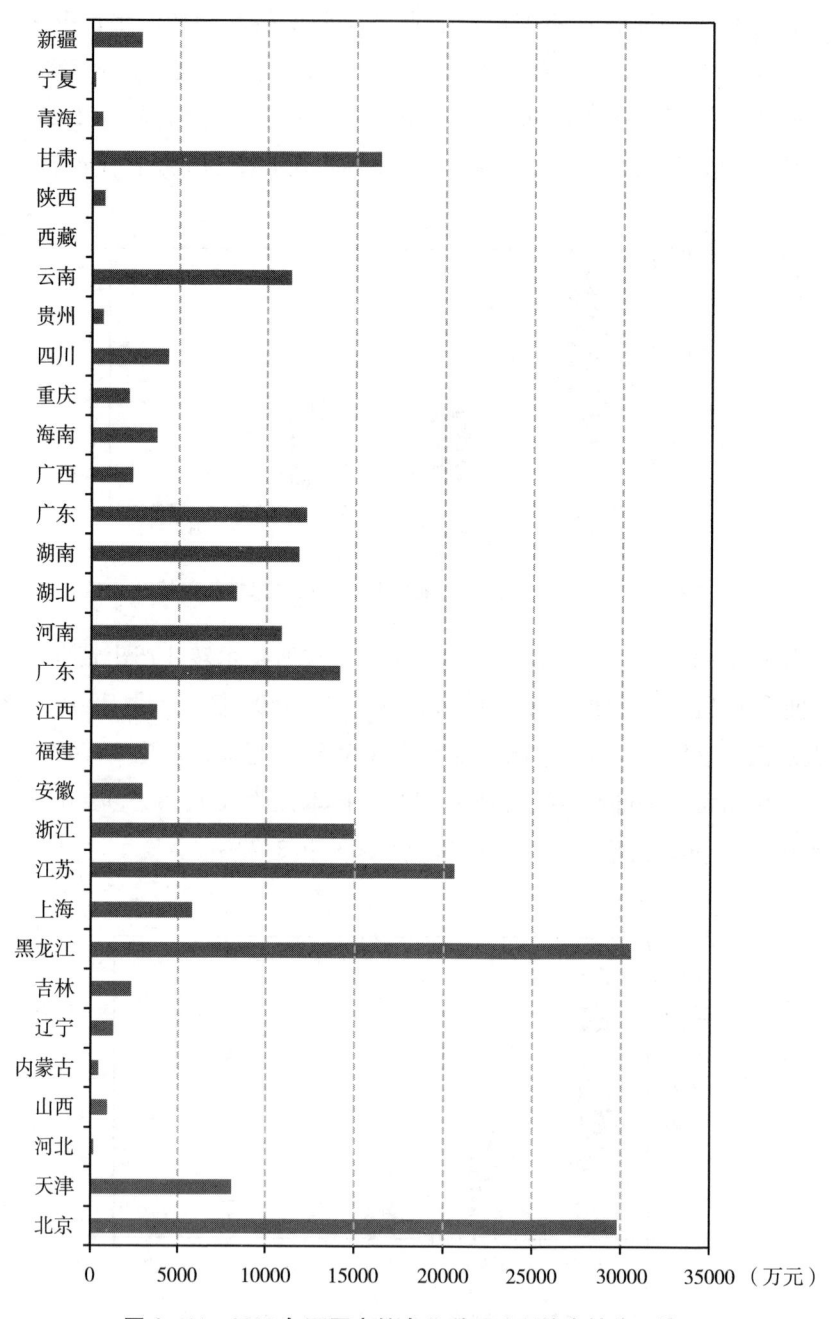

图4-11 2015年不同省份农业科研院所技术性收入情况

元)、江苏（2.06亿元）、甘肃（1.64亿元）、浙江（1.49亿元）和山东（1.41亿元）；技术性收入排名后六位的分别是贵州（651.9万元）、青海（510.7万元）、内蒙古（379.3万元）、河北（171.0万元）、宁夏（110.1万元）和西藏（0元）。

华北地区中北京的农业科研院所2015年技术性收入高达2.99亿元，而同在华北地区的河北的农业科研院所技术性收入则仅为171万元；西北地区的青海和宁夏的农业科研院所技术性收入很低，而同在西北地区的甘肃的农业科研院所技术性收入为1.64亿元。由此可见，华北地区和西北地区各省份农业科研院所的技术性收入水平差距较大。为判断地区因素是否是影响技术性收入的原因之一，这里进行LSD多重方差比较分析。表4-21给出了不同区域农业科研院所技术性收入多重方差描述性分析结果。表4-22给出了不同区域农业科研院所技术性收入多重方差比较分析结果。

表4-21　　　不同区域农业科研院所技术性收入多重方差描述性分析

区域	N	均值（亿元）	标准差	标准误	均值的95%置信区间下限	均值的95%置信区间上限
华北地区	5	0.79	1.27	0.57	-0.79	2.36
东北地区	3	1.14	1.66	0.96	-2.98	5.26
华东地区	7	0.93	0.71	0.27	0.27	1.59
中南地区	6	0.82	0.43	0.18	0.37	1.27
西南地区	5	0.37	0.46	0.20	-0.20	0.94
西北地区	5	0.41	0.70	0.31	-0.45	1.27
总数	31	0.73	0.83	0.15	0.43	1.04

从表4-21结果可知：各区域农业科研院所技术性收入从高到低分别为东北地区1.14亿元，华东地区0.93亿元，中南地区0.82亿元，华北地区0.79亿元，西北地区0.41亿元，西南地区0.37亿元。通过LSD的结果可知，地区两两间的显著性值Sig.均在0.1以上，且未通过显著性检验，故而接受原假设，即各区域农业科研院所间的技术性收入没有差异。

表4-22　不同区域农业科研院所技术性收入多重方差比较分析

区域		均值差（I-J）	标准误	显著性
华北地区	东北地区	-35415.00	63143.00	0.58
	华东地区	-14100.14	50627.00	0.78
	中南地区	-2835.67	52356.00	0.96
	西南地区	41726.80	54684.00	0.45
	西北地区	37824.80	54684.00	0.50
东北地区	华北地区	35415.00	63143.00	0.58
	华东地区	21314.86	59665.00	0.72
	中南地区	32579.33	61138.00	0.60
	西南地区	77141.80	63143.00	0.23
	西北地区	73239.80	63143.00	0.26
华东地区	华北地区	14100.14	50627.00	0.78
	东北地区	-21314.86	59665.00	0.72
	中南地区	11264.48	48103.00	0.82
	西南地区	55826.94	50627.00	0.28
	西北地区	51924.94	50627.00	0.32
中南地区	华北地区	2835.67	52356.00	0.96
	东北地区	-32579.33	61138.00	0.60
	华东地区	-11264.48	48103.00	0.82
	西南地区	44562.47	52356.00	0.40
	西北地区	40660.47	52356.00	0.45
西南地区	华北地区	-41726.80	54684.00	0.45
	东北地区	-77141.80	63143.00	0.23
	华东地区	-55826.94	50627.00	0.28
	中南地区	-44562.47	52356.00	0.40
	西北地区	-3902.00	54684.00	0.94
西北地区	华北地区	-37824.80	54684.00	0.50
	东北地区	-73239.80	63143.00	0.26
	华东地区	-51924.94	50627.00	0.32
	中南地区	-40660.47	52356.00	0.45
	西南地区	3902.00	54684.00	0.94

如图4-12所示，从不同创新模式农业科研院所技术收入来看，选择协同创新模式的农业科研院所技术性收入为0.41亿元，高于选择独立创新

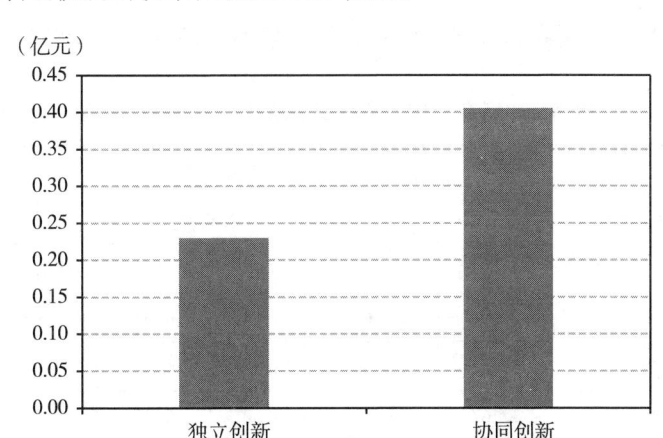

模式农业科研院所的技术性收入 0.23 亿元。

图 4-12　2015 年不同创新模式农业科研院所技术性收入情况

4.2　农业科研院所科技创新投入产出演变分析

本部分主要对 1998~2015 年中国农业科研院所科技创新投入和产出动态变化进行分析。鉴于动态变化是一个阶段性的演进过程，因而关于农业科技活动情况的动态变化应结合中国科技创新进程来考虑。以标志性的政策出台为划分依据，将我国科技创新进程划分为三个阶段：全面实施科教兴国战略阶段（1993~2000 年）、建设创新型国家阶段（2001~2008 年）以及科技创新治理现代化阶段（2009 年至今）。本部分根据中国科技创新进程的不同阶段，运用 1998~2015 年《全国农业科技统计资料汇编》来分析中国农业科研院所科技创新投入和产出的动态变化特征，为剔除价格因素的影响，以 1997 年为基期，使用消费者价格指数对数据进行平减处理。

4.2.1　科技创新投入动态变化特征分析

1. 基于研发经费投入维度

农业科技活动收入是指农业科研院所通过不同渠道获得的用于农业科

技活动的经费，其来源主要包括政府资金和非政府资金。表4-23给出了1998~2015年中国农业科研院所科技活动经费的总额和来源结构。

表4-23　　1998~2015年中国农业科研院所科技活动收入结构　　单位：亿元

年份	科技活动收入					非政府资金
	合计	政府资金				
		小计	财政拨款	项目资金	其他	
1998	27.91	21.33	16.18	4.12	1.03	19.14
1999	31.62	23.98	18.50	4.43	1.05	22.21
2000	32.67	25.99	19.60	5.39	1.00	20.59
2001	38.73	31.36	24.11	5.93	1.32	16.04
2002	49.34	40.20	30.80	7.69	1.71	19.25
2003	47.47	39.10	35.48	9.77	1.84	23.77
2004	58.77	46.78	32.29	12.25	7.58	11.99
2005	67.66	53.93	36.46	14.79	12.94	13.73
2006	77.21	60.62	40.79	16.73	14.48	16.60
2007	102.69	86.53	56.45	25.31	18.80	16.15
2008	121.38	101.75	65.40	31.32	23.21	19.64
2009	137.02	116.75	76.43	34.96	29.00	20.27
2010	152.32	132.08	86.40	40.63	5.05	20.23
2011	163.89	141.30	93.20	43.31	4.80	22.59
2012	184.50	159.44	108.24	45.00	6.20	25.06
2013	203.20	178.46	119.63	50.05	8.78	24.74
2014	208.49	181.94	126.80	49.06	6.08	26.55
2015	242.35	210.83	148.92	54.77	7.13	31.52
年均增长速度（%） 1998~2000	8.19	10.38	10.16	14.38	-1.47	3.72
2001~2008	17.73	18.31	15.32	26.84	50.62	2.93
2009~2015	9.97	10.35	11.76	7.77	-20.85	7.64
1998~2015	13.51	14.37	13.90	16.44	12.05	2.92

如表 4-23 所示，从农业科技活动收入总量来看，中国农业科研院所的经费投入特别是政府资金投入经历了大幅增长，1998~2015 年年均增长速度为 13.51%，其中 1998~2000 年的年均增长速度为 8.19%。2000 年以来，国家对科技创新的重视程度日渐加强，尤其是 2006 年国家发布了《国家中长期科学和技术发展规划纲要（2006—2020 年）》，标志着中国科技发展战略向自主创新调整和转变，政府、企业和农业科研院所均加大了对科技创新的投入力度。2001~2008 年，农业科研院所科技活动收入由 38.73 亿元增加到 121.38 亿元，年均增长速度明显加快（17.73%）；2013 年，由于供给侧改革等系列措施的实施，国家及农业科研院所对科技创新不再是"R&D 崇拜"，而是更趋于理性化，这个阶段的科技活动收入相对有所放缓。2009~2015 年，农业科研院所科技活动收入由 137.02 亿元增加到 242.35 亿元，年均增长速度为 9.97%。

从农业科技活动收入来源来看，1998~2015 年，中国农业科研院所的科技活动收入中政府资金投入和非政府资金投入总体均呈现增长态势，其中，政府资金的总体增长速度明显高于非政府资金的总体增长速度，项目资金的总体增长速度略高于财政拨款的总体增长速度。来自非政府的科技活动收入增长相对缓慢，2015 年来自非政府的科技活动收入为 31.52 亿元，政府资金是其 6.69 倍，1998~2000 年的年均增长速度为 3.72%，2001~2008 年的年均增长速度降低到 2.93%，2009~2015 年的年均增长速度为 7.64%，这表明随着自主创新和创新驱动战略的深入推进，农业科研院所进行技术转化和技术转让而获得的科技活动收入明显增加。

如图 4-13 所示，从政府资金和财政拨款在农业科研院所科技活动收入中的变化情况来看，政府资金占科技活动收入总额的比例从 1998 年的 76.42% 上升到 2015 年的 86.99%；财政拨款也由 1998 年的 57.97% 上升到 2015 年的 61.45%。由此可见，政府资金和财政拨款在中国农业科研院所科技活动收入中发挥主体作用。政府资金和财政拨款的变化特征基本相似，划分为三个阶段：（1）1998~2000 年为缓慢上升期，政府资金占比从 1998 年的 76.42% 上升到 2000 年的 79.55%；财政拨款从 1998 年的 57.97% 上升到 2000 年的 59.99%。（2）2001~2008 年，政府资金平稳增长，由 2001 年的 80.97% 增长到 2008 年的 83.83%；而财政拨款经历了小幅下降，从 2001 年的 62.25% 下降到 2008 年的 53.88%。（3）2009~2015 年处于小幅上升期，政府资金和财政拨款分别由 2009 年的 85.21% 和 55.78% 稳步上升到 2015 的 86.99% 和 61.45%。

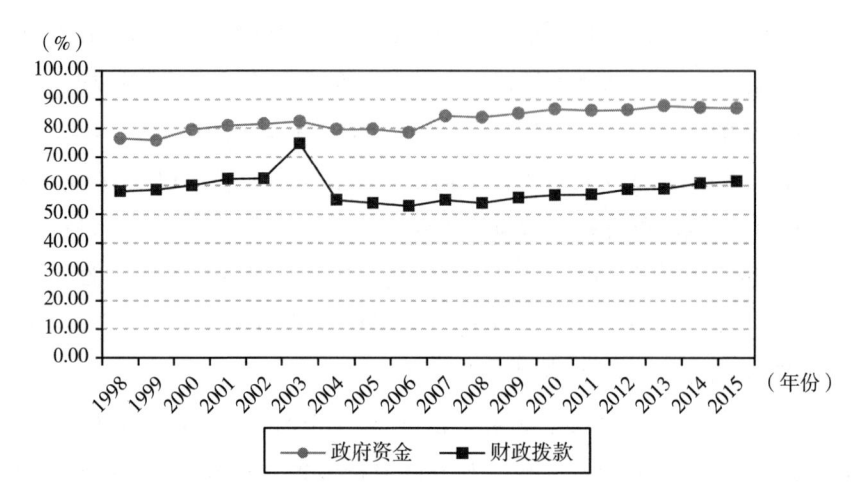

图 4-13　1998~2015 年政府资金和财政拨款在农业科研院所科技活动收入中的变化趋势

如表 4-24 所示，从中国农业科研院所科技活动支出结构来看，1998~2015 年中国农业科研院所的经费支出大幅增长，其中其他日常支出增幅最大。1998~2015 年，中国农业科研院所的科技活动支出总额、人员劳务费、设备购置费和其他日常支出总体均呈增长态势，且均在 2004 年和 2005 年出现了大幅增长，并在 2006 年出现了大幅下降。总体来看，其他日常支出的增幅最大，其次是设备购置费的增幅，人员劳务费的增幅相对较小。中国农业科研院所的科技活动支出中，人员劳务费占比在 1998~2003 年有小幅上升；但在 2004 年发生急剧变化，人员劳务费占比由 2003 年的 81.58% 迅速降为 2004 年的 39.18%，其他日常支出在这一年出现大幅增长，随后人员劳务费占比呈小幅先降后增，在 2014 年为 37.64%；其他日常支出占比在 1998~2003 年呈小幅下降趋势，在 2004 年发生急剧增长，其他日常支出占比由 2003 年的 8.83% 快速增长到 2004 年 51.29%，随后先小幅增长后小幅下降，在 2015 年为 54.37%；设备购置费占比始终在 10.00% 附近浮动，2015 年为 9.16%。

表4-24　1998~2015年中国农业科研院所科技活动支出结构

年份	科技活动支出总额（亿元）	人员劳务费 总量（亿元）	人员劳务费 比例（%）	设备购置费 总量（亿元）	设备购置费 比例（%）	其他日常支出 总量（亿元）	其他日常支出 比例（%）
1998	17.80	12.86	72.26	1.78	9.99	3.16	17.75
1999	20.51	15.00	73.16	1.95	9.51	3.55	17.32
2000	22.45	17.05	75.93	2.06	9.16	3.35	14.91
2001	26.74	20.54	76.81	2.64	9.88	3.56	13.30
2002	29.25	23.92	81.77	2.75	9.39	2.58	8.83
2003	33.48	27.32	81.58	3.21	9.59	2.96	8.83
2004	46.23	18.11	39.18	4.41	9.53	23.71	51.29
2005	95.62	36.63	38.31	9.56	9.99	49.43	51.69
2006	58.71	23.19	39.49	5.24	8.93	30.28	51.58
2007	78.76	27.40	34.79	8.73	11.09	42.62	54.12
2008	92.99	31.92	34.33	9.81	10.55	51.26	55.12
2009	120.02	37.50	31.24	13.92	11.60	68.60	57.16
2010	139.18	44.14	31.71	13.44	9.66	81.60	58.63
2011	152.69	50.86	33.31	16.01	10.48	85.82	56.21
2012	169.51	57.01	33.63	16.02	9.45	96.48	56.92
2013	184.36	67.38	36.55	15.67	8.50	101.30	54.95
2014	187.11	70.43	37.64	15.33	8.19	101.34	54.16
2015	216.58	78.99	36.47	19.84	9.16	117.75	54.37
年均增长速度（%） 1998~2000	12.30	15.14	—	7.58	—	2.96	—
年均增长速度（%） 2001~2008	19.49	6.50	—	20.63	—	46.38	—
年均增长速度（%） 2009~2015	10.34	13.22	—	6.08	—	9.42	—
年均增长速度（%） 1998~2015	15.80	11.20	—	15.15	—	23.63	—

从年均增长速度来看，1998~2015年，科技活动支出总额的年均增长速度为15.80%，人员劳务费年均增长速度为11.20%，设备购置费年均增长速度为15.15%，其他日常支出年均增长速度为23.63%。从不同阶段来看，第一阶段（1998~2000年）科技活动支出总额、人员劳务费、设备购置费和其他日常支出均呈现较快增长的态势，这一期间，科

技活动支出总额年均增长速度为12.30%，人员劳务费年均增长速度为15.14%，设备购置费年均增长速度为7.58%，其他日常支出年均增长速度为2.96%；第二阶段（2001~2008年），除人员劳务费增长速度有所下降外，其他各项支出均呈现快速增长的态势，其中，科技活动支出总额年均增长速度为19.49%，设备购置费年均增长速度为20.63%，其他日常支出年均增长速度为46.38%，而人员劳务费年均增长速度则仅为6.50%；第三阶段（2009~2015年）为平稳增长期，这一阶段，科技活动支出总额年均增长速度为10.34%，人员劳务费支出年均增长速度为13.22%，设备购置费年均增长速度为6.08%，其他日常支出年均增长速度为9.42%。

2. 基于科技人力资源投入维度

如表4-25所示，从中国农业科研院所科技活动人员总量来看，1998~2015年，中国农业科研院所的科技活动人员数量总体呈增长态势，但相对于经费投入的增长速度，人力资源投入的增长速度较小，从1998年的63774人增加到2015年的69381人，其年均增长速度仅为0.50%。

从科技活动人员质量结构来看，1998年中国农业科研院所科技活动人员的研究生学历占比为4.99%，2000年研究生学历占比为5.50%，2015年研究生学历占比到达36.85%。同时期，中国农业科研院所科技活动人员中本科学历占比基本保持不变，稳定在36.00%~39.00%区间内，中高级职称人员占比平稳增长，由1998年的47.80%增长至2015年的66.48%。总体来看，1998~2015年，中国农业科研院所科技活动人员的学历组成中，博士研究生、硕士研究生和本科学历的科技活动人员数量均实现了增长，年均增长速度分别为18.03%、11.62%和0.97%，其中，博士研究生学历的科技活动人员数量增长速度最高，硕士研究生学历次之，本科学历的科技活动人员数量虽实现了增长但其增长速度很小；专科学历和其他学历的科技活动人员数量增长速度为负，年均增长速度分别为-1.31%和-5.91%。2001~2008年，博士和硕士研究生学历科技活动人员数量的年均增长速度最高，分别为21.44%和18.75%。从数量来看，本科学历科技活动人员数量在农业科研院所中仍是最多的，但从2001年以来，本科学历

表 4-25　1998~2015 年中国农业科研院所科技活动人员结构

年份	科技活动人员合计（人）	学历结构 博士研究生学历（人）	硕士研究生学历（人）	本科学历（人）	大专学历（人）	其他学历（人）	职称结构 高级职称（人）	中级职称（人）	初级职称（人）	其他职称（人）	比例结构 研究生学历占比（%）	本科生学历占比（%）	中高级职称占比（%）
1998	63774	480	2705	21715	12612	23007	11283	19198	15895	14213	4.99	34.05	47.80
1999	62814	598	2738	21043	12986	22018	59528	11282	18638	15766	5.31	33.5	112.73
2000	57864	652	2530	19708	12249	19487	10612	17247	14232	12591	5.50	34.06	48.15
2001	57632	751	2597	19719	12353	18840	11106	16610	14099	12469	5.81	34.22	48.09
2002	57428	868	2813	19950	12429	17709	11771	16506	13640	11930	6.41	34.74	49.24
2003	61548	1099	3406	21819	13084	17535	13110	17593	13990	12348	7.32	35.45	49.88
2004	63530	1316	4039	22610	13513	16581	14214	17926	14228	12147	8.43	35.59	50.59
2005	65551	1537	4844	23386	13438	15922	11163	13800	11340	15888	9.73	35.68	38.08
2006	67830	1832	5957	23812	13225	15499	15624	17859	14091	12467	11.48	35.11	49.36
2007	71240	2281	7253	24085	13490	15025	16161	18252	14499	12794	13.38	33.81	48.31
2008	74182	2925	8648	24599	12997	13883	17018	18913	14434	12244	15.60	33.16	48.44
2009	63896	3608	9982	25039	12851	12416	17826	19959	0	26111	21.27	39.19	59.14
2010	66320	4241	11837	25840	12563	11839	18909	20914	13695	12802	24.24	38.96	60.05
2011	67686	4917	12884	25999	11631	11631	19430	21516	14057	12683	26.30	38.41	60.49
2012	68431	5632	14170	26184	12130	10315	20446	22090	13748	12147	28.94	38.26	62.16
2013	69929	6548	15532	26648	11703	9498	21607	22880	13046	12396	31.57	38.11	63.62
2014	68653	7352	16332	25813	10724	8432	22498	23243	12126	10786	34.50	37.60	66.63
2015	69381	8033	17532	25570	10082	8164	23217	22905	11649	11610	36.85	36.85	66.48
年均增长速度（%） 1998~2000	-4.75	16.55	-3.29	-4.73	-1.45	-7.97	-3.02	-5.22	-5.38	-5.88	—	—	—
2001~2008	3.67	21.44	18.75	3.21	0.73	-4.27	6.29	1.87	0.34	-0.26	—	—	—
2009~2015	1.38	14.27	9.84	0.35	-3.96	-6.75	4.50	2.32	NA	-12.64	—	—	—
1998~2015	0.50	18.03	11.62	0.97	-1.31	-5.91	4.34	1.04	-1.81	-1.18	—	—	—

科技活动人员数量的增长速度逐渐降低，这表明，随着《国家中长期科学和技术发展规划纲要（2006—2020 年）》的实施以及国家对科技创新重视程度的加大，博士和硕士研究生学历的科技活动人员逐渐成为中国农业科研院所科技创新人力资源的主体。从职称结构看，1998~2015 年高级职称科技活动人员数量的年均增长速度最快，达 4.34%，中级职称科技活动人员数量的年均增长速度为 1.04%，初级职称与其他职称科技活动人员数量的增长速度均为负，拥有中高级职称的科技活动人员成为农业科研院所科技创新活动人员的中坚力量。

3. 基于科研基础条件投入维度

如表 4-26 所示，从中国农业科研院所基本建设投入来看，1998~2015 年中国农业科研院所的基本建设投资完成额和科研基建完成额均保持增长态势，其中科研基建完成额增幅最大。具体来看，1998~2015 年中国农业科研院所基本建设投资实际完成额由 3.42 亿元增加到 29.05 亿元，增加了 7.49 倍；科研基建完成额由 2.47 亿元增加到 26.23 亿元，增加了 9.62 倍。从结构构成看，1998~2015 年，中国农业科研院所的科研土建工程是基本建设投资的主要构成，但其占基本建设投资实际完成额比例呈下降态势，由 1998 年的 79.11% 下降到 2015 年的 59.20%，相应的科研仪器设备、生活土建与设备的比重不断增加。从资金来源看，政府拨款始终是中国农业科研院所科研基建资金的主要来源，但其占比波动较大，2010 年后基本稳定在 75.00% 左右；事业单位资金也是中国农业科研院所科研基建资金的重要来源，占比在 10.00%~28.00% 之间。

表 4-26　　1998~2015 年中国农业科研院所基本建设投入　　单位：亿元

年份	总计	基本建设投资				科研基建				
		科研仪器设备	科研土建工程	生产经营建设与设备	生活土建与设备	总计	政府拨款	企业资金	事业单位资金	其他资金
1998	3.42	0.71	2.70	0	0	2.47	2.47	0	0	0
1999	5.20	0.98	2.30	0.57	1.35	3.28	2.15	0.05	0.94	0.15
2000	4.71	0.68	3.17	0.24	0.62	3.85	2.46	0.08	1.20	0.11

续表

年份	总计	基本建设投资				科研基建				
		科研仪器设备	科研土建工程	生产经营建设与设备	生活土建与设备	总计	政府拨款	企业资金	事业单位资金	其他资金
2001	4.47	1.01	2.36	0.30	0.80	3.37	2.66	0.02	0.63	0.05
2002	5.57	1.30	3.34	0.68	0.26	4.63	3.76	0.04	0.50	0.33
2003	5.55	1.20	3.82	0.33	0.20	5.02	2.93	0.07	1.67	0.35
2004	7.47	1.74	4.28	1.05	0.40	6.00	3.59	0.09	1.77	0.55
2005	10.04	2.03	6.14	1.60	0.28	10.77	5.11	0.31	1.96	3.40
2006	8.58	1.66	5.40	0.80	0.72	7.06	5.61	0.15	0.84	0.47
2007	15.63	2.52	10.07	1.37	1.67	12.59	7.24	0.40	3.51	1.43
2008	16.81	3.91	8.91	1.79	2.19	12.83	9.86	0.13	1.51	1.33
2009	18.31	6.25	9.62	0.63	1.81	15.87	13.27	0.21	2.14	0.24
2010	16.29	4.16	9.98	0.66	1.49	14.14	10.47	0.65	2.33	0.68
2011	18.31	4.74	11.95	0.37	1.24	16.7	12.61	0.75	2.23	1.12
2012	22.50	5.87	14.48	0.32	1.84	20.35	15.35	0.32	2.62	2.06
2013	30.34	7.73	21.41	0.34	0.87	29.13	24.78	0.33	2.88	1.14
2014	27.25	7.05	18.17	0.48	1.55	25.22	18.96	0.31	5.19	0.76
2015	29.05	9.01	17.22	0.57	2.26	26.23	20.38	0.07	2.54	3.23
年均增长速度(%)	1998~2000	17.35	-2.14	8.35	—	—	24.85	-0.20	—	—	—
	2001~2008	20.83	21.33	20.90	29.07	15.47	21.04	20.58	30.66	13.30	59.79
	2009~2015	8.00	6.29	10.19	-1.65	3.77	8.74	7.41	-16.73	2.90	54.23
	1998~2015	13.40	16.10	11.50	—	—	14.90	13.20	—	—	—

从增长速度来看，1998~2015年农业科研院所科研基建的年均增长速度为14.90%，略高于其基本建设投资的年均增长速度（13.40%）。分阶段看，1998~2000年，农业科研院所基本建设投资的年均增长速度为17.35%，2001~2008年的年均增长速度为20.83%，2009~2015年的年均增长速度为8.00%。在基本建设投资中，生产经营建设与设备、生活土建

与设备投入增长较快,分别从 1998 年的 0 增长到 2015 年的 0.57 亿元、2.26 亿元;科研仪器设备的年均增长速度(16.10%)快于科研土建工程的(11.50%),2006 年《国家中长期科学和技术发展规划纲要(2006—2020 年)》实施后,农业科研院所对科研平台与条件建设的重视程度加大,导致科研仪器设备和科研土建工程的年均增长速度从 1998~2000 年的 -2.14% 和 8.35% 分别上升到 2001~2008 年的 21.33% 和 20.90%、2009~2015 年的 6.29% 和 10.19%。1998~2015 年,农业科研院所科研基建的年均增长速度为 14.90%,主要以政府拨款为主,政府拨款年均增长速度为 13.20%。1998~2015 年,企业资金和事业单位资金有了较大比例的增长,分别从 1998 年的 0 增长到 2015 年的 0.07 亿元和 2.54 亿元。1998~2000 年,农业科研院所科研基建的年均增长速度为 24.85%,2001~2008 年其年均增长速度下降到 21.04%,2009~2015 年其年均增长速度仅为 8.74%;其中,1998~2000 年农业科研院所科研基建来自政府拨款的年均增长速度为 -0.20%,2001~2008 年的年均增长速度高达 20.58%,2009~2015 年的年均增长速度下降为 7.41%。

4.2.2 科技创新产出动态变化特征分析

1. 基于知识生产产出维度

如表 4-27 所示,从中国农业科研院所知识生产产出情况来看,1998~2015 年,中国农业科研院所的各项知识产出均呈现大幅增长,特别是 2006 年后一直保持较高增长速度。1998~2015 年,中国农业科研院所发表科技论文增长 1.72 倍,国外发表论文增长 6.77 倍,出版科技著作增长 1.54 倍;专利增幅最大,其中,专利受理增长 39.40 倍,专利授权增长 54.17 倍,发明专利增长 48.25 倍,国外授权增长 61.00 倍,有效发明专利数增长 5.63 倍。2006~2015 年十年间,中国农业科研院所发表科技论文增长 1.31 倍,国外发表论文增长 6.21 倍,出版科技著作增长 1.25 倍,专利受理数增长 8.47 倍,专利授权增长 10.71 倍,发明专利增长 8.74 倍,国外授权增长 7.63 倍,有效发明专利数增长 9.88 倍。

表4-27　　　　　1998~2015年中国农业科研院所知识生产产出情况

年份	发表科技论文(篇)	国外发表论文(篇)	出版科技著作(部)	专利受理数(件)	专利授权(件)	发明专利(件)	国外授权(件)	有效发明专利数(件)
1998	16734	705	571	176	100	52	1	1961
1999	17221	575	725	172	114	46	0	1793
2000	15463	502	559	236	121	67	0	264
2001	14692	474	452	244	155	72	0	250
2002	14653	471	474	346	169	88	2	392
2003	16969	329	957	650	262	50	1	591
2004	19026	748	592	649	377	176	1	669
2005	20016	661	550	800	386	212	0	869
2006	22002	769	703	819	506	287	8	1118
2007	23041	1166	630	1231	575	313	3	1344
2008	24720	1174	693	1540	710	358	2	2152
2009	28112	1827	897	2254	955	475	3	1765
2010	29225	2339	908	2611	1308	640	6	2127
2011	29543	2695	875	2894	1900	1030	19	2898
2012	28692	3319	776	4085	2853	1716	13	4711
2013	28565	3829	884	5531	3899	2118	14	7236
2014	29106	4583	942	6204	4490	2110	35	9133
2015	28732	4773	881	6934	5417	2509	61	11048
年均增长速度(%) 1998~2000	-3.87	-15.62	-1.06	15.80	10.00	13.51	-100.00	-63.31
2001~2008	7.72	13.83	6.30	30.11	24.28	25.75	NA	36.01
2009~2015	0.36	17.36	-0.30	20.60	33.54	31.97	65.21	35.76
1998~2015	3.20	11.90	2.60	24.10	26.50	25.60	27.40	10.70

从年均增长速度来看,1998~2015年,国外授权专利增长最快,年均增长速度为27.40%;其次是专利授权,年均增长速度为26.50%;发明专利和专利受理的年均增长速度也相对较快,分别为25.60%和

24.10%，但有效发明专利数的年均增长速度相对较慢，仅为10.70%，这表明农业科研院所近年来加大了对专利的重视程度，但在重视数量的同时，专利质量却没有得到相应的提升。在发表科技论文和出版科技著作方面，1998~2015年，农业科研院所发表科技论文、出版科技著作的年均增长速度相对较低，仅为3.20%与2.60%，但国外发表论文的年均增长速度较快，达到了11.90%，科技论文的国际影响力有了很大程度的提升。从不同阶段的年均增长速度来看，2001~2008年是农业科研院所以专利为代表的知识产出的快速增长期，这与建设创新型国家的战略目标是一致的。

2. 基于技术转让产出维度

如图4-14所示，从中国农业科研院所技术转让产出变化情况来看，1998~2015年，中国农业科研院所技术转让产出不断增加，呈现波动增长的态势，年均增长速度为7.54%。具体来看，2015年中国农业科研院所的技术转让产出为22.70亿元，比1998年增加12.1亿元。从阶段性特征来看，2001~2008年的增长速度最快，由7.37亿元增加到15.32亿元，年均增长速度为11.01%；2009~2015年农业科研院所技术转让产出的年均增长速度为5.77%，1998~2000年农业科研院所技术性收入增长最慢，年均增长速度仅为0.76%。

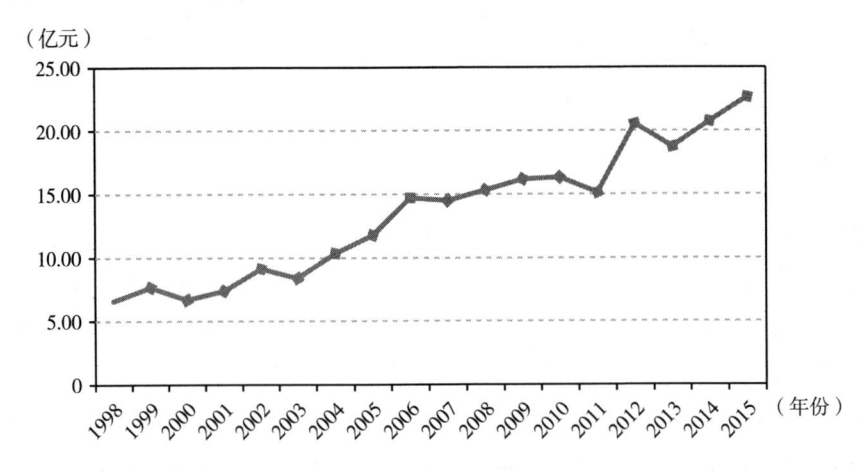

图4-14 1998~2015年中国农业科研院所技术转让产出变化

4.2.3 科技创新力度动态变化特征分析

从科技创新力度动态变化来看,以协同创新为例,如图 4-15 所示,农业科研院所在协同创新方面的 R&D 经费投入由 2009 年的 143.70 万元增加到 2015 年的 297.43 万元,年均增长速度为 12.89%;2009~2015 年,中国农业科研院所对协同创新的重视程度总体上呈现增强趋势,但在 2013~2014 年有明显的下降趋势。农业科研院所协同创新的增强趋势与 2009 年以来中国政府越来越关注协同创新有密切关系。

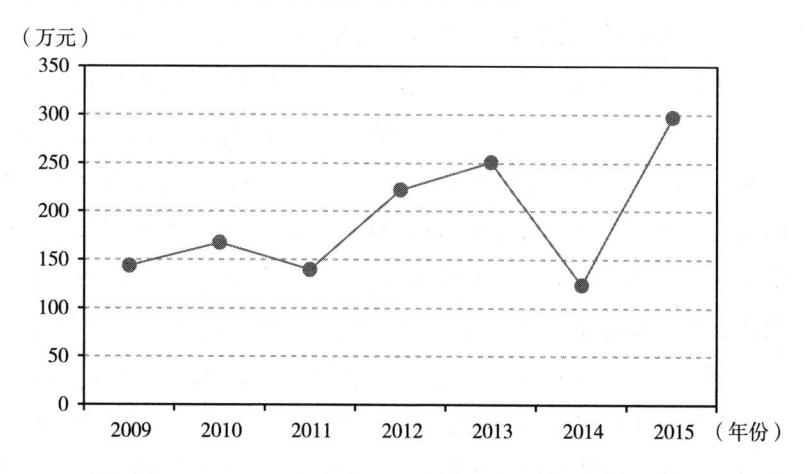

图 4-15 2009~2015 年中国农业科研院所协同创新力度变化

4.3 本章小结

本章基于不同层级、不同行业、不同区域和不同创新模式四个视角,从研发经费投入、科技人力资源投入和科研基础条件投入三个维度,以及知识生产产出、技术转让产出两种产出类型,对中国农业科研院所科技创新投入产出现状及演变趋势进行分析,得出以下结论。

1. 农业科研院所科技创新投入产出的现实特征

(1) 现阶段农业科研院所科技活动收入主要以政府资金为主,非政府资金收入占比较小，且主要以技术性收入为主。从层级来看，省级农业科研院所科技活动收入最多，其次依次是国家级和地市级农业科研院所；从不同行业来看，种植业科研院所的科技活动收入最多，畜牧业次之。华北地区和华东地区农业科研院所科技活动收入均值较高，但华北地区内部各农业科研院所科技活动收入差距较大。中国农业科研院所科技活动支出中主要以其他日常支出为主，人员劳务费和设备购置费占比均较低。从不同层级来看，国家级农业科研院所和省级农业科研院所的支出结构也主要以其他日常支出为主，人员劳务费和设备购置费占比均较低，地市级农业科研院所的人员劳务费占比较高，高于设备购置费和其他日常支出；从不同行业来看，种植业科研院所的科技活动支出最多，农机化行业的最少，除农机化行业外，其余四个行业的科技活动支出比例较为均衡，农机化行业的科技活动支出比例略有失衡，人员劳务费占比较高；从不同区域来看，华东地区、华北地区和东北地区的农业科研院所科技活动支出最多，西北地区的农业科研院所科技活动支出总额均值最小，但其人员劳务费占科技活动支出总额比例是六个区域中最高的。选择协同创新模式的农业科研院所科技活动收入和各项支出均高于选择独立创新模式的农业科研院所。

（2）基于科技人力资源投入维度，有学士、硕士研究生学历的科技活动人员是中国农业科研院所科技创新人力资源的主体，中高级职称科技活动人员成为农业科研院所中最主要的创新力量。从不同层级来看，省级农业科研院所科技活动人员数量最多，其次依次是国家级和地市级农业科研院所，其中主要以课题活动人员为主，女性科技活动人员占比维持在40.00%左右。从不同地区来看，西北地区农业科研院所的科技活动人员数量最少，而华北地区、东北地区和华东地区则相对较多；各个区域农业科研院所课题活动人员数量保持相对较高比重，科技管理人员和科技服务人员的占比相对稳定在15.00%~20.00%。从不同行业来看，种植业行业科研院所的科技活动人员数量最多，而农机化行业科研院所的科技活动人员数量最少。选择协同创新模式的农业科研院所科技活动人员总量以及科技管理人员、课题活动人员和科技服务人员的数量均高于选择独立创新模式的农业科研院所，且质量更高。

（3）基于科技基础条件投入维度，科研基础条件投入主要以政府拨款为主，企业资金占比过小（仅为 0.28%），主要用于科研土建工程。从不同层级来看，省级农业科研院所科研基础条件投入最多，其次依次是国家级和地市级农业科研院所；从不同行业来看，种植业科研院所科研基础条件投入最多，农垦行业的最低。从不同地区来看，科研基础条件投入较高的主要是华东地区、中南地区和华北地区，西北地区和西南地区与其在科研基建上的差距明显。选择协同创新模式的农业科研院所无论是基建完成额、科研基建还是固定资产原价均高于选择独立创新模式的农业科研院所。

（4）基于知识生产产出维度，中国农业科研院所的知识产出量较大，省级和国家级农业科研院所是主要的知识产出者；在不同行业农业科研院所中，种植业科研院所的知识产出占全部知识产出的近 2/3。从不同地区来看，TOPSIS 综合评价的结果显示，北京、江苏、山东、浙江和广东属于综合知识产出排名靠前的省份。从整体看，华东地区农业科研院所的综合知识产出较高；东北地区和中南地区农业科研院所综合知识产出排名处于中间水平；西北地区和西南地区的农业科研院所综合排名处在最后梯队的位置，知识产出水平较低。选择协同创新模式的农业科研院所无论是论文产出还是专利产出均高于选择独立创新模式的农业科研院所。

（5）基于技术转让产出维度，中国农业科研院所通过技术转让获得的技术性收入仅占总收入的 10.00% 左右，其中，省级和国家级农业科研院所、种植业和畜牧业科研院所是技术转让主体，但各不同区域农业科研院所之间的技术性收入没有显著差异。选择协同创新模式的农业科研院所技术性收入高于选择独立创新模式的农业科研院所。

2. 农业科研院所科技创新投入产出的演变趋势

（1）基于研发经费投入维度，1998~2015 年中国农业科研院所科技活动收入大幅增长，年均增长速度为 13.51%，其中，经费来源结构中政府资金的总体增长速度明显高于非政府资金的总体增长速度。农业科研院所科技活动收入主要以政府资金为主，非政府资金收入占比较小，且非政府资金主要以技术性收入为主。从经费使用途径来看，中国农业科研院所的科技活动支出大幅增长，1998~2015 年年均增长速度为 15.80%，高于科技活动收入的增长速度，其中，其他日常支出的年均增长速度最大（23.63%），其次是设备购置费的年均增长速度（15.15%），人员劳务费的年均增长速度相对较小（11.20%）。

（2）基于科技人力资源投入维度，1998~2015年中国农业科研院所科技活动人员数量总体呈增长趋势，但相对于研发经费投入的年均增长速度，科技活动人员数量的增长速度较小，1998~2015年科技活动人员数量年均增长速度为0.50%。从学历构成来看，博士研究生学历的科技活动人员数量的年均增长速度最高（18.03%），硕士研究生的年均增长速度次之（11.62%）；从数量比例来看，本科学历的科技活动人员数量在农业科研院所中仍是最多的，但年均增长速度仅为0.97%；从职称结构看，高级职称人员数量的年均增长速度最快，达4.34%，中级职称的年均增长速度为1.04%。

（3）基于科研基础条件投入维度，1998~2015年中国农业科研院所的基本建设投资完成额、科研基建完成额总体均呈增长态势，科研基建的年均增长速度为14.90%，略高于基建投资的年均增长速度（13.40%）。科研基建投入在科技创新进程改革三个阶段的年均增长速度呈现下降趋势。从资金来源看，政府拨款始终是中国农业科研院所科研基建投入的主要来源，但其占比波动较大，2010年后基本稳定在75.00%左右。

（4）基于知识生产产出维度，1998~2015年中国农业科研院所的各项知识产出均呈现增长态势，其中，专利授权增长速度最快，年均增长速度达26.5%；发表科技论文和出版科技著作的年均增长速度相对较低，分别仅为3.20%和2.60%。在专利授权的内部构成中，国外授权专利的增长速度最快，年均增长速度达27.40%；其次是发明专利，年均增长速度为25.60%。在发表科技论文的构成中，国外发表论文的年均增长速度达11.90%。

（5）基于技术转让产出维度，1998~2015年中国农业科研院所技术转让产出不断增加，技术性收入呈现波动增长态势，年均增长速度为7.54%。其中，2001~2008年农业科研院所的技术转让产出增长速度最快，年均增长速度为11.01%；1998~2000年农业科研院所技术性收入增长最慢，年均增长率为0.76%。

（6）基于科技创新力度维度，2009~2015年中国农业科研院所对协同创新的重视程度总体呈现增强趋势，协同创新力度年均增长速度为12.89%。

第5章

创新模式对中国农业科研院所创新效率的影响
——基于省级面板数据

《国家中长期科学和技术发展规划纲要（2006—2020年）》颁布后，中国农业科研院所在创新领域实现了快速发展，创新投入、专利申请总量和授权总量，以及科技论文和著作数量均有了明显的提高，[①] 研发体量已跃居世界前列。持续性的创新活动是农业科研院所发展壮大的重要途径，伴随创新投入的进一步加大，农业科研院所研发强度逐渐加强并处于较高强度，与此同时，鉴于创新活动的高度路径依赖特性，完全通过独立创新有可能因核心知识僵化而导致农业科研院所的创新效率降低。农业科研院所作为中国知识创新、技术创新的专业性微观组织，是国家农业科技创新体系的主要创新主体，其创新活动和研发进展有利于推动中国农业产业由要素驱动模式向创新驱动模式转型升级。相对于农业企业、农业高等院校等组织，农业科研院所不仅要围绕政府创新需求、产业需求以及农业农村经济发展目标不断开展技术创新、研发创新和产品的迭代创新，还承担着农业技术创新成果转化和技术扩散等任务。但截至目前，创新体系开放性较差依旧是制约农业科研院所创新活动的约束条件。由此，协同创新成为农业科研院所破除条件约束、实现资源互补

[①] 据《全国农业科技统计资料汇编》数据，2009~2015年，中国农业科研院所创新投入、专利数量的年均增长速度分别高达12.95%、29.17%。

和创新升级的重要途径。协同创新基于契约形式建立，强调人才结合、技术互补、资源配置和效益双赢，能够充分发挥主体各方优势资源互补，实现共赢以及协同主体间人才、技术、经济的有机结合。在农业供给侧结构性改革的背景下，优化农业科技创新模式进而实现创新驱动发展成为亟须解决的重大问题。为更好地面向产业需求，推动农业科技和经济发展紧密结合，农业科研院所创新模式由单一的独立创新模式逐渐向协同创新模式转变。[①] 在农业科研院所成为中国农业产业知识创新主体的背景下，如何提高中国农业科研院所创新效率，研究中国农业科研院所创新模式成为学术界关注的焦点问题。中国农业科研院所的协同创新效率总体情况如何？不同创新模式对中国农业科研院所创新效率有何影响？不同创新模式之间是否存在技术水平的差距？这些均是需要通过定性分析和实证检验才能回答的科学命题。鉴于此，本章以中国农业科研院所省级面板数据为样本，在测度农业科研院所创新效率的基础上，对创新效率变化趋势进行总体分析，运用 SFA 技术无效率方法实证检验创新模式对农业科研院所创新效率的影响；然后使用 MFA 实证分析独立创新与协同创新两种创新模式之间是否存在技术水平差距，并在技术水平差距下对两种创新模式的效率水平进行比较分析。

5.1 研究设计

5.1.1 研究方法与模型构建

本节基于知识生产函数模型，构造随机前沿超越对数生产函数模型来测度并分析中国农业科研院所的创新效率；同时，为检验实证结果的准确性，运用共同前沿生产函数模型进行稳健性检验。具体模型构建如下。

---

① 据《全国农业科技统计资料汇编》数据，2009~2015 年，选择协同创新模式的农业科研院所比例由 2009 年的 30% 逐步上升到 2015 年的 43.33%。

1. 随机前沿生产函数模型

以柯布—道格拉斯生产函数为基础模型，基于巴蒂斯等（Battese et al.，2004）的研究提出关于处理面板数据的随机前沿生产函数模型：

$$Y_{it} = X_{it}\beta + (V_{it} - U_{it}) \quad (i=1,2,\cdots,n; t=1,2,\cdots,T) \quad (5-1)$$

其中，Y_{it}为t时期i单位的产出变量；X_{it}为t时期i单位的投入变量；β为待估参数；V_{it}为服从$V_{it} \sim N(0,\sigma_v^2)$正态分布的随机误差项；$U_{it}$为技术无效率项，服从$U_{it} \sim N(M_{it},\sigma_u^2)$的零处截尾的正态分布，$V_{it}$、$U_{it}$互相独立。在此基础上构造超越对数生产函数模型作为测度中国农业科研院所创新效率的基本模型，形式如下：

$$\ln Y_{it} = \beta_0 + \beta_1 \ln K_{it} + \beta_2 \ln L_{it} + \beta_3 (\ln K_{it})^2 + \beta_4 (\ln L_{it})^2 + \beta_5 (\ln K_{it} \times \ln L_{it}) + V_{it} - U_{it}$$
$$(5-2)$$

其中，K_{it}表示t时期第i个样本农业科研院所的研发经费投入；L_{it}表示t时期第i个样本农业科研院所的研发人员投入量。

在设定技术无效率模型时，首先，由于考察的是创新模式对农业科研院所创新效率的影响，因此将创新模式作为主检验变量，鉴于农业科研院所创新效率与创新模式之间互相影响而导致的内生性问题，本章将创新模式的数据滞后一期进行实证检验，以消除内生性给实证结果带来的偏误，这样，在技术无效率分析时损失了2009年的数据；其次，为消除宏观经济变化和地区差异对农业科研院所创新效率的影响，本章引入时间虚拟变量和地区虚拟变量作为控制变量；同时，本章加入了创新模式变量与地区变量的交互项，考察两者的交互效应对农业科研院所创新效率的影响。基于此，本章将随机前沿生产函数中技术无效率模型设定如下：

$$m_{it} = \delta_0 + \delta_1(Mode_{it}) + \delta_2(Year_{it}) + \delta_3(Region_{it}) + \delta_4(Mode_{it} \times Region_{it}) + W_{it}$$
$$(5-3)$$

其中，$Mode$表示独立创新和协同创新两种创新模式，为虚拟变量，以独立创新模式为参照变量，当农业科研院所采用协同创新模式时，$Mode=1$，否则，$Mode=0$；$Year$为时间虚拟变量；$Region$为地区虚拟变量，本章将地区划分为东、中、西部三个区域；W_{it}服从截尾正态分布$N(0,\sigma^2)$。

2. 共同前沿生产函数模型

不同创新模式存在不同的技术水平前沿面，基于此，采用巴蒂斯等（2004）所提出的共同前沿生产函数可以实现技术水平不同的创新模式效率的测算和比较以及技术水平的比较分析。共同前沿生产函数是包络技术水平创新模式前沿的生产函数，其对应的曲线包络所有不同技术水平创新模式的随机前沿曲线（见图 5-1）。假定在 X_0 的投入下，技术水平不同的创新模式在其随机前沿曲线上的产出分别是 Y_1、Y_2，共同前沿曲线上的产出是 Y_3，可以看出，在投入水平 X_0 既定的情况下，技术水平不同的创新模式的产出 Y_1、Y_2 均小于共同前沿曲线上的产出 Y_3。不同创新模式的最优产出与共同前沿面上的最优产出之间的比值称为技术差距比（TGR），TGR 的值越大，不同创新模式前沿和共同前沿的差距越小。

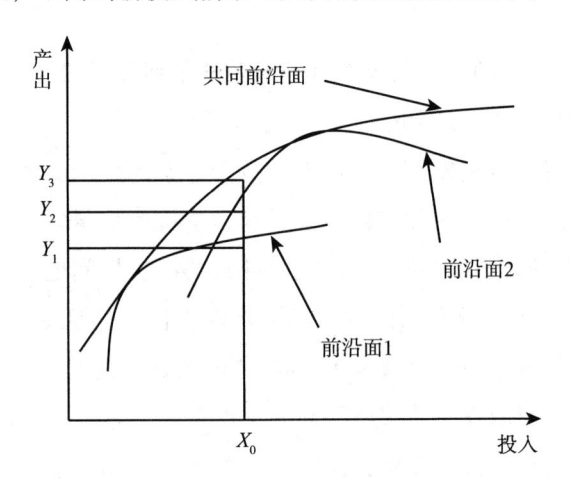

图 5-1 共同前沿模型

本章基于创新模式的不同将样本农业科研院所分为技术不同的两个集群，每个集群包括 j 个省份，每个集群各自技术水平决定的生产函数可表示为：

$$Y_{it(j)} = f(X_{it(j)}, \beta_j) \exp[V_{it(j)} - U_{it(j)}] = \exp[X_{it}\beta_j + V_{it(j)} - U_{it(j)}] \quad (5-4)$$

其中，$i = 1, 2, \cdots, n$；$t = 1, 2, \cdots, T$；Y_{it} 表示 t 时期 j 区域农业科研院所 i 的产出，X_{it} 表示 t 时期 j 区域农业科研院所 i 的投入；β_j 为待估参数；V_{it} 为随机误差项，服从 $V_{it} \sim N(0, \sigma_v^2)$ 的正态分布；U_{it} 为技

术无效率项，服从 $U_{it} \sim N(M_{it}, \sigma_u^2)$ 的零处截尾的正态分布，V_{it}、U_{it} 互相独立。

样本农业科研院所的共同前沿生产函数如下：

$$Y_{it}^* = f(X_{it}, \beta^*) = \exp(X_{it}\beta^*) \qquad (5-5)$$

其中，β^* 表示共同前沿函数的参数向量，且满足技术水平不同集群的产出均小于共同前沿曲线上的产出。

结合式 (5-4)，i 单位在 t 时期的产出 Y_{it} 可表示如下：

$$Y_{it} = \exp(-U_{it(j)}) \times \exp(X_{it}\beta_j)/\exp(X_{it}\beta^*) \times \exp(X_{it}\beta^* + V_{it(j)})$$

$$(5-6)$$

则不同创新模式的技术效率表达式为：

$$TE_{it} = Y_{it}/\exp(X_{it}\beta_j + V_{it(j)}) = \exp(-U_{it(j)}) \qquad (5-7)$$

技术差距比值 TGR 的表达式为：

$$TGR_{it} = \exp(X_{it}\beta_j)/\exp(X_{it}\beta^*) \qquad (5-8)$$

由式 (5-6)，可以得到共同前沿的技术效率表达式：

$$TE^* = Y_{it}/\exp(X_{it}\beta^* + V_{it(j)}) \qquad (5-9)$$

综合式 (5-5) 到式 (5-8)，共同前沿面下的技术效率 TE^* 可表述如下：

$$TE^* = TE_{it} \times TGR_{it} \qquad (5-10)$$

基于共同前沿模型以及上述公式，计算共同前沿生产函数的技术效率步骤主要有两步：第一步，计算不同创新模式随机前沿参数向量的最大似然估计值 β_j，这一步可以通过最大似然法来实现；第二步，估算共同前沿函数参数 β^* 的估计值，可借鉴巴蒂斯等（2004）提出的绝对离差平方和最小以及离差平方和最小进行估算，具体可采用线性规划（LP）及二次规划（QP）来实现：

$$\min L^* = \sum_{t=1}^{T} \sum_{i=1}^{N} (X_{it}\beta^* - X_{it}\beta_j)^2$$
$$\text{s.t.} \qquad X_{it}\beta^* > X_{it}\beta_j \qquad (5-11)$$

5.1.2 样本选取与数据处理

选取中国农业科研院所作为研究样本，数据来源于 2009~2015 年

《全国农业科技统计资料汇编》，数据为省级面板数据，删除缺失数据较多的省份，最终得到 30 个省份的有效样本，研究数据是 7 年的平衡面板数据。数据的描述性统计结果如表 5-1 所示。

表 5-1　　　　　　　投入—产出变量描述性统计结果

项目	研发人员全时当量（人年）	R&D 支出（千元）	科技论文（篇）	科技著作（部）	专利数量（件）	TOPSIS 单一产出变量（已对数化）
均值	535.50	143989.00	882.99	26.69	137.62	0.58
极大值	1466.00	633477.00	3456.00	228.00	962.00	0.77
极小值	4.00	552.00	71.00	0.00	0.00	0.32
标准差	314.78	114636.00	603.61	29.72	169.99	0.08
N	30×7=210					

对用于测度农业科研院所创新效率的投入、产出变量进行如下界定和处理：

（1）关于创新模式的界定。2009~2015 年，若样本农业科研院所存在 R&D 外部支出则视其为选择协同创新模式；若样本农业科研院所无外部创新支出，则视其为选择独立创新模式。依据这个划分标准，共获得协同创新样本 80 个、独立创新样本 130 个。

（2）关于投入变量的处理。以 t 时期样本农业科研院所 i 的 R&D 人员全时当量投入和 R&D 经费内部投入作为创新投入量，构建 SFA 模型和 MFA 模型对农业科研院所的创新效率进行测度分析。在对模型进行回归前，首先使用历年来生产者物价指数（PPI）对相关变量数据进行平减操作，以消除通胀因素的影响。此外，由于创新支出对创新效率的影响存在一定的滞后性，而统计数据中关于创新的数据均为增量数据，因而有必要对 R&D 经费内部投入进行存量校正。本节使用永续盘存法对其进行测算，测算公式为：

$$K_{it}^R = E_{it}^R + (1-\delta)K_{i,t-1}^R \tag{5-12}$$

其中，K^R 表示当年的研发经费存量；E^R 表示当年的研发经费流量；δ 表示折旧率，本节采用文献中常选定的 15%；i 表示观测单元 i；t 表示 t 时期。

以研发经费内部支出为例，借鉴吴延兵（2006）的研究，将折旧率 δ 设定为15%。基期创新存量可表示为 $K_1^R = E_1^R(1+g)/(g+\delta)$。其中，$g$ 为2009~2015年农业科研院所创新支出的年均增长率，经计算 $g = 13\%$，假定 $\delta = 15\%$，则 $K_1^R = 4.04 E_1^R$，据此可得到2009~2015年样本农业科研院所的研发经费支出存量。

（3）关于产出变量的处理。前沿生产函数只能在单产出特性约束条件下进行效率测算，无法对多投入、多产出的数据样本进行处理，因此，本章首先使用主成分分析方法确定科技论文、科技著作和专利数量的权重，在此基础上采用 TOPSIS 方法对本节所涉及的专利数量、发表科技论文数量和出版科技著作数量三个产出变量进行评价，得到农业科研院所单一的产出变量。相比其他评价方法，TOPSIS 方法具有对原始数据的最大化使用、计算简单、约束条件少以及结果精确等方面的优势。[①]

5.2 创新模式对农业科研院所创新效率影响的实证分析

本章在使用 SFA 方法测度农业科研院所创新效率的基础上，对创新效率变化趋势进行总体分析，运用 SFA 技术无效率方法实证检验创新模式对农业科研院所创新效率的影响；使用 MFA 实证分析独立创新与协同创新两种创新模式之间是否存在技术水平差距，并对两种创新模式的效率水平进行比较分析。

5.2.1 农业科研院所创新效率收敛性分析

首先对2009~2015年中国农业科研院所的创新效率进行描述性统计（见表5-2），从时间和空间维度分析农业科研院所的创新效率总体情况，

---

① 截至2017年6月28日，中国知网（CNKI.NET）共收录7902篇有关 TOPSIS 方法的文献（1989~2017年），且呈现逐年递增的趋势。鉴于 TOPSIS 方法对变量进行评价的过程中，默认所有变量权重均为1，因而有必要对专利数量、发表科技论文数量和出版科技著作数量三项产出指标进行主成分分析，获得其权重矩阵（限于篇幅，权重矩阵及 TOPSIS 的处理步骤未列出）。

并研究其收敛性。

表 5-2　　2009~2015 年样本农业科研院所创新效率的描述性统计结果

年份	平均值	最大值	最小值	标准差
2009	0.842	0.950	0.600	0.085
2010	0.854	0.950	0.600	0.081
2011	0.878	0.960	0.640	0.071
2012	0.882	0.970	0.630	0.074
2013	0.884	0.970	0.600	0.077
2014	0.889	0.970	0.580	0.077
2015	0.891	0.970	0.690	0.081

从表 5-2 可知，2009~2015 年，中国农业科研院所创新效率的均值较高，且呈稳步上升的态势，变化幅度相对平稳；各年间农业科研院所创新效率的标准差很小，表明历年来农业科研院所创新效率没有出现大幅度的波动。这说明，中国农业科研院所创新效率总体发展态势良好。2009~2015 年样本农业科研院所创新效率稳中有升，主要缘于 2008 年国家提出的"建设创新型国家"战略目标的拉动效应以及农业科研院所对创新的重视程度。

不同地区农业科研院所的创新效率有何差异？落后地区农业科研院所的创新效率能否实现对发达地区农业科研院所的追赶？为回答这些问题，本章将农业科研院所的分布划分为东、中、西部三大区域。[1] 在此基础上，分别对三大区域农业科研院所的创新效率进行分析，结果见表 5-3。

---

[1] 其中，东部地区包括北京、天津、河北、辽宁、上海、江苏、浙江、福建、山东、广东、海南 11 个省（市）；中部地区包括山西、吉林、黑龙江、安徽、江西、河南、湖北、湖南 8 个省；西部地区包括内蒙古、广西、重庆、四川、贵州、云南、西藏、陕西、甘肃、青海、宁夏、新疆 12 个省（区、市）。

表 5 - 3　　　　　　2009～2015 年中国农业科研院所创新效率（分地区）

年份	东部地区	中部地区	西部地区
2009	0.868	0.854	0.808
2010	0.877	0.868	0.820
2011	0.923	0.880	0.832
2012	0.926	0.884	0.836
2013	0.926	0.886	0.840
2014	0.931	0.901	0.837
2015	0.926	0.898	0.852

从表 5-3 可以看出，2009～2015 年，中国东部、中部、西部三大区域农业科研院所创新效率的变化与总体变化趋于一致；东部地区农业科研院所创新效率要优于中部地区，中部地区优于西部地区。在经济发展和科技创新实践中，东部地区较中部、西部地区在基础设施建设、交通运输、人才聚集等方面具有优势，因此东部地区农业科研院所的创新效率相应地高于中部、西部地区的农业科研院所。近年来，随着西部大开发战略的逐步推进，中部、西部地区的基础设施建设得到了加强，对人才的吸引力也在稳步增大。因此，本章认为中部、西部地区的农业科研院所可通过技术学习和技术模仿等方式来实现创新效率的提高。为验证中部、西部地区农业科研院所的创新效率能否追赶东部地区的农业科研院所，本章对东部、中部和西部三大区域农业科研院所的创新效率进行收敛性分析，主要包括 σ 收敛性分析和绝对 β 收敛性分析两个方面。

1. σ 收敛分析

运用 σ 收敛分析可探究不同地区农业科研院所创新效率的变差系数随时间变化的情况。变差系数逐渐变小，表示农业科研院所创新效率的离散程度随时间逐渐减小，其创新效率趋于收敛。σ 收敛公式如下：

$$\sigma_t = \sqrt{1/(t-1)\sum_i^t (TE_{i,t} - TE_{i,0})^2} \qquad (5-13)$$

其中，$TE_{i,t}$ 表示 t 时期 i 地区的创新效率。若 $\sigma_{t+1} < \sigma_t$，则说明该地区农业科研院所的创新效率趋于收敛。经计算，三大区域农业科研院所创新效率的 σ 值如图 5-2 所示。从图 5-2 可以看出，2009～2015 年三大区域农业科研院所的创新效率在总体上呈收敛趋势，其中，2009～2012 年三大区域农业科研院所的创新效率呈收敛趋势，随后 2013～2014 年呈发散趋势，并

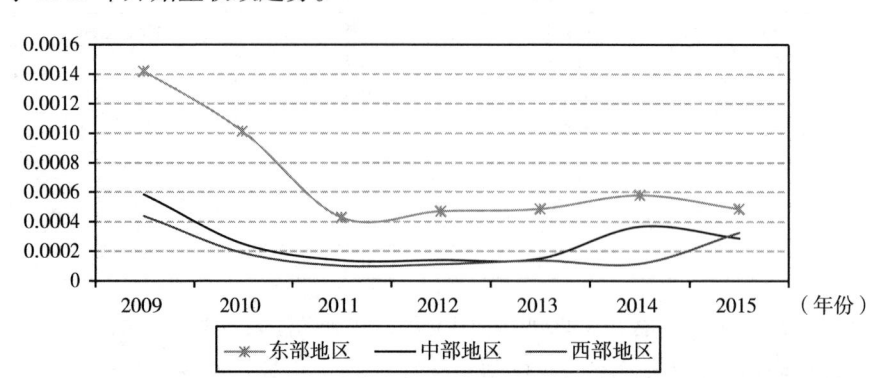

于 2015 年开始呈收敛趋势。

图 5-2　2009~2015 年三大区域农业科研院所创新效率的 σ 收敛趋势

2. 绝对 β 收敛分析

通过绝对 β 收敛分析可研究不同地区农业科研院所的创新效率能否达到相同稳定的增长速度，以及落后地区农业科研院所的创新效率能否实现向发达地区农业科研院所创新效率的收敛。基于上面的 σ 收敛分析，分析 2011~2014 年中国三大区域农业科研院所的创新效率能否实现绝对 β 收敛。根据萨拉-伊-马丁（Sala-i-Martin）的观点构造农业科研院所创新效率绝对收敛回归方程：

$$\ln(TE_{it}) - \ln(TE_{i,0})/T = \alpha + \beta \ln(TE_{i,0}) + \varepsilon \quad (5-14)$$

其中，等式左边的意义为 0~T 期的创新效率增长率；$TE_{i,0}$ 是基期 i 地区创新效率的初始值；β 为回归系数，其值为负表明存在绝对收敛，即落后地区存在追赶发达地区的趋势，结果见表 5-4。绝对 β 收敛的检验结果显示，三大区域农业科研院所创新效率的收敛性系数为正，均在 1% 的水平下显著，三大区域趋于发散，说明不存在中部、西部地区农业科研院所的创新效率追赶东部地区农业科研院所创新效率的趋势。

表 5-4　2011~2014 年三大区域农业科研院所创新效率的绝对 β 收敛检验结果

项目	东部	中部	西部
系数	1.112***	1.139***	1.206***
是否收敛	否	否	否

注：*** 表示在 1% 显著性水平下显著。

通过以上分析可知，从空间维度看，（1）东部地区农业科研院所的创新效率要优于中部、西部地区的农业科研院所；（2）从绝对 β 收敛检验结果来看，中部、西部地区农业科研院所的创新效率并无追赶东部地区农业科研院所创新效率的趋势。

5.2.2 基于 SFA 的农业科研院所创新效率测度分析

在使用主成分分析及 TOPSIS 方法得到单一产出变量的基础上，本章基于随机前沿生产函数模型，使用 FRONTIER4.1 测度 2009~2015 年各样本农业科研院所的创新效率，在此基础上分别进行描述性分析、方差分析和 SFA 技术无效率分析，对不同创新模式下的创新效率进行研究分析。

1. 描述性分析

SFA 测度的农业科研院所创新效率结果表明（限于篇幅，研究样本的效率结果未列出）：无农业科研院所创新效率达到 1；农业科研院所创新效率的最大值、最小值分别是 0.970、0.580；农业科研院所的创新效率主要集中分布在 0.880~0.950；农业科研院所创新效率均值为 0.874，处于相对较高的水平，但仍存在约 13% 的技术无效率。

在对农业科研院所创新效率进行测度的基础上，根据年度变化对独立创新和协同创新两种创新模式的创新效率均值进行分析，结果如图 5-3 所示。从图 5-3 可以看出，（1）2009~2015 年，选择协同创新模式农业科研院所的创新效率均优于选择独立创新模式的农业科研院所。（2）2009~2012 年，选择独立创新模式农业科研院所的创新效率处于上升阶段，从 2009 年的 0.830 上升到 2012 年的 0.870；2012~2015 年，选择独立创新模式农业科研院所的平均创新效率出现了增长停滞的趋势。反观选择协同创新模式的农业科研院所，其创新效率从 2009 年的 0.860 上升到 2012 年的 0.900；2012 年之后，其创新效率仍呈增长趋势，从 2012 年的 0.900 持续增长到 2015 年的 0.930。出现这一现象的原因在于，伴随着《国家中长期科学和技术发展规划纲要（2006—2020 年）》的颁布，无论是选择独立创新模式的农业科研院所还是选择协同创新模式的农业科研院所，均逐步加大了研发人员和研发经费的投入，研发强度达到一定门槛，这期间创新效率呈现快速增长态势（其中，选择独立创新模式的农业科研院所 2009 年人力资本投入和研发经费投入均值分别为 447 人/年和 9819.424 万元，2015 年分别增长到 462 人/年和 14942.810 万元，2009~2015 年间的年均增长速度分别为 0.550% 和 7.250%；选择协同创新模式的农业科研院所 2009 年人力资本投入和研发经费投入均值分别为 514 人/年和 9190.456 万元，2015 年分别增长到 840 人/年和 28730.330 万元，2009~2015 年的年均增长速度分别为 8.530% 和 20.920%）；① 但伴随着创新投入的进一步增多，且创新存在滞后性，创新强度逐渐趋于饱和，单纯创新投入的增加难以实现创新效率的提高，此时，创新模式的改进创新能促进创新效率的进一步提高，因而 2012~2015 年选择协同创新模式的农业科研院所创新效率实现了进一步增长。

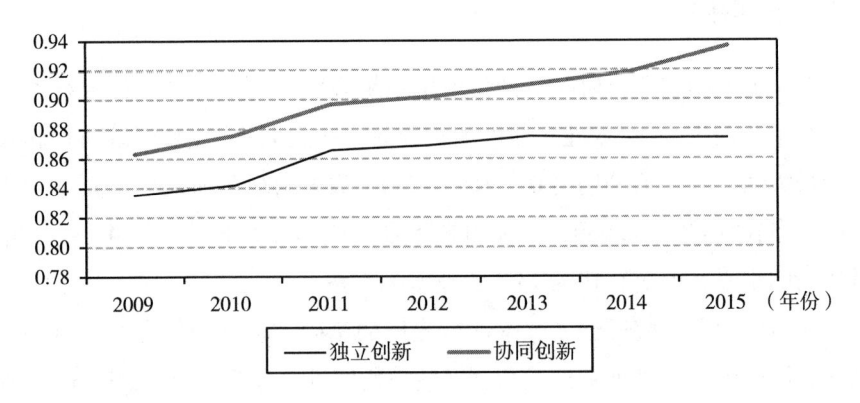

图 5-3 不同创新模式效率年度趋势

在效率测度和年度趋势分析的基础上，本章依据农业科研院所创新效率高低将其划分为四个效率组，② 定性分析四个效率组中创新模式的情况。鉴于农业科研院所的效率分布情况，将创新效率在 0~0.800 的农业科研院所归为低效率组，将创新效率在 0.800~0.870 的农业科研院所归为中效率组，将创新效率在 0.870~0.950 的农业科研院所归为次高效率组，将创新

---

① 作者根据《全国农业科技统计资料汇编》数据整理而得。
② 划分依据：鉴于创新效率 0.800 以下的效率值过低，故低于 0.800 的部分选作低效率组；农业科研院所创新效率的均值为 0.874，故将（0.800~0.870）划分为中效率组；根据创新效率主要分布区间（0.880~0.950），将（0.870~0.950）划为次高效率组，将（0.950~0.970）划为高效率组。

效率在 0.950 ~ 0.970 的农业科研院所归为高效率组。统计结果见表 5 - 5（限于篇幅，具体创新效率统计结果未列出）。

表 5 - 5　　　　　　　不同效率组创新模式情况统计　　　　　　　单位:%

项目	低效率组	中效率组	次高效率组	高效率组
协同创新占比	15.15	33.33	41.32	64.71
独立创新占比	84.85	66.67	58.68	35.29

从表 5 - 5 可以看出，第一，低效率组和中效率组中的农业科研院所基本以选择独立创新模式为主，分别占比 84.85% 和 66.67%；低效率组和中效率组中，选择协同创新模式的农业科研院所占比较少，仅分别为 15.15% 和 33.33%。第二，四个效率组中，高效率组中选择协同创新模式的农业科研院所占比达到 64.71%。第三，随着效率组水平的提高，选择协同创新模式的农业科研院所所占比例逐渐升高，选择独立创新模式的农业科研院所所占比例则呈现下降趋势。

从以上的描述分析来看，选择协同创新模式的农业科研院所多分布于高效率组，低效率组中则多为选择独立创新模式的农业科研院所，占比高达 84.85%。为实证分析创新模式的选择对农业科研院所创新效率的影响，在描述性统计的基础上，本章通过方差分析和 SFA 技术无效率分析来实证检验创新模式差异对中国农业科研院所创新效率的影响。

2. 选择不同创新模式的农业科研院所创新效率的差异性分析

为检验选择不同创新模式的农业科研院所创新效率的差异性，使用 SPSS19.0 对选择独立创新模式农业科研院所的创新效率和选择协同创新模式农业科研院所的创新效率进行方差分析，统计结果表明方差齐性检验的显著性概率值为 0.987 > 0.100，故而接受原假设，创新效率值存在方差齐性，适合进行方差分析。方差分析结果见表 5 - 6 和表 5 - 7。

表 5 - 6　　选择不同创新模式农业科研院所的创新效率描述统计分析

项目	N	均值	标准差	均值的95%置信区间		极小值	极大值
				下限	上限		
独立创新	130	0.858	0.086	0.843	0.873	0.580	0.960
协同创新	80	0.900	0.054	0.888	0.912	0.760	0.970
总数	210	0.874	0.078	0.864	0.885	0.580	0.970

表 5-7　　　　不同创新模式农业科研院所创新效率方差分析

项目	平方和	df	均方	F	显著性
组间	0.087	1	0.087	15.164	0.000
组内	1.188	208	0.006		
总数	1.275	209			

由表 5-6 和表 5-7 可知：第一，210 个样本农业科研院所中仅有 80 个选择了协同创新模式，占比尚不足 50%，表明协同创新模式未得到农业科研院所的广泛重视；第二，样本农业科研院所中，有 130 家选择了独立创新模式、80 家选择了协同创新模式，其创新效率均值分别为 0.858、0.900，可以直观地看出，选择协同创新模式农业科研院所的创新效率高于选择独立创新模式的农业科研院所；第三，由表 5-7 可知 $F=15.164$，其显著性概率为 0.000，通过了 1% 的显著性水平检验，从而拒绝原假设，认为不同创新模式下农业科研院所的创新效率存在显著性差异。

3. 创新模式对农业科研院所创新效率影响的显著性分析

为检验创新模式对农业科研院所创新效率的影响，对式（5-2）和式（5-3）进行实证检验。表 5-8 为 Frontier 4.1 软件估计得到的 2009~2015 年随机前沿生产函数技术无效率模型结果，变差系数 γ 的值为 0.871，且通过了 1% 的显著性水平检验，说明农业科研院所实际产出与理想产出之间的差距主要来自技术无效率项，因此，本模型关于技术无效率项的假设是合理的。在实证结果的基础上，根据式（5-2）对研发经费的产出弹性、研发人员的产出弹性以及两者的替代弹性进行计算。

表 5-8　　　　创新模式随机前沿生产函数估计结果

变量	系数	标准差	t 值
CONS	31.791***	1.510	21.051
$\ln K$	-5.335	0.554	-9.627
$\ln L$	1.013*	0.877	1.294
$(\ln K)^2$	0.012	0.091	0.132
$(\ln L)^2$	-0.865***	0.213	-4.058
$\ln K \times \ln L$	0.858***	0.281	3.055

续表

变量	系数	标准差	t 值
协同创新	-0.407**	0.392	-2.116
$Year11$	-0.219	0.277	-0.792
$Year12$	-0.250	0.289	-0.864
$Year13$	-0.647**	0.341	-1.899
$Year14$	-0.519*	0.325	-1.596
$Year15$	-0.594**	0.336	-1.768
$East$	-0.986***	0.402	-2.452
$Middle$	-0.469*	0.323	-1.452
$Mode \times East$	-3.869*	2.525	-1.532
$Mode \times Middle$	-0.336	0.726	-0.462
σ^2	1.443***	0.324	4.447
γ	0.871***	0.034	25.484

注：***、** 和 * 分别表示在1%、5%和10%显著性水平下显著。

研发经费的产出弹性：$\sigma_K = \beta_1 + 2\beta_3 \ln K_{it} + \beta_5 \ln L_{it}$ (5-15)

研发人员的产出弹性：$\sigma_L = \beta_2 + 2\beta_4 \ln L_{it} + \beta_5 \ln K_{it}$ (5-16)

两者的替代弹性：$S_{KL} = 1/\{1 + [-\beta_5 + (\sigma_K/\sigma_L)\beta_5]\}$ (5-17)

$$S_{LK} = 1/\{1 + [-\beta_5 + (\sigma_L/\sigma_K)\beta_5]\} \quad (5-18)$$

经计算，研发经费的产出弹性为0.150，研发人员的产出弹性为0.450，研发人员对研发经费的替代弹性为2.320，研发经费对研发人员的替代弹性为0.370。由此可得：（1）研发经费的产出弹性与研发人员的产出弹性之和为0.600，说明现阶段农业科研院所的创新产出处于规模报酬递减的阶段；（2）研发人员对研发经费的替代弹性为2.320 > 1，研发经费对研发人员的替代弹性为0.370 < 1，说明现阶段农业科研院所在进行创新活动时研发经费投入增多难以有效替代研发人员的减少，而研发人员的增多可在一定程度上有效替代部分研发经费的减少。

从表5-8可知，（1）从时间纬度看，2013~2015年，宏观经济变化对农业科研院所创新效率的提高起显著的正向影响，表明随着国家对研发创新重视程度的日渐加大，宏观创新环境的持续利好显著促进了农业科研院所的创新效率。（2）从空间维度看，相较于西部地区，东部地区和中部地区对农业科研院所创新效率的提高产生正向影响，且东部地区的正向影响更大,这主要是因为相对于西部地区,东部和中部地区在研发经费存量和创新人才数量方面具有一定优势,对当地农业科研院所创新效率的提高起到一定的正向影响。(3)协同创新系数为-0.407,且通过了5%显著水平的检验,表明协同创新与中国农业科研院所创新效率之间呈显著的正相关关系,即协同创新有助于提高中国农业科研院所的创新效率。实证结果与理论分析相符合,即协同创新有助于农业科研院所形成互补优势,通过技术互补、人才互补和资源配置,可以充分发挥知识的双向流动,实现合作主体人才、技术、经济的有机结合,产生"1+1>2"的效果;协同创新有助于拓展自身的研发存量,取得市场优势进而产生社会效益,促使农业科研院所实现科技、资源和产品的迭代,最终实现创新驱动发展。(4)从创新模式与地区变量的交互项结果来看,协同创新与东部地区的交互项系数为-3.869,通过了10%显著性水平的检验;协同创新与中部地区的交互项系数为-0.336,未通过显著性水平检验。这一结果表明,创新模式的选择会通过地区变量来影响农业科研院所的创新效率,东部地区的农业科研院所选择协同创新模式更易实现自身创新效率的显著性提高,中部地区的农业科研院所选择协同创新模式对创新效率不具有显著影响;在很大程度上,地区变量的设置是一个区域创新强度、创新人才数量及创新体系完善程度的标识,从协同创新变量和交互项的实证结果可以看出,选择协同创新模式显著地提高了农业科研院所的创新效率,但农业科研院所所处的区域环境对创新模式的选择有较强的调节效应,创新模式选择优化的前提是当地的经济水平能够产生一定的溢出作用。

5.2.3 基于MFA的农业科研院所创新效率测度分析

本节基于共同前沿生产函数模型实证检验独立创新与协同创新两种创新模式的技术水平差异比较,并在此基础上对技术水平差距下两种创新模式的创新效率进行比较分析。

基于随机前沿生产函数,使用Frontier 4.1计算出式(5-2)相对应的超越对数随机前沿函数各项参数的最大似然估计值,结果见表5-9。从

表 5-9 可以看出，全样本、独立创新和协同创新的变差系数 γ 值分别为 0.9130、0.7520 和 0.9290 且均通过了 1% 的显著性水平检验，说明不同创新模式均存在技术无效率项，所以研究不同创新模式的创新效率水平是有意义的；对于全样本，首先应进行广义似然比检验来判断不同创新模式是否存在技术差距，计算结果表明，LR 为 31.360，通过了 1% 的显著性水平检验，因此有必要使用共同前沿生产函数来测算不同创新模式的创新效率水平。本节使用 Lingo15.0 对式 (5-11) 进行线性规划处理，共同前沿模型中的各项参数估计值见表 5-9。

表 5-9　　　　　　　随机前沿与共同前沿的参数估计值

变量	全样本	独立创新	协同创新	共同前沿
β_0	19.2730	30.5600	18.4010	5.6050
β_1	-2.7990	-4.8500	-4.4800	0.0001
β_2	1.0320	0.4550	3.1590	0.0003
β_3	0.0550	-0.0760	0.0250	0.0120
β_4	-0.3440	-0.0670	-0.8590	0.0007
β_5	0.2720	1.1170	0.6960	0.0000
σ^2	0.5460	0.4050	0.3090	
γ	0.9130	0.7520	0.9290	

根据表 5-9 的参数估计结果，将参数代入式 (5-8) 计算出不同创新模式生产前沿与共同前沿的技术差距比 (TGR)，并分别列出随机前沿函数的创新效率和共同前沿生产函数的创新效率，结果见表 5-10。

表 5-10　　　　　　　技术效率与 TGR 描述性统计

模式		平均值	最大值	最小值	标准差
独立创新	$TE-SFA$	0.860	0.960	0.580	0.086
	$TE-MFA$	0.820	0.921	0.553	0.079
	TGR	0.954	0.985	0.813	0.092
协同创新	$TE-SFA$	0.900	0.970	0.760	0.054
	$TE-MFA$	0.872	0.934	0.735	0.080
	TGR	0.968	1.000	0.862	0.081

由表 5-10 的结果，可得出如下结论：（1）协同创新的 TGR 平均值为 0.968，独立创新的 TGR 平均值为 0.954，在此基础上对不同创新模式的 TGR 值进行秩和检验，检验结果的双侧显著性概率值为 0.000，通过了 1% 显著性水平检验，说明相对于独立创新，协同创新技术前沿面与共同前沿面的差距更小，协同创新模式下的技术水平显著高于独立创新模式下的技术水平。（2）协同创新模式下，TGR 的最大值为 1，表明协同创新模式的技术前沿面相切于共同前沿面；而独立创新的 TGR 最大值未达到 1，独立创新模式的技术前沿面距共同前沿面还有一定距离，表明独立创新模式的技术水平距离全样本的技术水平尚有差距。（3）考虑创新模式的不同技术水平下，协同创新模式下农业科研院所的平均创新效率为 0.872，独立创新模式下农业科研院所的平均创新效率为 0.820，协同创新模式下农业科研院所的创新效率要明显高于独立创新模式下农业科研院所的创新效率。共同前沿生产函数模型的结论表明：协同创新模式要比独立创新模式具有更高的技术前沿面。这主要是由于农业科研院所与农业企业以及高等院校的协同创新实现了自身创新优势与农业企业资金优势以及高等院校人才优势的有机结合，会获得更高的经济效益并实现人才的双向流动，从而达到完善创新禀赋结构、健全创新体系的目的，并能最终实现创新驱动与技术进步。（4）农业科研院所的协同创新技术水平显著高于独立创新，但两种创新模式 TGR 值相差不大，即选取两种创新模式的农业科研院所的技术水平没有非常大的差距，造成这一现象的主要原因在于农业科研院所对协同创新的重视程度不够，协同创新联盟的建设程度和完善程度还存在较大的提升空间，因此，应切实重视协同创新对农业科研院所创新效率的积极促进作用，大力开展协同创新。

综上所述，随机前沿生产函数模型和共同前沿生产函数模型的实证结果均表明，协同创新有助于提高中国农业科研院所的创新效率，且共同前沿生产函数模型的结论表明，协同创新模式较之独立创新模式有更高的技术水平；实证结论符合理论分析的预期，即协同创新模式意味着创新主体可以实现组织内部与组织外部之间技术优势、人才优势和资金优势的有机结合。协同创新具有整体性、动态性和互补性的特点，能够加强协作主体间的耦合互动，提高创新要素配置效率。

5.3 本章小结

随着农业科研院所技术同质化和创新投入强度持续上升等问题的出现,创新模式的优化选择成为农业科研院所实现其创新效率进一步提高的重要路径。基于此,本章选用 2009~2015 年中国农业科研院所省级面板数据,在对创新效率变化趋势进行总体分析的基础上,使用 SFA 技术无效率方法实证检验协同创新模式对农业科研院所创新效率的影响;然后使用 MFA 实证分析独立创新与协同创新两种创新模式之间是否存在技术水平差距,并在技术水平差距下对两种创新模式的创新效率水平进行比较分析。研究结论主要包括:

(1) 从时间趋势看,2009~2015 年,中国农业科研院所创新效率的均值较高,且呈稳步上升的态势,从 2009 年的 0.842 上升到 2015 年的 0.891,各年农业科研院所创新效率的标准差很小,表明 2009~2015 年农业科研院所创新效率没有出现大幅度的波动。从空间趋势看,2009~2015 年三大区域农业科研院所的创新效率在总体上呈收敛趋势,其中,2009~2012 年三大区域农业科研院所的创新效率收敛,随后 2013~2014 年出现发散趋势,并于 2015 年开始呈收敛趋势。绝对 β 收敛的检验结果显示,三大区域农业科研院所创新效率的收敛性系数为正,均在 1% 的水平下显著,三大区域趋于发散,说明不存在中部和西部地区农业科研院所的创新效率追赶东部地区农业科研院所创新效率的趋势。

(2) 2009~2012 年,选择独立创新模式的农业科研院所的创新效率处于上升阶段,从 2009 年的 0.830 上升到 2012 年的 0.870,2012~2015 年,选择独立创新模式的农业科研院所的平均创新效率出现了增长停滞的趋势;而选择协同创新模式的农业科研院所的创新效率从 2009 年的 0.860 上升到 2012 年的 0.900,2012 年之后其创新效率仍呈增长趋势,从 2012 年的 0.900 持续增长到 2015 年的 0.930。在高研发投入下,独立创新模式无法实现农业科研院所创新效率的再提高,协同创新模式可以实现农业科研院所创新效率的进一步提升;且选择协同创新模式的农业科研院所多分布于高效率组，低效率组中大多为选择独立创新模式的农业科研院所。

（3）现阶段，中国农业科研院所研发经费的产出弹性与研发人员的产出弹性之和为0.600，农业科研院所的创新产出处于规模报酬递减的阶段；同时，研发人员对研发经费的替代弹性为2.320>1，研发经费对研发人员的替代弹性为0.370<1，说明现阶段农业科研院所在进行创新活动时研发经费投入增多难以有效替代研发人员的减少，而研发人员的增多可在一定程度上有效替代部分研发经费的减少。

（4）从SFA技术无效率结果来看，协同创新对创新效率影响的系数为-0.407，且通过了5%显著性水平的检验，协同创新有助于提高农业科研院所的创新效率。实证结果与理论分析相符合，即协同创新有助于农业科研院所形成互补优势，通过技术互补、人才互补和资源配置，可以充分发挥知识的双向流动，实现合作主体人才、技术、经济的有机结合，产生"1+1>2"的效果。同时，从交互项结果来看，协同创新与东部地区的交互项系数为-3.869，通过了10%显著性水平的检验；协同创新与中部地区的交互项系数为-0.336，未通过显著性水平检验。这一结果表明，创新模式的选择会通过地区变量来影响农业科研院所的创新效率，东部地区的农业科研院所选择协同创新模式更易实现自身创新效率的显著性提高，中部地区的农业科研院所选择协同创新模式对创新效率的提升起到不显著的正向影响。

（5）从MFA的实证结果看，其一，协同创新的 TGR 平均值为0.968，独立创新的 TGR 平均值为0.954，在此基础上对不同创新模式的 TGR 值进行Wilcoxon秩和检验，检验结果的双侧显著性概率值为0.000，通过了1%显著性水平检验，说明相对于独立创新，协同创新技术前沿面与共同前沿面的差距更小，协同创新模式下的技术水平显著高于独立创新模式下的技术水平。其二，协同创新模式下，TGR 的最大值为1，表明协同创新模式的技术前沿面相切于共同前沿面；而独立创新的 TGR 最大值未达到1，独立创新模式的技术前沿面距共同前沿面还有一定距离，表明独立创新模式的技术水平距离全样本的技术水平尚有差距，独立创新模式对创新效率的提升有待进一步加强。其三，考虑创新模式的不同技术水平下，协同创新模式下农业科研院所的平均创新效率为0.872，独立创新模式下农业科研院所的平均创新效率为 0.820，协同创新模式下农业科研院所的创新效率要明显高于独立创新模式下农业科研院所的创新效率。共同前沿生产函数模型的结论表明：协同创新模式比独立创新模式具有更高的技术前沿面。这主要是由于农业科研院所与农业企业以及高等院校的协同创新实现了自身创新优势与农业企业资金优势以及高等院校人才优势的有机结合，获得更高的经济效益并实现人才的双向流动，从而达到完善创新禀赋结构、健全创新体系的目的，并能最终实现创新驱动与技术进步。其四，农业科研院所的协同创新技术水平虽显著高于独立创新，但两种创新模式 TGR 值相差不大，即选取两种创新模式的农业科研院所的技术水平没有非常大的差距，造成这一现象的主要原因在于农业科研院所对协同创新的重视程度不够，协同创新联盟的建设程度和完善程度还存在较大的提升空间，因此，应切实重视协同创新对农业科研院所创新效率的积极促进作用，大力开展协同创新。

第6章

创新模式、知识积累对中国农业科研院所创新产出的影响
——基于科研院所微观数据

近年来，中国科技政策着力通过组织模式创新加强产学研深度融合，以促进科技资源整合集聚，实现重大科技创新。2011年，党中央首次从国家战略层面提出了协同创新，鼓励高等院校同科研院所、企业开展深度合作，建立协同创新的战略联盟，促进资源共享，联合开展重大科研项目攻关，在关键领域取得实质性成果，努力为建设创新型国家作出积极贡献。随后教育部和财政部正式启动"高等学校创新能力提升计划"（也称"2011计划"），支持建立一批协同创新中心，重点突破科学前沿、行业产业、区域发展中的关键性问题。2014年底，农业部和中国农业科学院牵头成立了国家农业科技创新联盟，旨在通过研究部门创新模式，凝聚全国优势农业科技力量，集合核心农业科技资源，推动政产学研用紧密结合，开展农业科技大攻关。

以往研究在探讨地区整体创新能力和企业创新绩效的影响因素方面，已对创新模式的作用进行了深入分析。例如，余永泽和张先轸（2015）基于中国29个省（自治区、直辖市）的宏观统计数据，分析了以自主研发为主的内源式创新模式和以技术引进为基础的创新模式的适宜性条件及其对区域全要素生产率提升的影响。白俊红和吕晓红（2014）利用中国分地区工业企业面板数据，实证检验了自主研发、协同创新和外资引进三种研发投入模式对技术导向和市场导向技术创新的影响。徐伟祥等（2016）以

浙江省16个创新集群内448家企业作为研究对象，验证了协同创新网络对企业创新绩效存在正向影响。

在针对研究机构创新能力方面，现有研究考察了参与协同创新活动的研究机构创新产出的影响因素。例如，史烽等（2016）选用2006~2014年中国31个省级地区的大学—企业协同创新活动的数据，研究发现横向、纵向的技术距离对大学—企业协同创新活动均有显著的促进作用，以铁路时间测度的地理距离越近，越有利于协同创新的开展；陈光华等（2014）以广东省省部产学研合作专项为例，发现团队规模与专利、论文和新产品之间呈倒"U"型关系，经费规模与专利之间存在规模经济效应。但这两项研究均以参与协同创新活动的研究机构为研究对象，不包括未参与协同创新的研究机构，尚无法得知参与协同创新对研究机构创新产出的具体影响。

现有研究多以协同创新主要参与主体为研究对象，鲜有实证分析探讨研究机构参与协同创新对其科技产出的具体影响。那么，中国农业科研院所创新模式现状如何？在当前农业科技协同创新的政策驱动下，农业科研院所是否加强了与其他机构在研究部门创新模式上的合作？参与协同创新对中国农业科研院所创新产出有何具体影响？对这些问题的回答对优化中国农业科研院所创新模式与提高其创新效率有着重要的政策和现实意义。本章试图利用中国农业科研院所微观数据，厘清中国农业科研院所创新模式现状，分析参与协同创新对农业科研院所创新产出的具体影响，为未来优化中国科研院所创新模式的政策制定提供实证依据。

6.1 研究方法

6.1.1 研究方法与模型构建

本章中农业科研院所创新模式分为独立创新与协同创新两种。从定义上看，二者区别在于是否存在与其他机构合办研究部门的情况。基于数据所限，现有关于研究机构协同创新的实证研究多依据创新产出成果的标注单位数或经费收入中外来资金情况来表征协同。例如，阿赛多等（Acedo et al.，2006）、郑等（Jeong et al.，2011）和兰恩（Raan，1998）利用发表的学术论文作者信息来判断研究人员间的合作模式；史烽等（2016）选用大学与企业联合发表的专利授权量作为大学—企业协同创新活动产出的指标；袁杰和陈华志（2014）以各地区高等学校研发经费筹集额中的企业资金来衡量产学研合作程度。从这一意义上，本章利用农业科研院所微观数据中涉及的研究部门创新模式来表征协同创新。

本章基于新增长理论的知识生产函数构建农业科研院所创新产出影响因素的实证模型。该理论强调知识的非竞争性和累积性，认为创新主体通过 R&D 投入可以生产出新知识，知识积累形成知识存量，知识存量又推动了技术创新，从而驱动经济增长（严成樑等，2010；张静、王宏伟，2017）。罗默（Romer，1990）首次提出知识生产不同于一般产品生产，除了研发劳动力，以往积累的知识资本也应是知识生产的要素之一。基于此，琼斯（Jones，1995）提出了如下形式的知识生产函数：

$$\dot{A} = \delta \times L_A^\lambda \times A^\varphi \qquad (6-1)$$

其中，$\dot{A}$ 表示新生产的知识（也叫知识流量）；A 表示知识存量；L_A 表示 R&D 人员；δ 是除 R&D 人员与知识存量之外，影响知识生产的其他因素。在此基础上，里韦拉和罗默（Rivera and Romer，1991）、琼斯和威廉姆斯（Jones and Williams，2000）用 R&D 经费而非 R&D 人员表示研发投入，并给出了 $\dot{A} = \delta \times R_A^\lambda \times A^\varphi$ 形式的知识生产函数，其中 R 表示 R&D 经费。

考察参与协同创新对农业科研院所创新产出的具体影响是本章的一个主要任务。由于农业科研院所参与协同创新和当年创新产出之间可能相互影响，无法直接估计当年参与协同创新对同期创新产出的实际影响。考虑到我们可获得的数据仅包含农业科研院所在 2009 年、2012 年和 2015 年的创新模式，我们使用农业科研院所滞后三年的创新模式代替当期创新模式变量，以减少后者与当年创新产出间可能存在的内生性。基于此并借鉴严成樑等（2010）的研究，本章构建如下形式的知识生产函数：

$$\ln Knowledge_{it} = \beta_0 + \beta_1 \times \ln L_{it} + \beta_2 \times \ln R_{it} + \beta_3 \times \dot{Knowledge}_{it} + \beta_4 \times Cooper_{i,t-3} +$$
$$\beta_5 \times Lab_{it} + \beta_6 \times Intensity_{it} + \beta_7 \times Year_t + \gamma \times X + \beta_8 \times D_i + \varepsilon_{it}$$

$$(6-2)$$

其中，模型的被解释变量 $Knowledge_{it}$ 为科研院所 i 在第 t 年（$t=2012$ 和 2015）的创新产出；模型的关键解释变量 $Cooper_{i,t-3}$ 表示科研院所 i 在第 $t-3$ 年（$t=2009$ 和 2012）的创新模式，如果第 $t-3$ 年该院所与国外研究机构、高等院校、其他独立研究机构或企业等机构合办研究部门，该值为1，否则为 0；L_{it} 为科研院所 i 在第 t 年 R&D 人员投入，分别用 R&D 人员数和 R&D 人员折合全时工作量来表示；R_{it} 为科研院所扣除人员费用之后的 R&D 经费，并按消费者价格指数进行平减；$Knowledge_{it}$ 为知识存量，以科研院所学术出版物和发明专利等创新产出的存量来表示；Lab_{it} 反映创新基础平台，如果当年科研院所内设国家（重点/工程）实验室或国家工程（研究/技术研究）中心，该值为 1，否则为 0；$Intensity_{it}$ 表示各省 R&D 经费投入强度（即 R&D 经费投入占 GDP 总量的百分比）；向量 X 表示农业科研院所的层级、法人性质等其他控制变量；D_i 为农业科研院所个体虚拟变量，用来控制其他不随时间改变的个体固定效应。

借鉴以往研究，本章从学术出版物和专利两方面来测度农业科研院所创新产出。在中国，一项发明专利从申请、受理到最后获得授权要经过相当长一段时间，因此在针对区域或企业创新能力的研究中，使用发明专利申请数量来表示新生产的知识是比较通行的做法。在针对研究机构创新能力的研究中，袁杰和陈华志（2014）使用各地区 SCI、EI、ISTP 期刊论文篇数代表地区高等院校的竞争力；陈光华等（2014）使用专利申请数量和论文发表数量作为合作研发项目的产出指标。为此，本章根据数据特点，使用国内发表科技论文数量、国外发表科技论文数量、出版科技著作数量和发明专利申请数量四个指标测度农业科研院所的创新产出（$Knowledge$）。

6.1.2 知识存量测算

目前基于新增长理论的知识生产函数主要采用永续盘存法估算知识存量，本章采用这种方法测算学术出版物的存量，具体为：

$$Knowledge_{i,t+3} = (1-d) \times Knowledge_{it} + P_{it}, t = 2006, 2009, 2012 \quad (6-3)$$

$$Knowledge_{i,2006} = P_{i,2006}/(d+g_i) \quad (6-4)$$

其中，P_{it} 表示第 i 个农业科研院所第 t 年新发表的学术论文和论著，也称为学术出版物流量；d 表示知识存量的折旧率，本章根据以往研究经验将其设为 10% 和 15%，确定学术出版物存量核算可能的区间；g_i 本应为第 i 个农业科研院所在 2006 年、2009 年、2012 年和 2015 年学术出版物流量每三年增长率的平均值，但由于我们仅有农业科研院所 4 年创新产出数据，部分科研院所产出数据波动较大，导致学术出版物存量出现了负值，故这里统一使用 2006 年、2009 年、2012 年和 2015 年第 i 个农业科研院所所属省份和层级（国家级、省级和地市级）的学术出版物流量每三年增长率的平均值来代替。

根据数据特点，我们使用农业科研院所拥有的有效发明专利总数来衡量发明专利存量。尽管我们同样尝试了使用永续盘存法估算发明专利总数，但由于我们仅有 4 年农业科研院所数据，且部分科研院所在有些年份发明专利申请量极少甚至为零，导致这样计算的发明专利存量出现大量负值。因此，我们采用"拥有有效发明专利总数"减去"本年发明专利授权数"得到各农业科研院所历年发明专利存量数据。郑等（2011）的研究中就以研究人员之前发表的 SCI 期刊论文总数作为其学术能力的代理变量。

6.2 数据来源及研究样本

6.2.1 数据来源

本章所用数据来自科技部 2006 年、2009 年、2012 年和 2015 年农业行业《科学研究与技术开发机构调查表》，该项调查囊括全国地市级以上（含地市级）农业部门所属的全部科研院所。本章仅涉及其中有明确研究方向、稳定学术梯队且在国内外具备一定学术影响力的研究机构。[1]

---

[1] 本章的关键变量——机构创新模式来自调查表中的机构重点发展学科信息，而该信息针对的是机构内部有明确研究方向、稳定学术梯队且在国内外具备一定学术影响力的研究部门，故本章将研究样本限定在有明确研究方向、稳定学术梯队且在国内外具备一定学术影响力的研究机构范围内，即调查中存在研究部门组织模式信息的机构。

由于每年调查囊括的农业科研院所样本略有变化，最终我们获得的是 4 年非平衡面板数据。知识存量测算结果易受科研院所创新产出极值的影响，为减少部分科研院所在个别年份可能存在的产出极值影响，本章仅使用追踪三年以上的 413 个农业科研院所样本。其中，332 个农业科研院所包含在 2006 年、2009 年、2012 年和 2015 年每年的调查中，81 个机构仅涉及其中三年的调查。如表 6-1 所示，样本中大部分科研院所为省级和地市级机构，国家级科研院所仅 55 家，且地市级科研院所样本数量呈明显增加趋势。

表 6-1　　　　　　　　　农业科研院所样本情况

项目		总计	2006 年	2009 年	2012 年	2015 年
研究机构总数（家）		413	364	397	408	402
按层级（%）	国家级	13	15	14	13	13
	省级	61	62	62	62	62
	地市级	26	24	24	25	25

调查内容包括机构基本概况、R&D 人员与经费支出、科技产出、重点发展学科等信息。需要说明的是，我们可获取的数据仅包含 2009 年、2012 年和 2015 年机构的重点发展学科信息。本章在讨论研究机构的创新模式时使用重点发展学科信息中涉及的研究部门组成形式来衡量，即是否存在与其他机构合办研究部门的情况。

6.2.2　R&D 投入与创新产出

学术出版物和专利是农业科研院所创新产出的主要表现形式。如表 6-2 所示，2006 年、2009 年、2012 年和 2015 年，所有涉及的农业科研院所均有科技论文产出，86% 的科研院所申请了专利，78% 的科研院所申请了发明专利，80% 的科研院所获得专利授权且有效发明专利总数大于 0，但仅有 42% 的科研院所获得植物新品种权。这也表明，本章使用学术出版物数量和发明专利申请数量两个指标测度农业科研院所的创新产出是合理的。

表6-2　2006~2015年农业科研院所创新产出大于0的样本情况

项目	总数	占总样本比例（%）
科技论文或科技著作数量>0	413	100
国内发表科技论文	413	100
国外发表科技论文	286	69
科技著作	281	68
专利申请受理总数>0	357	86
其中：发明专利>0	322	78
专利授权数>0	330	80
其中：发明专利>0	295	71
有效发明存量>0	330	80
植物新品种授予数>0	172	42

2006~2015年中国农业科研院所R&D投入快速增长，其中R&D经费增长更为显著，国家级科研院所在R&D资源占有上具有绝对优势。如表6-3所示，平均每个农业科研院所R&D人员数从2006年的63人增至2015年的93人，增长48%；扣除人员费用的R&D经费内部支出则从2006年的422万元增至2015年的1085万元，增长1.6倍。国家级农业科研院所拥有最多的R&D资源，平均每个国家级院所拥有162个R&D人员，是省级和地市级机构的两倍多；2006年、2009年、2012年和2015年平均每个国家级院所的R&D经费内部支出为2127万元，是同期省级机构的近3倍，是地市级机构的近8倍。

表6-3　2006~2015年农业科研院所R&D投入与创新产出情况

	项目	按年份				按层级		
		2006	2009	2012	2015	国家级	省级	地市级
R&D投入	R&D人员数（人）	63	77	88	93	162	72	57
	R&D人员折合全时工作量（人/年）	55	66	76	82	144	62	50
	R&D经费内部支出（万元）[a]	422	738	994	1085	2127	750	278
科技产出	学术出版物总数	45	52	54	56	127	46	25
	国内发表科技论文（篇）	41	46	45	43	92	41	24
	国外发表科技论文（篇）	1.9	4.2	7.7	11.8	30.1	3.7	0.7
	科技著作（部）	1.5	1.6	1.4	1.7	4.4	1.4	0.5
	申请专利总数（件）	2.0	5.0	8.3	14.7	21.9	6.7	2.3
	其中：发明专利（件）	1.2	3.3	5.7	8.8	13.1	4.5	1.2

注：a 不含人员费，下同。

2006~2015年全国农业科研院所国外发表科技论文数量和专利申请数量迅速增长,其中,国家级科研院所科技产出数量遥遥领先于省级和地市级科研院所。如表6-3所示,平均每个农业科研院所国外发表科技论文数量从2006年1.9篇增至2015年的11.8篇,增长5倍;专利申请数量从2006年的2件增至2015年的14.7件,增长6倍;而同期国内发表科技论文数量和科技著作数量仅分别增长5%和13%。这可能与近年来科研评价体系越来越重视SCI期刊论文发表有关。国家级农业科研院所在所有类型的科技产出上均具有显著的数量优势,尤其在国外发表科技论文和专利申请方面。2006年、2009年、2012年和2015年平均每个国家级农业科研院所国外发表科技论文数达30.1篇,分别为同期省级和地市级农业科研院所的8倍和43倍,专利申请数量则为同期省级和地市级机构的3倍和10倍。

6.2.3 创新模式

中国农业科研院所与其他机构合办研究部门的比例较高,且主要表现在与国内其他独立研究机构的协同创新方面。如表6-4所示,近1/3的农业科研院所存在与其他机构合办研究部门的情况,且有大约1/5的农业科研院所与国内其他独立研究机构合作成立研究部门,与企业及境外机构协同创新的比例不足10%。从时间趋势来看,近年来中国农业科研院所加强了与国内其他独立研究机构的协同创新,2009年20%的科研院所存在与国内其他独立研究机构合办研究部门的情况,该比例在2015年升至23%,而与境外机构、国内高等院校、企业等的协同创新比例未见增加。

表6-4　2009~2015年农业科研院所与其他机构合办研究部门的情况　单位:家

年份	合办	按合办类型			
		与境外机构	与国内高等院校	与国内独立研究机构	与企业
2009	31	4	9	20	5
2012	27	2	7	19	4
2015	31	3	8	23	4

总体来看，与采取独立创新模式的农业科研院所相比，参与协同创新的科研院所在各项创新产出方面均具有显著优势。如表 6-5 所示，2009 年、2012 年和 2015 年平均每个参与协同创新的农业科研院所年产 88 篇学术出版物，而未参与协同创新的科研院所平均每年学术出版物总数为 47 篇，显著比前者少。平均每家参与协同创新的科研院所每年申请发明专利 10 个，而采取独立模式的科研院所年申请量仅为 5 个。即使按与境外机构协同、与国内高等院校协同、与国内独立研究机构协同和与企业协同等不同协同创新模式，采取独立创新模式的农业科研院所在各项创新产出上也具有显著劣势。

表 6-5　　2009~2015 年独立与合办农业科研院所科技创新产出情况

项目	按是否合办 是	按是否合办 否	按是否与境外机构合办 是	按是否与境外机构合办 否	按是否与国内高等院校合办 是	按是否与国内高等院校合办 否	按是否与国内独立研究机构合办 是	按是否与国内独立研究机构合办 否	按是否与企业合办 是	按是否与企业合办 否
学术出版物总数	88***	47	163***	56	92***	56	81***	54	129***	56
国内发表科技论文	69***	40	122***	46	69***	46	64***	44	92***	46
国外发表科技论文	17***	6	38***	8	20***	8	15***	8	34***	8
科技著作	3***	1	3**	2	3***	2	2**	2	3***	2
申请专利总数	15***	9	23***	10	18***	10	13**	10	27***	10
发明专利	10***	5	19***	6	12***	6	9***	6	17***	6

注：**、*** 分别表示在 5% 和 1% 的显著性水平下显著。

6.2.4　知识存量

根据第 6.1.2 节中介绍的知识存量测算方法，我们计算了 2006 年、2009 年、2012 年和 2015 年农业科研院所学术出版物存量和发明专利存量，统计结果见表 6-6。学术出版物存量和发明专利存量均呈显著增加趋势，2006~2015 年间前者增加了 44%~48%，后者增加了近 9 倍。从不同层级来看，国家级农业科研院所的创新产出存量占据绝对优势，平均每家国家级科研院所学术出版物存量为 332~391 篇，发明专利存量为 21 件，为省级和地市级机构的两倍以上。

表6-6　　　　　　　　2006~2015年农业科研院所知识存量

项目		学术出版物存量（折旧率15%）	学术出版物存量（折旧率10%）	发明专利存量（件）
按年份	2006	139	174	2
	2009	155	192	4
	2012	179	218	7
	2015	206	250	19
按层级	国家级	332	391	21
	省　级	158	191	7
	地市级	114	155	2

6.3　农业科研院所创新产出影响因素的实证分析

尽管在描述性统计结果中发现，与采取独立创新模式的农业科研院所相比，参与协同创新的科研院所在各项创新产出方面均具有显著优势，但农业科研院所创新产出还受其他因素影响，因此需要构建计量经济模型，利用多元回归分析方法来揭示农业科研院所创新模式对其创新产出的具体影响。由于农业科研院所的不可观测因素可能同时对其学术出版物产出数量和专利申请数量产生影响，我们采用似不相关回归模型估计式（6-2）。同时，为了控制不随时间变化的不可观测因素对农业科研院所创新产出的影响，我们在式（6-2）中引入农业科研院所个体固定效应（D_i）。表6-7列出了式（6-2）中使用变量的统计描述结果。表6-8列出了两种知识存量折旧率（10%和15%）和两种人员投入（R&D人员数和R&D人员折合全时工作量）下的估计结果。模型估计结果显示，式（6-2）表现出良好的稳定性和一致性，表6-8第（1）列至第（4）列的估计系数大小和方向基本一致。模型估计R^2为0.87，表明模型拟合度良好。

表6-7　　　　　　　　　　变量统计描述

	项目	均值	标准差	最小值	最大值
产出	国内发表科技论文数（篇）	48	68	0	698
	国外发表科技论文数（篇）	12	32	0	292
	科技著作数量（部）	2	4	0	38
	发明专利申请数（件）	8	18	0	265
投入	R&D人员数（人）	100	136	4	1300
	R&D人员全时当量（人·年）	87	115	3	1037
	R&D经费内部支出（万元，不含人员费）	1197	2462	0	28302
	学术出版物存量（折旧率10%）	263	386	0	3500
	学术出版物存量（折旧率15%）	216	314	0	2817
	发明专利存量（项）	15	44	0	712
	三年前是否协同创新（1=是；0=否）	0.3	0.5	0.0	1.0
	R&D经费投入强度（%）	1.8	1.2	0.3	6.0
	2015年（1=是；0=否）	0.5	0.5	0.0	1.0
	内设国家（重点/工程）实验室和国家工程（研究/技术研究）中心（1=是；0=否）	0.3	0.4	0.0	1.0
	国家级科研院所（1=是；0=否）	0.2	0.4	0.0	1.0
	省级科研院所（1=是；0=否）	0.6	0.5	0.0	1.0
	企业法人（1=是；0=否）	0.0	0.2	0.0	1.0

估计结果表明，农业科研院所参与协同创新对其国外发表科技论文和申请发明专利有显著促进作用，但对其出版学术著作无显著影响，对其国内发表科技论文有显著负影响。如表6-8所示，当因变量为国外发表科技论文数量时，滞后三年的协同创新模式变量系数分别为2.03、2.04和2.05，且在1%的统计水平上显著，表明三年前与其他机构合办研究部门将使农业科研院所国外发表科技论文数显著增加近7倍。当因变量为发明专利申请数时，滞后三年的创新模式变量系数同样显著为正，表明三年前与其他机构合办研究部门将使农业科研院所发明专利申请受理数显著增加2倍。当因变量为科技出版物数量时，滞后三年的创新模式变量估计系数为负，但统计上不显著，表明三年前与其他机构在创新模式上的合作并未

表 6-8 农业科研院所创新产出的影响因素分析：基于似不相关回归的估计

项目	ln（国内发表科技论文数量） (1)	(2)	(3)	(4)	ln（国外发表科技论文数量） (5)	(6)	(7)	(8)	ln（国外发表科技论文数量） (9)	(10)	(11)	(12)	ln（发明专利申请数） (13)	(14)	(15)	(16)
ln（R&D人员数）	0.169 (0.90)	0.016 (0.09)	0.169 (0.90)	0.016 (0.09)	-0.629 (1.11)	-0.491 (0.95)	-0.629 (1.11)	-0.492 (0.95)	1.089* (1.65)	1.217** (2.01)	1.089* (1.65)	1.217** (2.01)	0.969* (1.77)	0.279 (0.55)	0.970* (1.77)	0.278 (0.55)
ln（R&D人员全时当量）		-0.055 (0.81)	-0.055 (0.81)	-0.035 (0.51)	0.247 (1.20)	0.234 (1.14)	0.247 (1.20)	0.235 (1.14)	0.192 (0.80)	0.160 (0.67)	0.192 (0.80)	0.160 (0.67)	-0.132 (0.66)	-0.042 (0.21)	-0.132 (0.66)	-0.042 (0.21)
ln（R&D经费内部支出）	0.048 (0.56)	0.046 (0.54)		-0.035 (0.51)	0.198 (0.77)	0.195 (0.76)		0.190 (0.73)		-0.102 (0.34)		-0.103 (0.34)	1.148*** (4.61)	1.141*** (4.56)		1.146*** (4.57)
ln（折旧率为15%的学术出版物存量）			0.050 (0.58)	0.048 (0.56)			0.193 (0.75)				-0.118 (0.39)				1.153*** (4.61)	
ln（折旧率为10%的学术出版物存量）	0.068*** (6.05)	0.068*** (6.00)	0.068*** (6.05)	0.068*** (6.00)	0.109*** (3.22)	0.110*** (3.22)	0.109*** (3.22)	0.110*** (3.22)	-0.017 (0.42)	-0.016 (0.40)	-0.017 (0.42)	-0.016 (0.40)	0.189*** (5.76)	0.187*** (5.67)	0.190*** (5.78)	0.188*** (5.69)
ln（发明专利存量）	-0.681*** (3.28)	-0.684*** (3.29)	-0.681*** (3.27)	-0.683*** (3.28)	2.045*** (3.25)	2.035*** (3.24)	2.043*** (3.25)	2.033*** (3.23)	-0.831 (1.14)	-0.798 (1.09)	-0.831 (1.14)	-0.799 (1.09)	1.055* (1.74)	1.048* (1.72)	1.057* (1.74)	1.050* (1.72)
三年前是否参与协同创新	-0.849 (1.52)	-0.821 (1.47)	-0.850 (1.52)	-0.821 (1.47)	-1.663 (0.99)	-1.663 (0.99)	-1.661 (0.99)	-1.662 (0.98)	3.270* (1.67)	3.182 (1.62)	3.270* (1.66)	3.182 (1.62)	-0.876 (0.54)	-0.760 (0.46)	-0.872 (0.53)	-0.756 (0.46)
R&D经费投入强度	-0.206* (1.85)	-0.208* (1.87)	-0.207* (1.86)	-0.209* (1.88)	0.780** (2.32)	0.797** (2.37)	0.780** (2.32)	0.797** (2.37)	-0.739* (1.89)	-0.774** (1.98)	-0.738* (1.88)	-0.773** (1.98)	0.672** (2.07)	0.655** (2.01)	0.662** (2.03)	0.645** (1.98)
2015年	-0.502* (1.82)	-0.489* (1.77)	-0.502* (1.82)	-0.489* (1.77)	1.829** (2.19)	1.814** (2.18)	1.829** (2.19)	1.814** (2.17)	-1.120 (1.15)	-1.123 (1.16)	-1.120 (1.15)	-1.123 (1.16)	-0.068 (0.08)	-0.007 (0.01)	-0.072 (0.09)	-0.010 (0.01)
内设国家实验室和国家工程中心	1.581 (1.23)	1.514 (1.18)	1.596 (1.24)	1.528 (1.19)	11.487*** (2.97)	11.505*** (2.97)	11.521*** (2.97)	11.539*** (2.97)	-1.104 (0.24)	-0.938 (0.21)	-1.131 (0.25)	-0.963 (0.21)	3.936 (1.05)	3.649 (0.97)	4.206 (1.12)	3.916 (1.04)
国家级科研所	0.778 (0.81)	1.012 (1.05)	0.784 (0.81)	1.018 (1.06)	9.231*** (3.16)	9.053*** (3.11)	9.264*** (3.13)	9.086*** (3.13)	-4.372 (1.29)	-4.652 (1.37)	-4.389 (1.29)	-4.667 (1.38)	3.117 (1.11)	3.117 (1.11)	2.244 (0.80)	3.289 (1.17)
省级科研院所	-0.196 (0.23)	-0.239 (0.28)	-0.196 (0.23)	-0.239 (0.28)	-0.567 (0.22)	-0.520 (0.20)	-0.566 (0.22)	-0.519 (0.20)	6.195** (2.08)	6.210** (2.09)	6.195** (2.08)	6.210** (2.09)	0.732 (0.30)	0.533 (0.22)	0.731 (0.30)	0.532 (0.21)
企业法人	2.971*** (3.05)	3.353*** (3.56)	2.946*** (2.99)	3.328*** (3.49)	-12.400*** (4.21)	-12.828*** (4.50)	-12.444*** (4.18)	-12.871*** (4.46)	-16.219*** (4.73)	-16.319*** (4.92)	-16.176*** (4.66)	-16.280*** (4.85)	-17.174*** (6.04)	-15.419*** (5.58)	-17.594*** (6.11)	-15.831*** (5.66)
常数项																
N	626	626	626	626	626	626	626	626	626	626	626	626	626	626	626	626
R^2	0.866	0.866	0.866	0.866	0.866	0.866	0.866	0.866	0.866	0.866	0.866	0.866	0.866	0.866	0.866	0.866

注：为节省篇幅，个体固定效应估计值未在此列出；*、**和***分别表示在10%、5%和1%的显著性水平下显著，括号内为 t 值绝对值。

显著影响其学术著作出版。而当因变量为国内发表科技论文数量时，滞后三年的创新模式变量估计系数显著为负，表明三年前与其他机构在创新模式上的合作对其发表中文科技论文有阻碍作用。这可能的解释是农业科研院所参与协同创新有利于提升自身科研水平，从而将 R&D 资源转向了更高质量的创新产出。

知识积累显著影响农业科研院所创新产出。如表 6-8 所示，当因变量为发明专利申请数时，学术出版物存量的估计系数分别为 1.14、1.15，发明专利存量的估计系数为 0.19，且均在 1% 的统计水平上显著，表明在学术出版物和发明专利方面的积累均对农业科研院所申请发明专利有显著促进作用。当因变量为国内外科技论文发表数量时，发明专利存量的估计系数显著为正，但学术出版物存量估计系数统计上不显著，表明农业科研院所在发明专利上的积累对其发表国内外期刊论文有显著促进作用，但在学术出版物上的积累对其科技论文发表无显著影响。当因变量为科技著作数量时，学术出版物存量和发明专利存量的估计系数统计上均不显著，表明学术上的积累并未对农业科研院所出版科技著作有显著促进作用。

当期投入对中国农业科研院所创新产出的影响并不明显。如表 6-8 所示，当因变量为科技著作数量时，当期投入变量中 R&D 人员和 R&D 经费支出的估计系数均为正，但仅前者统计上显著，表明农业科研院所当期 R&D 人员投入对当期出版科技著作有显著促进作用，但当期经费投入对其科技著作出版无显著影响。当因变量为发明专利申请数时，当期投入变量中仅 R&D 人员数估计系数为正且在统计上显著，表明农业科研院所当期 R&D 人员数量对其当期专利申请有显著促进作用，但当期 R&D 人员全时当量和当期经费投入对其当期专利申请无显著影响。当因变量为国内外科技论文发表数量时，所有当期投入变量均不显著，表明农业科研院所当期 R&D 投入未显著影响其科技论文发表。

模型估计结果同时表明创新平台对农业科研院所国外科技论文发表有显著促进作用。如表 6-8 所示，当因变量为国外发表科技论文数量时，Lab 系数为 1.8，且在 5% 的统计水平上显著，国家级和省级科研院所的估计系数也显著为正。这表明在其他变量保持不变的情况下，如果农业科研院所内设国家实验室或国家工程中心，其国外发表科技论文数量增加

180%，同时国家级和省级农业科研院所在国外科技论文发表方面具有显著优势。但当因变量为国内科技论文数量、科技著作出版数量和发明专利申请数时，国家实验室或国家工程中心、国家级和省级农业科研院所等因素并未表现出显著的促进作用。

6.4 本章小结

本章利用中国农业科研院所微观数据，分析中国农业科研院所创新模式现状，同时基于新增长理论的知识生产函数构建农业科研院所创新产出影响因素的实证模型，考察参与协同创新对农业科研院所创新产出的具体影响。研究结论主要包括：

（1）描述性统计结果显示，中国农业科研院所与其他机构合办研究部门的比例较高，参与协同创新的农业科研院所在各项创新产出方面均具有显著优势。

（2）多元回归分析结果进一步验证了农业科研院所参与协同创新对其国外发表科技论文和申请发明专利有显著促进作用，若三年前与其他机构合办研究部门将使其国外发表科技论文数显著增加7倍、发明专利申请受理数显著增加2倍，但并未显著影响其学术著作出版，且对其国内发表科技论文有显著负影响。

（3）知识积累显著影响农业科研院所创新产出，而当期投入对中国农业科研院所创新产出的影响并不明显，创新平台对农业科研院所国外科技论文发表有显著促进作用。

第7章

协同创新模式对中国农业科研院所创新产出的影响

《国家中长期科学和技术发展规划纲要（2006—2020年）》提出"积极推动协同创新，构建高等院校、科研院所和企业深度合作的协同创新战略联盟"，强调协同创新在建设创新型国家中的重要地位。"十三五"规划以及《国家创新驱动发展战略纲要》均强调协同创新对建立创新驱动型国家的重要作用，将协同创新提高到国家战略层面。协同创新是以资源在创新主体间双向流动为基础，以目标协同为导向，并最终实现协作共赢的创新模式，可实现创新主体间技术、人才和资源的耦合互动，从而完善研发体系、拓宽研发存量，在开展研发活动时也更易实现知识资源的迭代更新。近年来，中国农业科研院所研发投入持续增加，但创新产出的年均增速却逐渐放缓，甚至出现了负增长，造成这一现象的主要原因在于中国农业科研院所创新开放程度不够（于丽萍等，2014），因此，农业科研院所在开展创新活动时应加强对协同创新的重视。同时，研发人员是农业科研院所在协同创新过程中实现对其他创新主体知识技术内化吸收的关键，研发经费是保证将内化的知识用于产业化的保障。基于此，协同创新对农业科研院所创新产出的影响是否一定是线性的？协同创新发挥其效力的关键是否需要满足一定的研发禀赋结构？这些都是需要进行实证研究才能回答的问题。

安索夫（Ansoff，1965）首次对协同的概念进行了界定，认为协同是创新主体基于知识互换、资源共享，进而创造价值的过程。在此基础上，哈肯（Haken，1983）指出协同是包含多个相互联系、相互作用子系统的复杂系统。切斯布鲁夫（Chesbrough，2003）认为，开放式创新模式是指创新主体各方基于自身研发存量动态性的互补演进，进而形成一个整体性的契约联盟，实现多方参与、共建创新平台进而共同研发的效果。现代科技创新更需要协同创新，而非简单的合作研发（洪银兴，2014）。协同创新模式通过沟通协作、多方位交流协作的方式实现了研发活动跨主体的合作，对研发机构发展有积极的作用。科研院所与高等院校协同可以使双方优势互补、资源相互依赖，降低研发风险、获得规模经济，并实现知识共享，提高资源利用效率（张少颖，2009；陈劲、阳银娟，2012）；科研院所与企业协同创新，有利于科技成果转化率较低的科研院所和研发能力较差的企业进一步发展。协同创新通过对外部研发资金的获取、对外部技术知识的消化吸收，进而拓宽自身研发存量，降低因研发资金、技术短缺带来的压力，有利于更为高效地开发新产品，增强市场竞争力；协同创新通过各主体的协作，分散了研发风险（Okamuro，2007），有助于企业生产效率的提升（肖丁丁、朱桂龙，2013）。与此同时，也有学者认为，协同创新的目标导向机制决定了创新联盟缺乏弹性且协同创新的可持续性较差，短期内在创新主体研发体系不健全的情况下，知识难以完全内化（Das and Teng，2000）；科研院所与其他组织协同创新过程中，存在利益不均、目标导向不一致等难以协同的困境（崔倩，2013）。此外，基于资源依赖的观点，协同创新系统中，资源和技术存量较高的一方拥有更高的协商能力，会导致协同创新系统的协商力量呈现不均衡现象，因此出现冲突的概率很高，也容易损害各方的关系；在技术转移和资源配置的过程中，各方的技术存量又会产生新一轮的变化，这个变化过程也会伴随很多冲突。

通过以上分析不难看出，目前学术界关于协同创新对创新产出影响的研究尚未达成一致结论；同时，多数研究侧重于理论分析，实证研究较少，且从研究方法来看，少有的实证研究也忽略了由于研发禀赋结构差异导致的协同创新与创新产出之间的非线性问题，波恩兹坦（Borenztein，1995）称之为"门槛效应"，即当创新主体研发禀赋结构超过一定的"门槛"值，协同创新才能对创新产出有显著的促进作用，现阶段关于门槛回归的研究相对较为成熟，如李梅和柳士昌（2012）研究了外商直接投资（FDI）与技术溢出之间的"门槛效应"；刘彬彬等（2014）研究了社会资本与农民收入之间的"门槛效应"。基于此，本章使用门槛回归，选用中国 30 个省份农业科研院所 2009～2015 年的面板数据构建动态面板门槛回归模型，以研发禀赋结构为门槛变量，实证检验协同创新对中国农业科研院所创新产出的影响。

7.1 研究设计

7.1.1 理论分析与模型构建

现有关于创新活动的相关研究（Beneito et al.，2015；Chiara et al.，2016）多以 C－D 生产函数为基本模型。中国农业科研院所在开展创新活动过程中将投入的人力、资本和技术等要素转化为专利、专著及论文等创新产出，呈现知识生产的特点，因此，中国农业科研院所创新活动属于知识生产活动。基于 C－D 生产函数，构建中国农业科研院所创新活动模型如下：

$$\ln Y_{it} = \beta_0 + \beta_1 \ln K_{it} + \beta_2 \ln L_{it} + \beta_3 \ln coll_{it} + \mu_{it} \qquad (7-1)$$

其中，K 为研发经费投入；L 为研发人员投入；Y 为农业科研院所创新产出。将区域因素、宏观外部环境因素作为虚拟变量，控制这些因素对中国农业科研院所创新产出的影响后，可以看出，农业科研院所创新产出不断增加的关键，在于研发过程中新技术、新知识的不断投入和人力资源水平及经费结构的完善。影响农业科研院所创新产出的因素主要包括两个部分：一部分是研发经费投入与研发人员投入；另一部分主要是 $lncoll$，基于知识学习理论，本章用创新模式近似代替。

在设定门槛效应模型之前，我们首先对其机理进行简要分析。本章定义：研发禀赋结构＝研发经费存量/研发人员数量。协同创新主要强调创新主体间资金、知识和人才的耦合互动，协同创新对农业科研院所创新产出的影响与其研发禀赋结构息息相关。第一，当农业科研院所研发禀赋结构不合理时，有两种情况：（1）研发资金过多，研发人员过少。此时，农业科研院所限于人力资源不足，难以有效吸收利用协作方的知识、技术，会影响协同创新的效力，这种情况下，农业科研院所的首要任务在于加强对人力资源的引进与培训。（2）研发资金过少，研发人员太多。此时，农业科研院所的人力资源结构可以实现对协作方知识、技术的有效吸收，但限于资金缺乏，难以将消化吸收的隐性知识、技术编码为适合自身发展的显性知识，更难以将新技术、新知识运用到研发活动中，影响协同创新的效力。这种情况下，农业科研院所应集中精力承担国家重点任务，强化对研发活动的资金投入。第二，当农业科研院所研发禀赋结构合理时，农业科研院所开展协同创新模式可实现各协同主体人才结合、技术互补、资源配置和效益双赢，充分发挥主体各方优势资源互补，实现多方共赢态势（仲伟俊等，2009），在一定程度上缓解资金来源单一、研发开放性不足等问题（庞长伟，2016），进而显著提高农业科研院所的创新产出。基于此，提出以下研究假说。

研究假说：研发禀赋结构偏高或偏低时，选择协同创新模式难以实现农业科研院所创新产出的提高；研发禀赋结构适宜时，协同创新才能有效提高农业科研院所的创新产出。

在理论分析的基础上，为解决因"门槛效应"存在所导致的非线性问题，在汉森（Hansen，1999）研究的基础上，将当期创新产出受滞后期影响问题考虑在内，本章以农业科研院所研发禀赋结构为门槛变量，构建动态面板"双门槛"回归模型如下：

$$\ln innov_{it} = \beta_1 \ln coll_{it} I(endow_{it} \leq \theta_1) + \beta_2 \ln coll_{it} I(\theta_1 < endow_{it} \leq \theta_2) + \beta_3 \ln coll_{it}(endow_{it} \geq \theta_2) + \alpha_1 \ln innov_{i,t-1} + \alpha_2 \ln endow_{it} + \alpha_3 \ln K_{it} + \alpha_4 \ln L_{it} + region_{it} + time_{it} + \mu_i + \varepsilon_{it} \quad (7-2)$$

为进行对照分析，本章同时构建无门槛效应动态面板回归模型如下：

$$\ln innov_{it} = \beta_1 \ln coll_{it} + \alpha_1 \ln innov_{i,t-1} + \alpha_2 \ln K_{it} + \alpha_3 \ln L_{it} + region_{it} + time_{it} + \mu_i + \varepsilon_{it} \quad (7-3)$$

其中，θ_1 和 θ_2 为待估计的门槛值；$I(\cdot)$ 为指标函数；μ_i 为不随时间变化的各省份截面的个体差异；ε_{it} 为随机干扰项，服从独立正态分布 $(0, \sigma^2)$；μ_i 表示随机效应。在进行动态门槛回归时，有两个关键问题须格外注意：一是回归结果中门槛值 θ_1 和 θ_2 的确定，本章使用 Stata15.0 的 xthreg[①] 命令进行回归得到，进而构建 F 统计量检验对原假设 $\theta_1 = \theta_2$ 进行检验，当原假设 $\theta_1 = \theta_2$ 成立时则表明门槛效应不存在，当 $\theta_1 \neq \theta_2$ 时则证明门槛效应存在。二是进行门槛估计值真实性检验，构造似然比统计量 LR，由于 LR 也是非标准的，根据汉森（1999）的研究，当样本容量足够大且 $LR > -2\log(1 - \sqrt{1-\alpha})$ 时，可以拒绝原假设，其中 α 代表显著性水平。

7.1.2 数据样本与变量说明

本章以中国农业科研院所为研究对象，实证检验协同创新对其创新产出影响的门槛效应。本章数据来源于《全国农业科技统计资料汇编》，数据类型为省级面板数据。由于本章研究的是农业科研院所创新产出问题，因此样本选取标准为农业科研院所应开展创新活动，同时对缺失数据较多的省份进行了舍弃，最终得到有效样本 30 个省份 2009~2015 年的平衡面板数据。

式（7-2）中，相关变量说明如下。

（1）关于协同创新模式（coll）的界定。协同创新以创新联盟为基本框架，强调人才结合、技术互补、资源配置和效益双赢。基于此，本章认定，2009~2015 年，若样本农业科研院所存在对外合作创新及共建创新平台等行为则视为开展协同创新，若无类似行为则视为开展独立创新，并将这些行为所引起的 R&D 外部支出视为协同创新强度。

（2）创新产出（innov）。多数研究使用专利授权量衡量创新产出，但农业科研院所作为知识产出型主体，论文、专著等也是衡量其创新产出的重要指标，因此，本章使用 TOPSIS 方法[②]对所涉及的专利数量、发表科技论文数量和出版科技著作数量三个产出变量进行评价，得到单一的产出变量，以此作为评价农业科研院所创新产出的指标。其中，农业科研院所本期的创新产出有可能受到上一期的影响，因此本章加入 $innov_{i,t-1}$，构建动

[①] 具体命令详见：help xthreg。
[②] 中国知网 CNKI.NET 共收录 7902 篇有关 TOPSIS 方法的文献（1989~2018 年），且呈现逐年递增的趋势；限于篇幅，方法步骤未列出。

态面板双门槛回归模型。

(3) 研发禀赋结构($endow$)。研发禀赋结构=研发经费存量/研发人员数量,其中,研发经费存量首先使用 CPI 指数平减,然后使用永续盘存法重新测算。

(4) 农业科研院所人力资源投入(L)。分别以博士研究生学历人数、硕士研究生学历人数和其他学历人数比例表示,用以衡量人力资源水平对创新产出的影响。

(5) 农业科研院所不同类型研发经费投入(K)。分别包括基础研究费用、应用研究费用和试验发展费用,用以衡量各类型研发经费投入对农业科研院所创新产出的影响。

(6) 虚拟变量($region$, $time$)。$region$ 是地区虚拟变量,本章将其划分为东部、中部和西部三个区域,用以消除区域差异对农业科研院所创新产出的影响;$time$ 是时间虚拟变量,以 2009 年为基期,用来衡量宏观外部环境对农业科研院所创新产出的影响。

各指标描述性统计分析如表 7-1 所示(限于篇幅,虚拟变量描述性结果未列出)。

表 7-1   式 (7-2)、式 (7-3) 各变量描述性分析

变量	平均值	标准差	最小值	最大值
创新产出	5.819	0.834	3.213	7.651
一阶滞后	5.781	0.829	3.213	7.623
研发禀赋结构	2.012	0.285	1.074	3.514
协同创新	2.784	3.704	0.010	10.479
基础研究	6.881	3.36	0.000	11.06
应用研究	9.499	1.473	0.000	12.35
试验发展	11.138	0.999	6.314	13.033
博士研究生学历	3.905	1.136	0.693	6.089
硕士研究生学历	5.001	0.819	1.099	6.479
其他学历	9.522	1.897	1.099	9.633

其中,$kfrd$、$kard$ 和 $kexpd$ 分别表示农业科研院所基础研究费用、应用

研究费用和试验发展费用；*lphd*、*lmaster* 和 *lelse* 分别表示农业科研院所博士研究生学历、硕士研究生学历和其他学历人数。基于描述性分析，以下三个结论值得注意：（1）农业科研院所外部研发经费投入平均值仅为 $e^{2.784}$，远远低于农业科研院所内部研发经费投入（*kfrd* + *kard* + *kexpd*）的 $e^{27.518}$，这表明，现阶段中国农业科研院所对协同创新的重视程度远远不够，协同创新力度处于较低的水平。（2）农业科研院所不同类型研发经费投入中，基础研究经费少于应用研究经费和试验发展经费，农业科研院所基础研究经费仅占经费总额的 5.15%，与近年来中国基础研究费用在研发经费总额中的比例（约为5%[①]）基本相同，同时，基础研究经费最小值为0，农业科研院所对基础研究的重视程度远远不够。（3）农业科研院所学历结构中，硕士研究生学历和博士研究生学历比重较大，符合农业科研院所的科研导向和知识导向，能发挥其在对新技术、新知识内化吸收方面的积极作用，有助于农业科研院所创新产出的提高。

7.2 协同创新模式对农业科研院所创新产出影响的实证分析

7.2.1 实证结果

本章使用 Stata15.0 的 xthreg 命令对式（7-2）进行实证研究。首先进行门槛效应检验。从表7-2可以看出，以研发禀赋结构为门槛变量，单门槛效应通过了5%显著性水平检验，双门槛效应通过了1%显著性水平检验，而多门槛效应未通过显著性检验，验证了式（7-2）的可靠性，因此使用双门槛模型进行回归是合理的。本章以研发禀赋结构为门槛变量，使用双门槛回归模型，旨在判断在不同研发禀赋结构（即低研发禀赋结构、高研发禀赋结构和中间研发禀赋结构）下，协同创新对中国农业科研院所创新产出的影响，以解决因"门槛效应"存在所导致的非线性问题。

[①] 科技部公开发布数据。

第 7 章　协同创新模式对中国农业科研院所创新产出的影响

表 7-2　门槛估计真实性检验

项目	单门槛检验	双门槛检验	多门槛检验
F 值	32.35**	31.473***	20.359
p 值	0.045	0.007	0.457
10%	4.315	2.379	11.224
5%	6.752	3.466	12.252
1%	9.372	7.527	23.253

注：** 和 *** 分别表示在5%和1%的显著性水平下显著。

对模型设定的合理性进行检验后，本章对 Stata15.0 回归得到的门槛值估计结果进行分析。如表 7-3 所示，以研发禀赋结构（endow）为门槛值，第一门槛值和第二门槛值的估计结果分别是 1.636 和 1.920，似然比值（LR）趋近于 0。同时，第一门槛值处于 [1.524, 1.710] 区间内以及第二门槛值处于 [1.886, 1.921] 区间内时，似然比值小于5%显著性水平下的临界值，在原假设接受域内，即两个门槛值都与实际门槛值相等（$\theta_1 = \theta_2$）。

表 7-3　双门槛值确定

门槛值	估计值	95%置信区间
第一门槛值	1.636	[1.524, 1.710]
第二门槛值	1.920	[1.886, 1.921]

在第一门槛值和第二门槛值估计结果的基础上，本章使用 Stata15.0 的 xthreg 命令对式（7-2）进行双门槛效应实证检验，得到以研发禀赋结构为门槛变量下协同创新对农业科研院所创新产出的双门槛回归结果，同时对式（7-3）进行估计，得到无门槛效应下协同创新对农业科研院所创新产出的影响，估计结果均见表 7-4（第一，限于篇幅，虚拟变量结果未列出；第二，本章使用式（7-2）、式（7-3）进行实证回归时，将人力资源结构和不同类型研发经费投入以比重形式表征，但未对数据有直观分析，表 7-1 的描述性分析未以比重形式表征）。

表7-4　　　　　　　　　式（7-2）、式（7-3）估计结果

双门槛回归			无门槛效应		
变量	系数	p值	变量	系数	p值
常数项	2.826***	0.000	常数项	1.996***	0.000
一阶滞后	0.505***	0.000	一阶滞后	0.130***	0.000
基础研究	0.040***	0.001	基础研究	0.014**	0.046
应用研究	0.030	0.209	应用研究	0.042	0.744
试验发展	-0.079	0.143	试验发展	-0.174	0.327
博士研究生学历	0.044**	0.042	博士研究生学历	0.053*	0.053
硕士研究生学历	0.186*	0.100	硕士研究生学历	0.289*	0.072
其他学历	0.042	0.799	其他学历	0.056	0.804
协同创新（endow≤1.636）	-4.632***	0.000	协同创新	0.075*	0.046
协同创新（1.636<endow≤1.920）	0.018**	0.050			
协同创新（endow>1.920）	-0.014**	0.044			

注：*、**和***分别表示在10%、5%和1%显著性水平下显著。

7.2.2　结果分析

从表7-4的回归结果来看，（1）无门槛效应时，协同创新能显著提高农业科研院所的创新产出；以农业科研院所研发禀赋结构作为门槛变量时，协同创新与农业科研院所创新产出之间存在显著的非线性关系，其原因在于协同创新有助于提升农业科研院所创新产出（无门槛效应回归结果）。然而，根据双门槛效应的回归结果，协同创新对农业科研院所创新产出的影响受到农业科研院所研发禀赋结构的制约与影响。双门槛回归结果表明：当endow≤1.636时，协同创新对农业科研院所创新产出影响的系数为-4.632，且在1%显著性水平上显著；当endow>1.920时，其系数为-0.014，通过了5%显著性水平的检验；当1.636<endow≤1.920时，协同创新对农业科研院所创新产出影响的系数为0.018，通过了5%显著性水平的检验，本章研究假说得到验证，即研发禀赋结构偏高或偏低时，选择

协同创新模式难以实现农业科研院所创新产出的提高；研发禀赋结构适宜时，协同创新才能有效提高农业科研院所的创新产出。实证结果符合理论假设的预期，即协同创新的目的在于创新主体间资源、人才和知识技术的耦合互动，实现"1+1>2"的效果，协同创新是一个知识技术交互学习的过程，当主体研发禀赋结构更为合理时，更易内化吸收从其他主体得到的新知识和新技术，协同创新能发挥更好的效力；反之，当主体研发禀赋结构不合理时，其在内化吸收获取的新知识、新技术并将其运用到研发活动时会面临来自资金、人员等方面的困难，协同创新效力大打折扣。基于以上分析，要使农业科研院所协同创新有效发挥效力，农业科研院所的研发禀赋结构应当合理，当 $1.636 < endow \leq 1.920$ 时，农业科研院所选择协同创新模式有效提高了自身的创新产出。

（2）在无门槛效应和双门槛效应下，$innov_{i,t-1}$ 的系数均为正，且均通过了1%显著性水平检验，说明农业科研院所前期的创新产出对本期有显著的正向影响，即创新产出存在显著的滞后性。现阶段关于创新产出滞后性的解释主要包括研发周期影响（Zirger and Janet，1996）、企业战略选择（Droge et al.，2000）两方面，鉴于农业科研院所创新活动的知识性、基础性较强，知识积累速度与深度、知识吸收能力、知识转换编码能力也是影响创新产出滞后性的重要因素。因此，一方面，农业科研院所应注重创新活动的持续性；另一方面，农业科研院所应加强对协同创新的重视，加强知识共享。

（3）在研发禀赋结构中，首先，人力资源结构中，在无门槛效应和双门槛效应下，农业科研院所博士研究生学历的系数分别为0.053和0.044，分别通过了10%和5%的显著性水平检验；硕士研究生学历系数分别为0.289和0.186，均通过了10%的显著性水平检验；其他学历系数分别为0.056和0.042，未通过显著性水平检验。该结果表明，农业科研院所硕士研究生及以上学历对创新产出有显著的正向影响，其他学历对创新产出的影响不显著。以科研为导向的农业科研院所对知识、技术和人力资源的要求更高，高学历人力资源可以发挥其在解除"门槛效应"方面的优势，促进创新产出的提高，农业科研院所应加大高质量人力资源的引进力度和培养力度。其次，不同类型研发经费投入中，在无门槛效应和双门槛效应下，基础研究经费对农业科研院所创新产出的影响系数均为正，分别通过了5%和1%的显著性水平检验；应用研究经费系数均为正，未通过显著性水平检验；试验开发经费系数均为负，未通过显著性水平检验。基础研究经费投入对农业科研院所创新产出提高有重要作用，应用研究经费投入对农业科研院所创新产出的促进作用尚未显现，而试验发展经费对农业科研院所创新产出有不显著的负向影响。基础研究处于创新链的最前端，属于创新过程中的基础驱动力，是新发明、新专利的知识源泉、概念基础，以及建设世界科技强国的基石；试验发展处于创新链的后端，利用基础研究所得知识进行开发并产生新产品，忽略基础研究的基础性及市场导向性，过分重视试验发展经费投入，会导致农业科研院所原始驱动力不足，难以聚焦促进农业现代化发展的重大基础性、前瞻性研究，更难以实现农业科技成果面向国家需求和农业产业需求。

7.3 本章小结

本章基于2009~2015年中国农业科研院所的面板数据，以农业科研院所研发禀赋结构为门槛变量，构建动态面板双门槛回归模型实证检验协同创新对农业科研院所创新产出的影响，同时检验了人力资源结构和经费结构对农业科研院所创新产出的影响。研究发现：

(1) 当门槛变量 $1.636 < endow \leqslant 1.920$，即农业科研院所研发禀赋结构合理时，协同创新才能显著提高农业科研院所创新产出；农业科研院所研发禀赋结构不合理时，选择协同创新模式反而不利于自身创新产出的提高。

(2) 农业科研院所本期创新产出受前期影响显著，农业科研院所应注重创新活动的持续性。

(3) 基础研究经费投入和高质量人力资源能显著提高农业科研院所创新产出。

与已有研究相比，本章的创新点在于将研发禀赋结构量化并将其作为门槛变量，考虑因"门槛效应"存在所导致的协同创新对农业科研院所创新产出影响的非线性问题。

第8章

创新模式下经费结构、人力资源结构对中国农业科研院所创新产出的影响

中国政府相继出台了《国家中长期科学和技术发展规划纲要（2006—2020年）》《国家创新驱动发展战略纲要》等纲领指导性文件；党的十八大做出了"创新驱动发展"的重大战略部署，以此突出科技创新在促进经济发展中的重要战略地位；党的十九大报告再次强调科技创新对提高社会生产力和综合国力的战略意义。科研经费和科技人力资源是获得竞争优势的重要来源，也是提升科技创新水平的关键。习近平在2018年两院院士大会上指出"人才是科技创新的第一资源"，强调要进一步强化人才在科技创新中的战略地位。各创新主体均加强了对科技创新的重视程度，创新要素投入均快速增长，其创新产出也明显提高。在科技创新投入要素总量不断扩大的同时，研发经费结构和人力资源结构不合理等问题开始凸显，作为科技创新要素的科技人力资源的配置处于非有效状态，科技创新要素结构不完善等成为制约农业科研院所科技创新发展的主要原因（董明涛，2014）。

农业科研院所作为中国知识创新、技术创新的专业性微观组织，是国家农业科技创新体系的知识主体。2009~2015年，中国农业科研院所研发经费投入持续增加，年均增长率高达12.95%，[①] 高质量、高水平的农业科技人力资源也持续增加。创新要素投入的迅速增长也相应促进了农业创新

[①] 作者根据《全国农业科技统计资料汇编》（2009~2015年）数据整理而得。

产出的快速增加，但伴随着农业科研院所创新强度的持续上升，单纯依靠加大创新要素投入强度再难实现科技创新产出的进一步上升。从数量、强度和结构等多维度优化中国农业科研院所研发经费结构和科技人力资源结构，对于提升农业科研院所创新产出具有重要的现实意义。

8.1 经费结构对农业科研院所创新产出的影响

8.1.1 研究设计

1. 理论分析与研究假说

伴随着2008年国家"建设创新型国家"战略的提出，中国研发经费支出呈现井喷的趋势，然而，在研发经费支出指数化增长的背景下，研发经费的使用效率、研发经费的支出结构是否合理成为我们尤其要关注的问题。基础研究处于创新链的最前端，属于创新过程中的基础驱动力，也是新发明、新专利的知识源泉与概念基础，农业科研院所在开展研发活动时应加大对基础研究经费的支出。同时，选择不同创新模式的农业科研院所的经费结构与研发产出之间的关系也存在差异。选择独立创新模式的科研院所的研发开放性较差，难以实现研发技术的共享，因此其自身必须加强基础研究以夯实创新基础，试验开发经费支出过高则会影响基础研究的投入，造成创新原始驱动力不足的问题。而选择协同创新模式的农业科研院所，基础研究仍是其新发明、新技术产生的知识源泉，但在协同创新的过程中，农业科研院所通过创新主体间的相互协作，实现知识、技术和资源的共享交换，能够实现研发技术的改造升级，这一过程中，农业科研院所在一定程度上须加大对新技术的引进和消化吸收，要求在试验发展方面的经费有所增加。基于以上分析，本章提出研究假说8.1。

研究假说8.1：不同创新模式下，农业科研院所的基础研究经费投入与其研发产出之间均呈正相关关系；但选择独立创新模式的农业科研院所更注重基础研究，而选择协同创新模式的农业科研院所对试验开发的投入也有一定的重视。

2. 样本选取与数据处理

数据来源于 2009~2015 年《全国农业科技统计资料汇编》，数据为中国农业科研院所省级面板数据，对缺失数据较多的省份进行了舍弃，最终得到有效样本 30 个省份 7 年的平衡面板数据。

对用于测度农业科研院所创新效率的投入、产出变量进行如下处理。

（1）关于创新模式的界定。2009~2015 年，若样本农业科研院所存在 R&D 外部经费支出则视为开展协同创新；若样本农业科研院所无外部创新支出，则视为开展独立创新模式。依据这个划分标准，共获得协同创新样本 80 个、独立创新样本 130 个。

（2）关于投入变量的处理。以 t 时期样本农业科研院所 i 的 R&D 人员全时当量投入和 R&D 经费内部投入作为创新投入量，在对模型进行回归前，首先使用历年来生产者价格指数（PPI）对相关变量数据进行平减，以消除通货膨胀因素的影响。此外，由于创新支出对创新产出的影响存在一定的滞后性，而统计数据中关于创新的数据均为增量数据，有必要对 R&D 经费内部投入进行存量校正。本节使用永续盘存法对其进行测算，测算公式如下：

$$K_{it}^R = E_{it}^R + (1-\delta)K_{i,t-1}^R \tag{8-1}$$

其中，K^R 表示当年的研发经费存量；E^R 表示当年的研发经费流量；δ 表示折旧率，本节采用文献中常选定的 15%；i 表示观测单元；t 表示时期。

以研发经费内部支出为例。本节借鉴吴延兵（2006）的研究，将折旧率 δ 设定为 15%。基期创新支出存量可表示为 $K_1^R = E_1^R(1+g)/(g+\delta)$。其中，$g$ 为 2009~2015 年农业科研院所创新支出的年均增长率，经计算 $g = 13\%$，假定 $\delta = 15\%$，则 $K_1^R = 4.036 E_1^R$，据此可得到 2009~2015 年样本农业科研院所的研发经费支出存量。

（3）关于创新产出变量的处理。这里采用 TOPSIS 方法对所涉及的专利数量、发表科技论文数量和出版科技著作数量三个产出变量进行评价，得到单一的产出变量。具体投入产出变量的描述性统计结果见表 8-1。

表 8-1　　投入—产出变量描述性统计结果

项目	研发人员全时当量（人年）	R&D 支出（千元）	科技论文（篇）	科技著作（部）	专利数量（件）	TOPSIS 单一产出变量（已对数化）
均值	535.500	143989.000	882.990	26.690	137.620	0.582
极大值	1466.000	633477.000	3456.000	228.000	962.000	0.765
极小值	4.000	552.000	71.000	0.000	0.000	0.321
标准差	314.780	114636.000	603.610	29.720	169.990	0.083
N	\multicolumn{6}{c}{30×7=210}

3. 研究方法与模型构建

为实证检验经费结构对创新产出的影响，在构建模型时，首先，主检验变量为经费结构；在此基础上，本章加入时间虚拟变量和区域虚拟变量以消除宏观经济变化和区域因素的影响。其次，由于创新的滞后性和惯性，农业科研院所当期的创新产出在一定程度上受到过去行为的影响，另外还有创新产出与经费结构之间互相影响而导致的内生性问题。综合考虑，本章选用动态面板差分 GMM 方法，并选取被解释变量的滞后项作为工具变量进行实证检验。为检验不同创新模式下经费结构对创新产出的影响，本章分别对全样本数据、独立创新样本数据和协同创新样本数据进行实证检验，具体模型构建如下：

$$\ln y_{i,t} = \beta_0 + \beta_1 \ln y_{i,t-1} + \beta_2 \ln y_{i,t-2} + \beta_3 \ln frd_{i,t} + \beta_4 \ln ard_{i,t} + \beta_5 \ln expd_{i,t} + \beta_6(time_{i,t}) + \beta_7(region_{i,t}) + \mu_i + \varepsilon_{i,t} \quad (8-2)$$

其中，$y_{i,t}$ 表示农业科研院所当期创新产出；$y_{i,t-1}$ 和 $y_{i,t-2}$ 分别为其滞后项；$frd_{i,t}$、$ard_{i,t}$ 和 $expd_{i,t}$ 分别表示农业科研院所经费结构中的基础研究经费、应用研究经费和试验发展经费；$time_{i,t}$ 表示时间虚拟变量；$region_{i,t}$ 为区域虚拟变量；$\beta_0 \sim \beta_7$ 为系数项。

式（8-2）中各变量的描述性统计结果见表 8-2。

表 8-2　　各变量描述性统计结果（已对数化）

变量	均值	标准差	最小值	最大值
基础研究	6.881	3.360	0.000	11.060
应用研究	9.499	1.473	0.000	12.350
试验发展	11.138	1.000	6.310	13.030

由表8-2的描述性统计结果可以得到以下结论：较之于应用研究和试验发展方面的经费投入，农业科研院所在基础研究上的经费投入占比仍然较少；更有甚者，有些省份农业科研院所在基础研究费用方面的投入为0。由此可见，农业科研院所研发经费投入结构比例失调严重。

8.1.2 实证结果分析

在描述性统计分析的基础上，本章使用动态面板差分GMM模型对式（8-2）进行实证检验，回归结果如表8-3所示（经费结构以比例形式表征；限于篇幅，控制变量结果未列示）。

表8-3　　　　　　　　　　实证回归结果

项目	全样本		独立创新样本		协同创新样本	
y	Coef.	$P>\|z\|$	Coef.	$P>\|z\|$	Coef.	$P>\|z\|$
L1.	0.130*	0.058	0.100	0.330	0.453	0.318
L2.	0.114*	0.068	0.314	0.189	0.028	0.843
frd	0.014**	0.046	0.148**	0.012	0.051**	0.021
ard	-0.030	0.744	-0.085	0.209	-0.031	0.742
$expd$	-0.174	0.327	-0.426***	0.000	0.049	0.501

注：*、**和***分别表示在10%、5%和1%显著性水平下显著。

由表8-3的实证结果可知：（1）滞后一期和滞后二期的创新产出变量系数为正，分别为0.130和0.114，均通过了10%显著性水平检验，表明滞后一期和滞后二期的创新产出对当期的创新产出有显著的正向影响，因此，本章选用动态面板差分GMM模型进行实证检验是合理的。

（2）从经费结构来看，全样本下，基础研究（frd）系数为0.014，通过了5%显著性水平检验，应用研究（ard）系数为-0.030，试验发展（$expd$）系数为-0.174，均未通过显著性水平检验，这说明基础研究与农业科研院所创新产出之间存在显著的正相关关系，而应用研究和试验发展则与农业科研院所创新产出之间有不显著的负相关关系；独立创新样本下，选择独立创新模式农业科研院所的试验发展经费与其创新产出之间存在显著的负相关关系；协同创新样本下，试验发展经费与农业科研院所创新产出之间存在不显著的正相关关系。即不同创新模式下，农业科研院所的基础研究经费投入与其创新产出之间呈正相关关系；但选择独立创新模式的农业科研院所更注重基础研究，而选择协同创新模式的农业科研院所对试验发展的经费投入也有一定的重视。实证结果符合理论假说的预期，即基础研究是一个国家、地区、产业可持续发展的源泉，是自主创新的原始驱动力，有利于形成完善的创新体系。选择独立创新模式的农业科研院所的创新开放性较差，难以实现创新技术的共享，因此自身必须加强基础研究以夯实创新基础，相反，若试验发展经费支出过高则会影响基础研究的投入，造成创新原始驱动力不足的问题；而选择协同创新模式的农业科研院所通过创新主体间的相互协作，实现知识、技术和资源的共享交换，能够实现创新技术的改造升级，在一定程度上加大对新技术的购买和消化吸收，应增加试验发展方面的研究经费投入。

8.2 人力资源结构对农业科研院所科技产出效率的影响[①]

8.2.1 研究设计

为研究人力资源及其结构对农业科研院所科技产出效率的影响，首先构建 DEA 模型，定量测算并分析中国各省份农业科研院所的科技产出效率；进而构建 Tobit 实证分析模型，研究人力资源对农业科研院所科技产出效率的影响。

1. 数据来源

以中国各省份农业科研院所为研究对象，实证检验人力资源对中国农业科研院所科技产出效率的影响。本章确定样本区间为 1999～2017 年，研究数据来源于《全国农业科技统计资料汇编》，为省级面板数据，获得 31

---

① 由于本节旨在探究科技管理人员、课题活动人员在科技活动中的作用及配比问题，因而本节选取科技活动口径的投入产出数据，而非 R&D 数据。

个省份共计 19 年的平衡面板数据。

2. DEA 模型

农业科研院所科技创新活动是一个多投入的研发过程，需要投入大量的人力、物力和财力等科技创新要素资源。虽然多数研究用专利授权量衡量创新产出，但农业科研院所作为知识产出型主体，论文、专著等也是衡量其创新产出的重要指标，所以，农业科研院所科技创新活动也是多产出的创新研发过程。

数据包络分析（DEA）方法适用于多投入、多产出的有效评价方面，基本模型为：

$$\max RE_{it} = \left(\frac{\mu' yx_{it}}{v' x_{it}}\right) \quad (8-3)$$

$$\text{s. t.} \quad \mu' yx_{it}/v' x_{it} \leq 1 \quad i=1,\cdots,n$$

$$\mu、v \geq 0$$

其中，$x_i = (x_1, x_2, \cdots, x_j)$ 为投入指标；$yx_j = (yx_1, yx_2, \cdots, yx_i)$ 为产出指标；μ 是产出权重向量；v 是投入权重向量。

根据研究目标选择所需要的投入产出决策单元，考虑中国农业科研院所创新评价体系的复杂性和相关数据来源的可获得性，构建适合中国农业科研院所科技产出效率投入—产出评价指标体系（见表 8-4），测算中国农业科研院所的科技产出效率。

表 8-4　　　　科技研发投入—产出评价指标体系及描述性统计

指标类型	指标名称		单位	均值	标准差	最小值	最大值
投入指标	人力	科技活动人员	人	1881	933	153	5688
	物力	科技活动支出	万元	32753.1	41653.1	112.4	400199.9
	财力	科研建设投资	万元	7249.5	9679.2	0	91149.3
产出指标	物质产出	发表论文数	篇	678	529	14	3896
		出版科技著作	种	20	26	0	276
		发明专利数	件	58	115	0	847
	资金产出	技术性收入	万元	39718.8	46601.6	759.0	469038.6

资料来源：作者整理计算而得。

基于描述性统计分析发现：（1）中国各省份农业科研院所的科技创新要素投入存在很大程度上的差异，有些农业科研院所的科研建设投资最小值为0，可能在一定程度上影响农业科研院所的创新产出；（2）中国各省份农业科研院所的科技产出存在差异，有些农业科研院所的科技著作和专利产出最小值为0，说明各科研院所之间可能存在科技产出效率的差异。

3. Tobit 模型

（1）人力资源对科技产出效率的影响机制。在分析人力资源对农业科研院所科技产出效率的影响时，以科技产出效率为主线。加强人力资源管理是科研院所提高科技产出效率的重要保障（孙锐，2014），创新实践中激励科技管理人员与课题活动人员的互动能更有效地促进科技创新。一方面，一定比例的科技管理人员是促进科研活动、提高科技产出效率的基础保障，科技管理人员的组织、引导、支持、服务、协调活动在科技创新活动中具有不可替代的保障作用；而当科技管理人员超过一定比例界限时，就会造成管理"冗余"，降低管理效率，进而降低科技产出效率。另一方面，加强课题活动人员的培养，对科研院所的科技创新活动产生正向影响（李玉蕾等，2013），高水平的课题活动人员有利于促进科研创新活动和技术革新，课题活动人员的创造性劳动和价值取向是技术创新的源泉和根本，进而在一定程度上提高其科技产出效率（陈蓉，2011）；但过多的课题活动人员因科研资金等因素的限制，并不能发挥全部的科研创新能力，也使农业科研院所的用人成本过高。因此，农业科研院所的科技管理人员和课题活动人员应合理配置，而不是一味地追求科技管理人员或课题活动人员的高数量。基于上述分析，提出研究假说8.2和研究假说8.3。

研究假说8.2：随着课题活动人员、科技管理人员比例的增加，农业科研院所科技产出效率均表现为先增加后下降的趋势，呈倒"U"型的关系。

研究假说8.3：基于最优科技产出效率下（呈倒"U"型关系，有最值点），农业科研院所的课题活动人员和科技管理人员应合理配置，才能使科技产出效率达到峰值。

人力资本质量是提高研发产出的重要因素（岳书敬、刘朝明，2006），本章认为人力资本质量主要体现在学历和能力两个方面。人力资本的平均受教育程度越高，其人力资本质量就越好，人力资本质量与生产率显著正相关（Benhabib and Spiegel，1994）。人才内在价值决定了效率高的农业科研院所愿意为其支付更高的成本，高学历人力资源的知识能力和技能更加丰富，能有效降低学习专业技术的时间成本。根据人力资本理论，人力资源还可以进一步区分为具有不同技术知识程度的人力资源，高技术知识程度的科技人力资源带来的产出明显高于技术程度低的人力资源。在农业科研院所科技人力资源投入一定的情况下，高学历的科技人力资源能促进其研发创新产出。在科技人员能力方面，技术程度高的人力资源带来的产出明显高于技术程度低的人力资源的产出，科技人力资源的技术能力在科技实践过程中能不断培养和提高，在科技创新中发挥"干中学效应"。但根据分析，暂时无法比较高技术能力科技人力资源和高学历科技人力资源对农业科研院所科技产出效率影响程度的大小。基于上述分析，提出研究假说 8.4。

研究假说 8.4：高技术能力科技人力资源对农业科研院所科技产出效率的影响程度可能大于或小于高学历科技人力资源对科技产出效率的影响程度。

农业科研院所之间的协同合作能有效地实现信息及时传递，协同合作有利于各创新主体间形成互补优势。通过技术互补、科技人力资源互补和资源互补，充分发挥知识的双向流动，实现合作主体人才、技术、经济的有机结合，产生"1+1>2"的效果。在协同合作的过程中，创新主体在资源耦合互动的同时可加强自身各层次人才的知识深度与广度的双向交流，有利于提高科研院所的整体科研水平（林青宁，2018）。与农业企业、高等院校和科研院所有机结合的协同创新，在一定程度上可缓解独立创新所面对的研发风险大、研发回报周期长等问题（邵福泽、周伟，2016），进而提高其科技产出效率。独立创新则要求创新主体具有更高水平的科研实力和独立研发体系，独立创新只能依靠自身的科研力量，缺乏外部科研力量的介入，在攻克某些关键的技术难关时需要创新主体自身过硬的科研力量和科研团队作为支撑。基于上述分析，提出研究假说 8.5。

研究假说 8.5：相对于独立创新，协同创新对农业科研院所科技产出效率有显著的正向促进作用。

（2）模型设计。由于科技产出效率的值是截尾的，其取值空间为 $0 < y_i^* \leq 1$，本章拟构建 Tobit 模型，研究人力资源对农业科研院所科技产出效率的影响。Tobit 基本模型为：

$$yx_i^* = \beta' x_i + \varepsilon_i \qquad (8-4)$$

$$\text{s.t.} \quad y_i^* = yx_i, \text{ 如果 } 0 < yx_i^* \leq 1$$

$$yx_i^* = 0, \text{ 如果 } yx_i^* \leq 0$$

选用农业科研院所科技产出效率值为被解释变量，将影响科技产出效率的各个变量作为解释变量建立实证分析模型。为减小变量间的多重共线性，经豪斯曼（Hausman）检验后，本章建立4个固定效应的 Tobit 模型：

$$RE_{it} = \alpha + \beta_1 MR_{it} + \beta_2 SR_{it} + \beta_3 GR_{it} + \beta_4 ST_{it} + \beta_5 GFR_{it} + \gamma_{it} D_{it} + \varepsilon_{it}$$
$$(8-5)$$

$$RE_{it} = \alpha + \beta_1 MR_{it} + \beta_2 SR_{it} + \beta_3 ST_{it} + \beta_4 ZT_{it} + \beta_5 GFR_{it} + \gamma_{it} D_{it} + \varepsilon_{it}$$
$$(8-6)$$

$$RE_{it} = \alpha + \beta_1 MR_{it} + \beta_2 MR_{it}^2 + \beta_3 GR_{it} + \beta_4 ST_{it} + \beta_5 GFR_{it} + \gamma_{it} D_{it} + \varepsilon_{it}$$
$$(8-7)$$

$$RE_{it} = \alpha + \beta_1 SR_{it} + \beta_2 SR_{it}^2 + \beta_3 GR_{it} + \beta_4 ST_{it} + \beta_5 GFR_{it} + \gamma_{it} D_{it} + \varepsilon_{it}$$
$$(8-8)$$

式（8-5）主要分析科技管理人员、课题活动人员、高学历科技人力资源、高技术能力科技人力资源对农业科研院所科技产出效率的影响；考虑"干中学效应"，式（8-6）分析不同技术能力的科技人力资源对农业科研院所科技产出效率的影响；式（8-7）分析科技管理人员配置对农业科研院所科技产出效率的影响；式（8-8）分析课题活动人员配置对农业科研院所科技产出效率的影响。

其中，相关变量说明如下：RE_{it} 为式（8-3）测算的1999~2017年中国各省份农业科研院所的科技产出效率值；α 为常数项；β_i 是解释变量对应的参数；$D_{it}(i=1, 2, \cdots, 19)$ 为虚拟变量；ε_{it} 为随机误差，且 $\varepsilon_{it} \sim (0, \sigma^2)$。$MR_{it}$ 表示科技管理人员比例，SR_{it} 表示课题活动人员比例。GR_{it} 表示研究生学历人员比例，ST_{it}表示高级职称人员比例，ZT_{it}表示中级职称人员比例，本章以具有职称的科技人力资源比例来表示技术科技人力资源比例。GFR_{it}表示科研经费投入强度，用科技活动支出占科研经费内部支出比例表示。D_1表示独立与协同两种创新模式，本章界定，1999~2017年，若样本农业科研院所存在对外合作创新及共建创新平台等行为，则视为开展协同创新；若无类似行为，则视为开展独立创新。D_2~D_{19}表示时间虚拟变量，用以消除外部宏观环境变化对科技产出的影响。

（3）数据处理与描述性统计。科研经费对农业科研院所科技产出效率的促进作用是存在滞后性的。在对模型进行回归分析前，因统计数据中关于科研经费投入均为增量数据，需要对科研经费内部支出进行存量测算，先使用 CPI 指数进行平减，而后使用永续盘存法进行校正。具体过程在第8.1节中已有说明，这里不作具体分析。变量的描述性统计分析见表8-5，可见在中国农业科研院所中，科技研发人员为主体力量，研究生学历比例和中高级职称比例较大，符合农业科研院所科研导向需求的高能力人力资源，有利于创新效率的提升。

表8-5　　　　　　　　变量描述性统计分析

变量	定义	均值	标准差	最小值	最大值
RE	科研院所科技产出效率值	0.865	0.138	0.30	1.00
MR	科技管理人员占总从业人员比例	0.169	0.035	0.05	0.32
SR	课题活动人员占总从业人员比例	0.616	0.080	0.24	0.80
GR	研究生学历人员占总从业人员比例	0.195	0.133	0.01	0.64
ST	高级职称人员占总从业人员比例	0.260	0.090	0.03	0.60
ZT	中级职称人员占总从业人员比例	0.310	0.062	0.06	0.46
GFR	科研经费投入强度	0.895	0.070	0.54	1.00

资料来源：作者整理计算而得。

8.2.2　实证分析

1. 科技产出效率测算与分析

（1）总体科技产出效率的特征分析。1999~2017年中国各省份农业科研院所的科技产出效率均值为 0.870。根据测算结果，以各省份农业科研院所科技产出效率均值分析，排名前列的分别是山东（0.974）、天津（0.954）、河南（0.938）、北京（0.936）和上海（0.935），其标准差分别为 0.039、0.068、0.094、0.088 和 0.074，都小于 0.1，说明其科技产出效率内部波动比较趋于稳定。而科技产出效率均值最低的省份分别是内蒙古（0.782）、辽宁（0.777）、吉林（0.767）和云南（0.732），其标准差分别为 0.124、0.116、0.136 和 0.115，说明其科技产出效率内部波动较大。从时间趋势分析，1999~2017 年，全国农业科研院所科技产出效率总体呈上升态势，从 0.820 增加到 0.964，其中，2001 年农业科研院所科技产出效率均值最低，为 0.682；而在 2013 年之后，科技产出效率波动趋于稳定，其标准差都小于 0.1。

（2）不同创新模式的农业科研院所科技产出效率特征分析。从表 8－6 可以看出，选择协同创新模式的农业科研院所科技产出效率均值为 0.889，标准差为 0.118，其科技产出效率内部波动较为稳定；选择独立创新模式的农业科研院所科技产出效率均值为 0.837，标准差为 0.156。经过方差检验分析，F = 3.860，表明选择独立创新模式农业科研院所的科技产出效率显著低于选择协同创新模式农业科研院所的科技产出效率。

表 8－6　　　　不同创新模式科技产出效率的描述性统计分析

项　目	均　值	标准差	最大值	最小值
全样本	0.870	0.140	1.000	0.300
独立创新模式	0.837	0.156	1.000	0.300
协同创新模式	0.889	0.118	1.000	0.480

资料来源：作者整理计算而得。

2. 实证检验与结果分析

对模型进行实证检验，并比较不同科技创新模式的人力资源对农业科研院所科技产出效率的影响，回归结果如表 8－7 和表 8－8 所示（人力资源以比例形式表征；限于篇幅，时间控制变量结果未列示，表 8－7 和表 8－8 只列示科技创新模式控制变量 γ_1 的结果；回归结果中，大部分的时间控制变量回归系数是显著的）。

表 8-7　　　　　　　　　　实证检验回归结果（1）

变量	模型（8-5） 总体	协同创新	独立创新	变量	模型（8-6） 总体	协同创新	独立创新
$Cons$	0.503*** (0.104)	0.703*** (0.152)	0.467*** (0.187)	$Cons$	0.568*** (0.099)	0.765*** (0.153)	0.463*** (0.169)
MR	0.191* (0.101)	0.303*** (0.120)	0.357* (0.191)	MR	0.139* (0.081)	0.302*** (0.077)	0.386* (0.201)
SR	0.249** (0.104)	0.160 (0.124)	0.124* (0.073)	SR	0.217** (0.105)	0.130 (0.101)	0.129* (0.065)
GR	0.165** (0.088)	0.123* (0.069)	0.191* (0.106)	ST	0.202** (0.117)	0.129* (0.072)	0.288** (0.144)
ST	0.282** (0.125)	0.129* (0.071)	0.284** (0.138)	ZT	0.134* (0.074)	0.121* (0.063)	0.131* (0.074)
GFR	0.159* (0.088)	0.064* (0.035)	0.152 (0.132)	GFR	0.113* (0.085)	0.037* (0.021)	0.155 (0.126)
γ_1	0.038** (0.018)			γ_1	0.021** (0.012)		
$R-sp$	0.615	0.683	0.681	$R-sp$	0.611	0.658	0.689

注：保留小数点后三位；括号内为标准差；*、**和***分别表示在10%、5%和1%显著性水平下显著。

表 8-8　　　　　　　　　　实证检验回归结果（2）

变量	模型（8-7） 总体	协同创新	独立创新	变量	模型（8-8） 总体	协同创新	独立创新
$Cons$	0.516*** (0.196)	0.609*** (0.315)	0.311** (0.151)	$Cons$	0.409*** (0.157)	0.515** (0.319)	0.201** (0.112)
MR	1.460* (0.812)	1.772* (0.981)	0.222* (0.136)	SR	2.059*** (0.741)	0.819* (0.432)	3.114** (1.224)
MR^2	-4.649* (2.57)	-5.601* (3.210)	0.739* (0.410)	SR^2	-1.577*** (0.637)	-0.683* (0.401)	-2.385** (1.075)
GR	0.087* (0.051)	0.044* (0.024)	0.148* (0.087)	GR	0.175** (0.102)	0.212* (0.108)	0.172* (0.102)
ST	0.295** (0.134)	0.213* (0.125)	0.403* (0.237)	ST	0.322* (0.149)	0.255* (0.143)	0.373* (0.209)
GFR	0.141*** (0.033)	0.152*** (0.030)	0.156*** (0.037)	GFR	0.142*** (0.022)	0.154*** (0.031)	0.152*** (0.036)
γ_1	0.056* (0.031)			γ_1	0.049* (0.029)		
$R-sp$	0.655	0.614	0.610	$R-sp$	0.651	0.610	0.609

注：保留小数点后三位；括号内为标准差；*、**和***分别表示在10%、5%和1%显著性水平下显著。

从表8-7和表8-8的回归结果分析可知：

（1）科技管理人员比例（MR）、课题活动人员比例（SR）、研究生学历比例（GR）、高级职称比例（ST）、中级职称比例（ZT）的系数在10%的显著性水平上对科技产出效率有显著的正向影响，说明提高农业科研院所科技人力资源比例对其科技产出效率具有促进作用。

（2）科技管理人员比例（MR）、课题活动人员比例（SR）的系数在10%的显著性水平上对农业科研院所的科技产出效率有显著的正向作用；科技管理人员比例的平方（MR^2）、课题活动人员比例的平方（SR^2）的系数在10%的显著性水平上对农业科研院所的科技产出效率有负向作用。说明随着科技管理人员比例、课题活动人员比例的增加，农业科研院所科技产出效率均表现为先增后减的趋势，呈倒"U"型变化趋势，即验证了研究假说8.2。而当科技管理人员和课题活动人员占比分别为15.70%和65.28%时，农业科研院所科技产出效率达到峰值。

（3）研究生学历比例（GR）、高级职称比例（ST）的系数在10%的显著性水平上对农业科研院所的科技产出效率有正向作用，说明增加研究生学历和高水平技术能力的科技人力资源对农业科研院所的科技产出效率有显著的促进作用，并且高级职称比例（ST）的系数大于研究生学历比例（GR）的系数，说明高水平技术能力的科技人力资源对农业科研院所科技产出效率的促进作用显著大于研究生学历的科技人力资源的促进作用，即证实了研究假说8.4，高技术能力的科技人力资源对农业科研院所科技产出效率的促进作用明显大于高学历的科技人力资源对科技产出效率的促进作用。

（4）高级职称比例（ST）、中级职称比例（ZT）的系数在10%的显著性水平上对农业科研院所的科技产出效率有正向作用，并且高级职称比例（ST）的系数大于中级职称比例（ZT）的系数，依旧证实了高技术能力科技人力资源对科技产出效率的促进作用明显高于低技术能力科技人力资源对科技产出效率的促进作用。

（5）科技创新模式的控制变量γ_1系数在10%的显著性水平上对农业科研院所科技产出效率有正向作用，验证了研究假说8.5，即相对于独立创新，协同创新对农业科研院所的科技产出效率有显著的正向作用。

（6）科研经费投入强度（*GFR*）的系数在 1% 的显著性水平上对科技产出效率有正向作用，有利于提高科技产出效率，并且 *GFR* 的系数都小于 *MR*、*SR*、*GR*、*ST* 和 *ZT* 的系数，说明科技人力资源投入对农业科研院所科技产出效率的促进作用大于研发经费投入的促进作用，再次论证了在科技创新过程中加强科技人力资源投入的重要性。

3. 协同创新模式分析

在选择协同创新模式的农业科研院所中，当科技管理人员比例为 15.80%、课题活动人员比例为 64.09% 时，农业科研院所的科技产出效率达到峰值。2017 年，选择协同创新模式的农业科研院所科技管理人员比例为 15.55%，课题活动人员比例为 67.19%，与最优科技产出效率下的科技人力资源最优配置相比，其科技管理人员比例较低，课题活动人员比例较高，在一定程度上造成科技产出效率的损失；由于科技管理人员的技术背景，其管理能力多源于经验积累，随着现代经济的发展，科技管理人员的知识及能力面临挑战，科研管理工作也向创新管理的方向发展；科技管理人员主体意识不强，大部分科技管理人员依旧过多依赖之前的经验，缺乏现代科学的决策方法与战略管理方面的能力，同时农业科研院所也缺乏对高端管理人才的引进和吸收，造成管理能力的下降和科技产出效率的降低（吴滟等，2015）。

4. 独立创新模式分析

在选择独立创新模式的农业科研院所中，当科技管理人员比例为 15.09%、课题活动人员比例为 66.08% 时，农业科研院所的科技产出效率达到峰值，与协同创新样本分析结果作比对，验证了研究假说 8.3，基于科技产出效率最大化条件下，农业科研院所的科技管理人员和课题活动人员应合理配置，而不是一味地追求科技管理人员或课题活动人员的高数量。2017 年，选择独立创新模式的农业科研院所中，科技管理人员比例为 18.33%，课题活动人员比例为 64.67%，与最优科技产出效率下的科技人力资源最优配置相比，其科技管理人员比例较高，课题活动人员比例较低；因工资、职称评定与科研成果挂钩，而大部分科技管理人员不能从事专业课题研究，也缺少激励机制，从而降低了科技管理人员的积极性和主动性，造成人力资源流失严重。农业科研院所流失人员多是具有丰富实践经验的课题骨干，且具有高学历、高职称的人员居多，这使得农业科研工作总体上深度不够，后劲不足（龙翊岚，2007）。

5. 进一步讨论

选择独立创新模式农业科研院所的科技产出效率显著低于选择协同创新模式农业科研院所的科技产出效率，科技产出效率存在独立创新和协同创新模式间的差异，从而导致在最优科技产出效率下的农业科研院所科技人力资源最优配置也存在差异。基于农业科研院所科技产出效率最大值，选择协同创新模式农业科研院所科技管理人员比例（15.80%）大于选择独立创新模式农业科研院所科技管理人员比例（15.09%），选择独立创新模式农业科研院所课题活动人员比例（66.08%）大于选择协同创新模式农业科研院所课题活动人员比例（64.09%）。这说明，相对于选择独立创新模式的农业科研院所，选择协同创新模式的农业科研院所以较低比例的课题活动人员达到科技产出效率最大化；而相对于选择协同创新模式的农业科研院所，选择独立创新模式的农业科研院所以较低比例的科技管理人员达到科技产出效率最大化。说明不同科技创新模式农业科研院所的科技管理人员和课题活动人员均应合理配置，才能使科技产出效率最大化。

在独立创新样本回归结果中，高级职称比例的系数大于中级职称比例的系数，说明对于选择独立创新模式的农业科研院所，高技术能力的科技人力资源对科技产出效率的促进作用显著大于低技术能力的科技人力资源对科技产出效率的促进作用。而在协同创新样本回归结果中，高级职称比例的系数虽大于中级职称比例的系数，但却接近相等，说明对于选择协同创新模式的农业科研院所，中、高水平能力的科技人力资源对农业科研院所科技产出效率的促进作用是比较接近的。为什么在协同创新中不同技术能力的科技人力资源对科技产出效率的促进作用没有表现出明显的差异呢？可能的原因是，在协同创新合作中，各创新主体间通过科技人力资源互补，充分发挥知识的双向流动，实现了科技人力资源的有机结合，实现"1+1>2"的效果，使不同技术能力的科技人力资源对科技产出效率的促进作用没表现出明显的差异。科技人力资源在科技创新活动中体现"干中学效应",科技人力资源的技术能力是在创新实践过程中不断得到培养和提高的,农业科研院所更应加强科技人力资源技术能力评价制度改革,完善技术能力评价标准和评价机制,促进技术能力评价和人才培养有机结合。

8.3 本章小结

本章基于中国农业科研院所的面板数据,使用动态面板差分 GMM 方法实证检验不同创新模式下经费结构对农业科研院所创新产出的影响。研究发现:全样本下,基础研究经费投入与农业科研院所创新产出之间存在显著的正相关关系,而应用研究与试验发展经费投入则与其有不显著的负相关关系;独立创新样本下,选择独立创新模式农业科研院所的试验发展经费投入与其创新产出之间存在显著的负相关关系;协同创新样本下,试验发展经费投入对农业科研院所创新产出有不显著的正相关关系。即不同创新模式下,农业科研院所的基础研究经费投入与其创新产出之间呈正相关关系;但选择独立创新模式的农业科研院所更注重基础研究,而选择协同创新模式的农业科研院所既注重基础研究,同时也重视对试验发展的经费投入。

本章基于中国农业科研院所的面板数据,运用 DEA 模型定量分析中国农业科研院所的科技产出效率,进而构建 Tobit 模型实证检验人力资源对农业科研院所科技产出效率的影响。研究发现:

(1) 中国农业科研院所的科技产出效率存在创新模式间差异,选择协同创新模式农业科研院所的科技产出效率显著大于选择独立创新模式农业科研院所的科技产出效率。

(2) 在农业科研院所科技创新过程中,科技人力资源投入对科技产出效率的促进作用大于研发经费投入对科技产出效率的促进作用。

(3) 随着课题活动人员、科技管理人员比例的增加,农业科研院所科技产出效率均表现为先增后降的趋势,呈倒"U"型关系。

(4) 当全国科技管理人员和课题活动人员平均占比分别为 15.70% 和

65.28%时，农业科研院所的科技产出效率达到峰值；选择独立创新模式的农业科研院所，当科技管理人员和课题活动人员占比分别为15.80%和64.09%时，其科技产出效率达到峰值；选择协同创新模式的农业科研院所，当科技管理人员和课题活动人员占比为15.09%和66.08%时，其科技产出效率达到峰值。

（5）高技术能力科技人力资源对科技产出效率的促进作用大于高学历科技人力资源对科技产出效率的促进作用。

（6）相对于独立创新，协同创新对农业科研院所科技产出效率有显著的正向促进作用。

第9章

中国科技体制改革进程量化测度及其演变

改革开放以来，中国科技体制改革的演变始终与国家科技整体建设目标紧密联系在一起。经过多年坚持不懈的努力，中国科技体制改革取得了重大进展和明显成效，形成了较为完整的科学研究和技术开发体系，建立起比较完备的学科领域，培养了一批高水平的科研人才队伍，有效推动了中国科技实力和科技竞争力的整体提升。量化中国科技体制改革对农业科研院所的制度性影响是本书研究的重点问题之一。以往的研究多是通过设置年度离散型虚拟变量分析外部制度环境是否对创新活动产生影响，难以衡量其对创新主体的影响程度。本章在借鉴彭纪生等（2008）有关技术政策力度测量的基础上，对1977~2016年不同科技创新政策类型（科技政策、产业技术政策、财税金融政策、农村科技与社会发展政策）的政策力度进行测度，计算各类型创新政策力度年度数值，构建连续型的科技体制改革进程指数，为进一步（在第10章）分析外部创新环境（科技体制改革）对微观视角下农业科研院所科技创新的具体影响奠定基础，在一定程度上填补了运用连续性变量分析外部创新环境对创新效率影响的空白，也是本书的重要创新点。

9.1 数据来源

当前，中国科技创新政策的体系已经涵盖了科研机构、高等院校、企业、中介结构等各类创新主体，覆盖了从基础研究、技术开发、技术转移到产业化等创新链各个环节，也包括财政、税收、金融、知识产权等多样化政策工具，具有中国特色的科技创新政策体系框架已经初步形成（徐建培，2013）。本章选取 1977~2016 年中国国家立法机关、中央政府及所属部委制定并颁布的有关科学技术事务的科技法律、行政法规、部门规章和规范性文件，并结合北大法宝法律法规检索系统整理出 5270 条科技创新政策，剔除已经废止的 275 条科技创新政策，本章以现行有效的 4995 条科技创新政策为样本进行赋值。

9.2 科技创新政策内涵以及范式演进

"创新"一词是熊彼特首先提出来的，他认为创新是把生产要素新组合引到经济中，即建立一种新的生产函数。后来学者们提出了多种关于创新的概念，包括狭义和广义概念。广义的创新包括技术创新和组织创新，本节采取狭义的定义理解创新，即技术创新。

创新政策是一个综合性的概念，目前国内外政策制定者和学者对此尚无统一界定。本节采用陈进等（2013）提出的定义，依据政策学原理，即任何政策都应该由政策主体、政策对象、政策目标和政策手段四部分构成，基于此，本节认为可以给科技创新政策下一个定义：创新政策是指一国政府为促进科技创新活动的产生和发展，规范创新主体行为而制定并运用的各种直接或间接的政策和措施的综合，它应该是一个完整的体系。

创新政策经常和科学政策、技术政策混为一谈，实际上三者之间具有明显的差别，同时又有科技创新的线性关系（科学—技术—创新）。中国的科技创新政策制定在不同时期有不同的侧重点，改革开放前期较重视科研机构改革，重视提高科研部门的产出，近年来则强调企业的创新主体地位，重视促进高新技术产业化。总体上，科技创新政策被称作科技政策、产业政策、经济政策等，科技创新的目的就是要促进现代科技成果转化为商品生产和服务。伴随着经济社会的发展，科技创新政策逐步由科技领域拓展到经济领域再到社会领域。以往研究中往往忽略了科技创新活动支撑社会发展的作用,对社会发展领域的创新政策也很少提及。本节在科技创新政策的分类中,将科技创新政策分成科技政策、产业技术政策、农村科技与社会发展政策、财税金融政策四类。

科技创新政策文本所包含的信息具有多维特征,且多条政策必须协同作用才能达到特定的政策目标,因此,政策文本分析框架应能体现政策的"立体化"特点。为满足对科技创新政策改革进程的历史性回顾、归纳与评价研究的需要,本章将政策文本转化为跨类别、跨时期的"面板数据",构建出如图9-1所示的创新政策文本定量化分析框架。

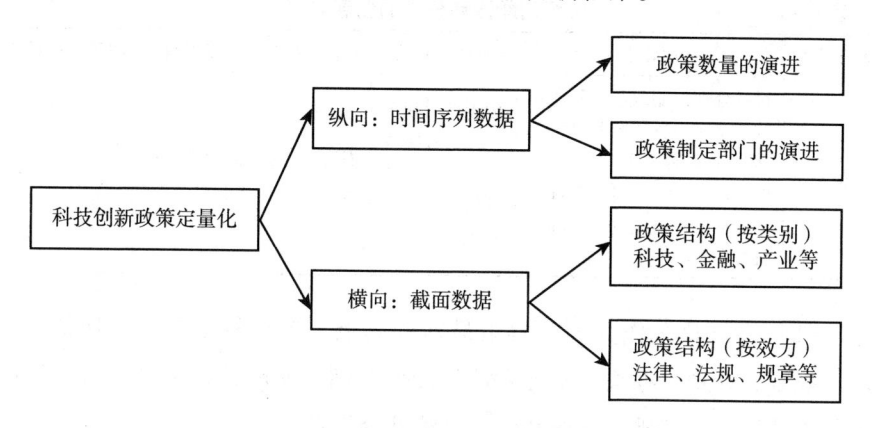

图9-1 科技创新政策的分析框架

9.3 科技创新政策文本结构

9.3.1 按照科技创新活动分类

本节采用科学技术部政策法规司编写的《科技法律法规与政策选编》(1985—2011年)中的分类方法将科技创新政策具体分为16种类型:综合(科技管理体制改革)、科研机构改革、科研计划管理、科技经费与财务、基础研究与科研基地、企业科技进步与高新技术产业化、社会发展、科技人员、科技中介服务、科技条件与标准、科技金融与税收、科技成果与知识产权、科学技术普及、科技奖励、国际科技合作、农业。同时,根据科技创新政策在创新活动中发挥的不同作用,又可将科技创新政策分为四大类：科技政策、产业技术政策、农村科技与社会发展政策、财税金融政策。其中，科技管理体制改革、科研机构改革、科研计划管理、基础研究与科研基地、科技人员、科技条件与标准、科技奖励、国际科技合作属于科技政策；科技成果与知识产权、科技服务中介、企业科技进步与高新技术产业化属于产业技术政策；农业政策、社会发展、科学技术普及属于农村科技与社会发展政策；科技经费与财务、科技金融与税收政策属于财税金融政策（见表9-1）。

表9-1　　　　　　　　按照创新活动分类的创新政策

政策类型	科技政策	产业技术政策	农村科技与社会发展政策	财税金融政策
具体类型	科技管理体制改革、科研机构改革、科研计划管理、基础研究与科研基地、科技人员、科技条件与标准、科技奖励、国际科技合作	科技成果与知识产权、科技服务中介、企业科技进步与高新技术产业化	农业政策、社会发展、科学技术普及	科技经费与财务、科技金融与税收

（1）科技政策作为创新政策最初的起点，包括科学技术的法律、条例、规划、计划、办法、指导方针和行为准则，能够营造创新环境，同时也是创新活动的基础，支撑和引领经济社会发展。

（2）产业技术政策是通过对特定产业的补贴和支持，完善市场基础设施，鼓励创新和创业者进行创新，推动科技成果转化，调整产业结构，提升产业竞争力。产业技术政策属于供给面的政策工具，通过人才、技术、信息等要素的直接供给推动创新活动开展。

（3）农村科技与社会发展政策是政府为解决"三农"、资源与环境保护、海洋生物技术、人口与健康、城镇化与城市发展、公共安全、防灾减灾等社会发展问题制定的政策，属于需求方面的政策工具，能够对创新活动起到拉动作用。

（4）财税金融政策主要是为创新活动提供资金和税收优惠，完善社会融资渠道和体制，如发放贷款、补贴，提供财务分担计划，提供贷款担保、出口信贷等，属于创新环境面的政策工具，为创新活动提供良好金融政策环境，间接促进科技创新和产品开发。

这四类政策不是独立的，在创新活动的基础研究、技术创新、技术转移、产业化的过程中相互配合才能对创新活动产生强大的激励和推动作用（见图9-2）。

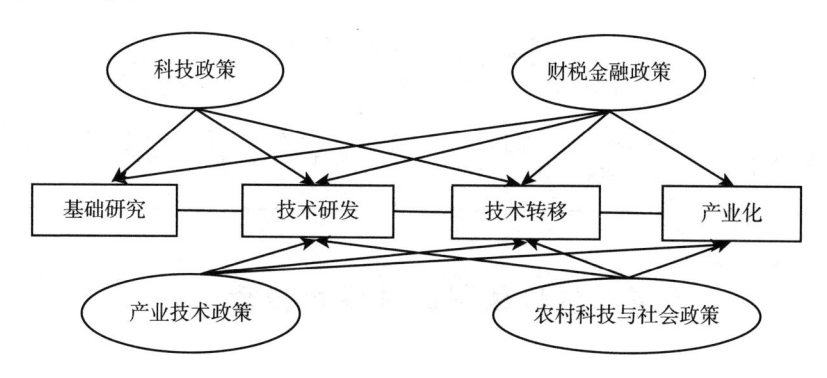

图9-2 创新过程与政策工具

9.3.2 按照政策的效力分类

1977~2016年的科技创新政策主要由四类不同效力的载体形式构成（见表9-2）。

（1）法律。这些政策是由具有立法权限的机构——全国人民代表大会及其常务委员会批准制定。此类科技政策的主要特征是具有极强的约束性、规范性、体系性和权威性，由于其原则性和规范性，此类政策的数量较少，是科技政策中的"元政策"，占中国全部科技政策的8%左右。

（2）行政法规。此类科技政策是由国务院根据宪法和法律制定，具体有条例、规定、办法、实施细则四种形式。

（3）部门规章。这类政策是由国务院所属各部、委、行、署及其具有行政管理职能的直属机构颁布，主要有科技部、财政部、工信部、教育部、人力资源和社会保障部、交通部、国土资源部、农业部、中国科学院、发改委、国家知识产权局、国家税务总局、中国科协、国家自然科学基金委员会等。具体有命令、指示、规定等形式。

（4）规范性文件。这类政策数量庞大，占中国全部科技政策的61%。规范性和条文化不如上述三类科技政策，但是更加具体和有针对性。主要形式包括通知、意见、决定、报告、规划、批复、要点、复函、说明、规则、公告、答复、程序、函、纲要、通告等，其中"通知"的文体形式占科技政策类型总数的40.5%。

表9-2　　　　　　　　按照政策效力分类的创新政策

政策类型	法律	行政法规	部门规章	规范性文件
具体类型	法律	条例、规定、办法、实施细则	命令、指示、规定	通知、意见、决定、报告、规划、批复、要点、复函、说明、规则、公告、答复、程序、函、纲要、通告

9.4　科技体制改革进程指数构建

本节选取1977~2016年40年的时间跨度来研究中国科技创新政策的演变，为更好地梳理和分析中国科技创新政策的演变过程和趋势，以标志性的政策出台为划分依据，将政策演变划分为五个阶段：全面恢复建设阶段（1977~1984年）；深化科技体制改革阶段（1985~1992年）；全面实施科教兴国战略阶段（1993~2000年）；建设创新型国家阶段（2001~2008年）；科技创新治理现代化阶段（2009~2016年）。

本节根据中国科技创新政策发展经历的五个阶段，以第一阶段（1977~1984年）作为参照，分类别计算1985~1992年、1993~2000年、2001~2008年、2009~2016四个阶段的创新政策改革进程指数。

9.4.1　指标赋值

计算1977~2016年每年法律、行政法规、部门规章、规范性文件的政策增量：每年的政策数量－每年废止的政策数量＝每年政策增量。

研究借鉴彭纪生（2008）有关技术政策力度的测量方法，依据国家行政权力与政策类型确定政策力度的赋值标准：

5——全国人民代表大会及其常务委员会颁布的法律

4——国务院颁布的条例、各部委发布的部令

3——国务院颁布的暂行条例、规划，各部委发布的条例、规定

2——各部委发布的暂行规定、办法、意见、规划

1——通知、公告

按照以上标准，分不同政策类型对 1977~2016 年的科技创新政策力度进行测量。首先对每一年度各产业的政策力度进行积累，计算各类型创新政策力度年度数值：

$$TP_i = \sum_{j=1}^{N} p_{ij} \qquad (9-1)$$

其中，TP_i 表示 i 年的政策力度；j 表示 i 年颁布的第 j 条政策；i 表示年份，$i \in [1977-2016]$；N 表示第 i 年的政策数量；$n \in [1,N]$，p_{ij} 表示 i 年政策类型第 j 条政策的政策力度。

$$STP_t = \sum_{i}^{N} TP_{it} \qquad (9-2)$$

其中，STP_t 表示 t 阶段增加的政策力度之和。按照科技创新政策在不同阶段的划分，分别计算 1977~1984 年、1985~1992 年、1993~2000 年、2001~2008 年、2009~2016 年五个阶段增加的政策力度之和，各阶段用 t 表示，$t \in [1-5]$。

9.4.2 确定指标权重

在比较国内外赋权方法优劣的基础上，本节采用"逐级等权法"进行权数的分配，即各领域的权数均为 1/4；在某一领域内，指标对所属领域的权重为 1/n（n 为该领域下指标的个数）；因此，指标最终权数为 1/4n。各指标的权数见表 9-3。

表 9-3　　　　　　　科技改革进程指标权重构成

方面指数名称	分项指数名称	权重
科技政策 （1/4）	1a 综合	1/8
	1b 科研机构改革	1/8
	1c 科研计划管理	1/8
	1d 基础研究与科研基地	1/8
	1e 科技条件与标准	1/8
	1f 科技人员	1/8
	1g 科技奖励	1/8
	1h 国际科技合作	1/8

续表

方面指数名称	分项指数名称	权重
产业技术政策 (1/4)	2a 科技成果与知识产权	1/3
	2b 科技服务中介	1/3
	2c 企业科技进步与高新技术产业化	1/3
农村科技与社会发展政策 (1/4)	3a 农村政策	1/3
	3b 社会发展	1/3
	3c 科学技术普及	1/3
财税金融政策 (1/4)	4a 科技经费与财务	1/2
	4b 科技金融与税收	1/2

9.4.3 确定相邻年份的改革进程指数

通常指标的增速或发展速度是以基期年份值作为基准进行比较的。在某一指标体系中，如果按照通常方法计算各指标的增速后进行加权平均，由于可能存在某些指标增速过高（或过低）的情况，就会造成指标增速之间不可比（即增速过高或过低的一些指标的作用掩盖了其他指标的作用），从而造成整个指标体系失真的现象。因此，必须对指标体系中各指标增速的范围进行控制。一种较好的方法是将指标增速的基准值设定为该政策力度的两年平均值。

（1）分项指标的改革进程指数的计算方法为：

$$V_t = \frac{STP_t - STP_1}{(STP_1 + STP_t)i/2} \quad (9-3)$$

其中，V_t 等于每时期与基期的科技创新政策平均力度的比值，即用来表示分项科技改革进程指数；i 表示各个分项指标；t 表示阶段；$STP_1 + STP_t$ 表示政策两阶段力度均值；$STP_t - STP_1$ 表示与基期相比第 t 期政策力度增加值。

（2）方面指标的改革进程指数的计算方法为：

$$C_t = \sum_{k=1}^{N} W_k \times V_t \quad (9-4)$$

其中，C_t 表示方面指标的改革进程指数；k 表示 t 期第 k 项分项指标，$k \in [1, N]$；W_k 表示第 k 个分项指标的权重。

(3) 改革进程总指数的计算方法为:

$$Z_t = \sum_{s=1}^{4} a_s \times C_t \qquad (9-5)$$

其中，Z_t 为改革进程总指数；a_s 表示各方面指标的权重；s 表示 t 期第 s 个方面指标。

9.5 科技创新政策分析

自1977年以来，中国每年颁布科技创新政策的数量和力度都呈波动上升趋势（见图9-3），科技体制从高度计划性体制向市场体制转型，科技政策也经历了从计划经济体制下的追赶战略到市场体制下的创新战略的转移，初步形成了以市场为导向的科技创新体系。

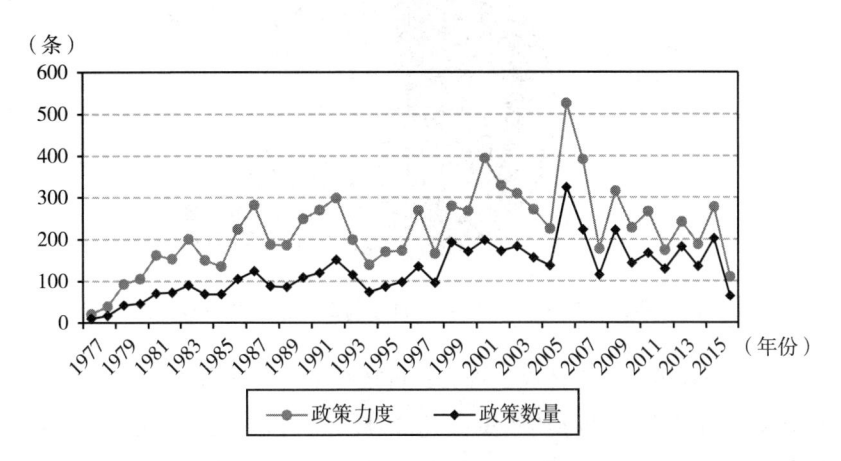

图9-3 1977~2016年中国科技创新政策颁布数量及力度

9.5.1 科技创新政策总体分析

从1977~2016年中国科技创新政策颁布数量和力度的测量结果可以看出，1977年以来中国科技创新政策的力度和数量都有所提高，每年颁布的科技创新政策的数量和力度增长速度不同。在科技创新体系初步形成以后，最主要的任务是根据现实情况不断调整现有政策，但这种调整不会涉及整个科技创新政策体系，尤其是层级较高的法律法规。

1. 科技创新政策结构分析

中国科技创新政策总体上表现的特点是政策层级偏低，以通知、办法等行政文件为主，而法律法规文件较少。这与中国科技体制改革的发展情况是相符合的，虽然政策总体权威性不高，但是实际的政策效力较高。由图 9-4 可知，在分析的 4995 条科技创新政策中，政策力度 1 和政策力度 2 的文件共有 3771 条，占政策文件总数的 75.56%；政策力度 3 和政策力度 4 的文件有 1180 条，占政策文件总数 23.64%；政策力度 5 的政策文件仅有 42 条，仅占政策文件总数的 0.82%。

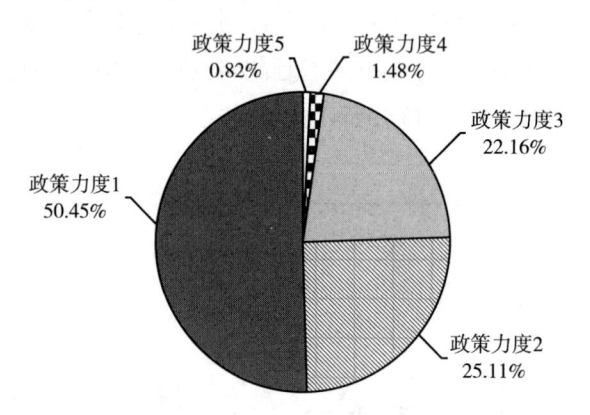

图 9-4 1977~2016 年中国科技创新政策分类数量统计

科技创新政策的结构特点表现为：科技政策占的比重最大（见表 9-4）。从政策文件数量来看，科技政策多达 2800 条，占政策总数的 56.1%；产业技术政策有 981 条，占政策总数的 19.5%；农村科技与社会发展政策有 705 条，占总体政策总数的 14.1%；财税金融政策有 509 条，占政策总数的 10.2%。从政策文件权威性上来看，法律法规层面上的政策共有 118 条，其中，科技政策有 53 条，占法律法规政策总数的 44.9%；产业技术政策有 31 条，占法律法规政策总数的 26.3%；农村科技与社会发展政策有 28 条，占法律法规政策总数的 23.7%；财税金融政策仅有 6 条，占法律法规政策总数的 5.1%。

表 9-4　　　　1977~2016 年中国科技创新政策的分类统计分析　　　　单位：条

政策类型	科技政策	产业技术政策	农村科技与社会发展政策	财税金融政策	总计
法律	13	13	17	1	44
国务院条例	40	18	11	5	74
国务院暂行条例，部委的条例、规定	692	263	82	69	1106
部委的暂行规定、办法、意见、规划	730	174	179	170	1253
通知、公告等	1325	513	416	264	2518
总计	2800	981	705	509	4995

2. 政策制定部门协同分析

从科技创新政策的制定部门来看，协同颁布科技创新政策的部门、政策数量、政策力度增加（见图 9-5）。1977~1984 年部门协同颁布的科技创新政策数量为 72 条，政策力度为 140；1985~1992 年政策数量增加到 182 条，政策力度为 321；1993~2000 年政策数量增加到 186 条，政策力度为 299；2001~2008 年政策数量增加到 286 条，政策力度为 438；2009~2016 年政策数增加到 247 条，政策力度为 327。四阶段累计增加协同颁布的创新政策 973 条，占总数的 19.4%。这表明中国科技政策制定部门协同创新的行动加强了。

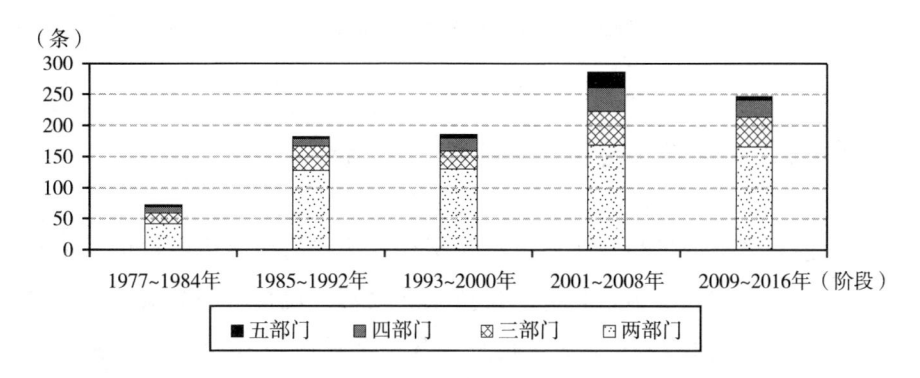

图 9-5　各阶段政策制定部门共同颁布政策数量比较

3. 政策执行部门协同分析

科技创新政策的执行部门即科研机构、高等院校、企业，以"科研机构+科研院所+高等院校+产学+学研+协同创新+联盟"作为关键词检索已经整理的4995条科技创新政策，共检索出254条与产学研协同创新有关的政策。从图9-6可以看出，涉及协同创新的政策数量和力度均呈现上升趋势，并且自1992年以来，涉及产学研协同创新的政策数量和力度增长速度加快，说明政府越来越关注科技创新主体协同创新。从政策内容来看，尤其强调加强以企业为主体的科技创新联盟的建设，以提高科技成果转化率。但关于产学研战略联盟专门的政策较少，基本是分散在各个创新政策中的条款，并且政策效力不高。

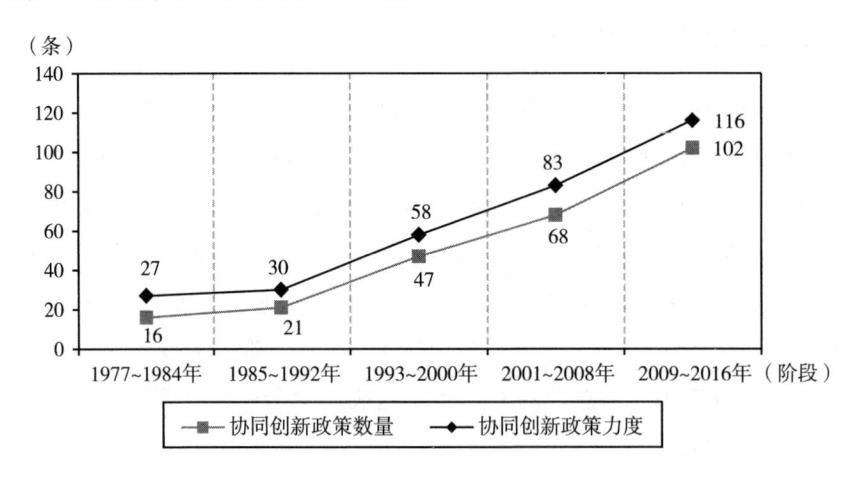

图9-6 协同创新政策数量及力度

9.5.2 科技创新政策的演变分析

为推动科技进步和创新，国务院及其有关部门在各个阶段的发展战略指导下，颁布和实施了相应的科技创新政策，包括科技政策、产业技术政策、农村科技与社会发展政策、财税金融政策等领域的政策工具（见表9-5）。以下分阶段讨论不同时期科技创新政策的特征，以探究科技创新政策的演变趋势。

表 9–5　　　　　　　　1977~2016 年科技改革进程指数情况

政策类型	1977~1984年 政策力度	指数	1985~1992年 政策力度	指数	1993~2000年 政策力度	指数	2001~2008年 政策力度	指数	2009~2016年 政策力度	指数
科技创新政策		1		1.90		2.32		4.11		3.24
1. 科技政策	608	1	1198	1.99	1143	1.82	953	2.49	813	1.34
1a 综合	16	1	9	0.56	5	0.31	16	1.00	34	2.13
1b 科研机构改革	11	1	41	3.73	60	5.45	38	3.45	31	2.82
1c 科研计划管理	105	1	207	1.97	202	1.92	313	2.98	128	1.22
1d 基础研究与科研基地	40	1	59	1.48	55	1.38	151	3.78	102	2.55
1e 科技人员	110	1	321	2.92	220	2.00	272	2.47	139	1.26
1f 科技条件与标准	230	1	338	1.47	317	1.38	589	2.56	278	1.21
1g 科技奖励	77	1	200	2.60	72	0.94	92	1.19	43	0.56
1h 国际科技合作	19	1	23	1.21	22	1.16	47	2.47	58	3.05
2. 产业技术政策	160	1	356	2.03	339	1.95	429	2.68	451	2.55
2a 科技成果与知识产权	86	1	209	2.43	183	2.13	197	2.29	226	2.63
2b 科技服务中介	50	1	33	2.28	128	2.56	181	3.62	201	4.02
2c 企业科技进步与高新技术产业化	24	1	114	1.38	28	1.17	66	2.13	24	1.00
3. 农村科技与社会发展政策	70	1	127	1.85	201	3.36	425	8.46	326	6.65
3a 农业政策	18	1	45	4.56	143	7.94	254	14.11	160	8.89
3b 社会发展	45	1	82	1.00	51	1.13	109	2.42	105	2.33
3c 科学技术普及	7	1	0	0.00	7	1.00	62	8.86	61	8.71
4. 财税金融政策	87	1	151	1.74	186	2.15	244	2.81	209	2.42
4a 科技经费与财务	44	1	71	1.61	65	1.48	102	2.32	43	0.98
4b 科技金融与税收	43	1	80	1.86	121	2.81	142	3.30	166	3.86

1. 全面恢复建设阶段：科技体制改革启动

1977~1984 年是中国科技体制全面恢复建设阶段，政策类型以科技政策为主（见图 9–7）。此阶段科技政策增加的政策力度为 608，年均 76；

产业技术政策增加的力度为 160，年均 20；财税金融政策增加的力度为 87，年均 10.9；农村科技与社会发展政策增加的力度为 70，年均 8.8。

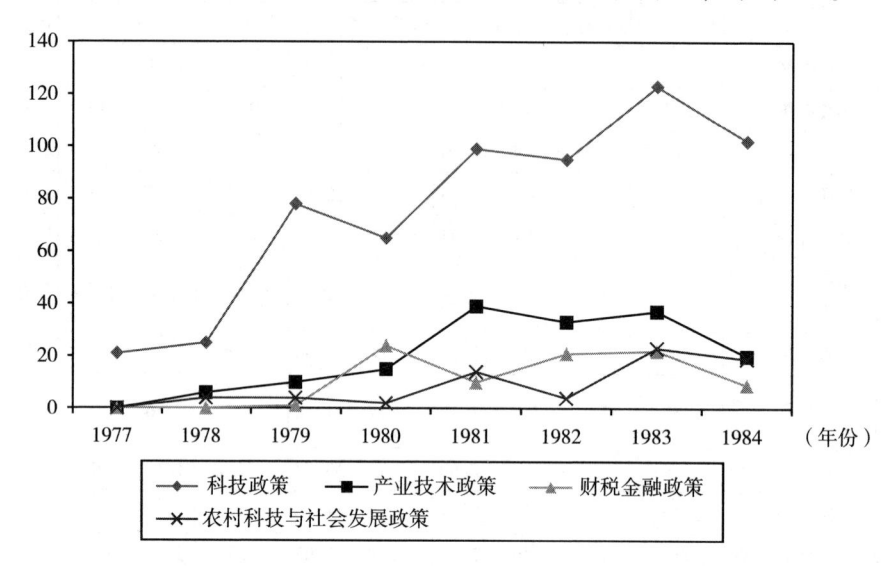

图 9-7　1977～1984 年中国科技创新政策力度比较

这一阶段政策制定的特点主要是：政府直接干预科技创新活动，政策较为具体，制定政策机构较多，包括国务院及其下属部门（国家经济贸易委员会、国家计划委员会等），存在多头指挥现象。具体表现为：（1）科技政策制定方面，关于科研条件与标准的政策力度最大为 230，占科技政策总力度的 38%，表明这一时期政府重视改善科研条件和设施建设。例如，国家经济贸易委员会、国家计划委员会、国家科技委员会出台的 10 多条科技政策中，大部分侧重于重点实验室的建设，包括《国家重点实验室建设管理办法》《国家重点工业性试验项目管理办法》等，而对基础研究方面的政策相对较少。（2）在产业技术政策方面，科技成果与知识产权的政策力度最大，为 86，占产业技术政策的 54%。表明政府这一时期重点保护科研主体的知识产权，支持技术市场发展。在 1982 年召开的全国科技大会上，国务院提出"经济建设必须依靠科学技术，科学技术必须面向经济建设"的战略方针，鼓励科研单位和生产单位自愿协作，联合攻关，科研单位向企业有偿转让科研成果，提供技术咨询服务。（3）财税金融政策方面，科技经费与财务、科技金融与税收的政策力度基本一致。政府制定了支持和鼓励科技信用贷款的政策，如 1982 年出台的《国家重点科技攻关计划》，主要面向国民经济建设主战场。（4）农村科技与社会发展政策制定方面，社会发展政策力度最大为 45，占 64.2%，科技支撑社会发展的作用开始显现。但是，政策层级较低，以通知类政策为主，政策内容与环境保护相关。

2. 深化科技体制改革：从计划体制向市场体制转型

1985～1992 年是深化科技改革、全面发展阶段。此阶段仍然以科技政策为主，年均增长的政策力度为 142.8，科技改革进程指数为 1.99（见图 9-8）。产业技术政策、农村科技与社会发展政策、财税金融政策的政策力度都有所增加，平均政策力度分别为 44.5、15.8、18.9，与上一阶段相比，政策力度总体增长速度加快，科技改革进程方面指数分别为 2.03、1.85、1.74。

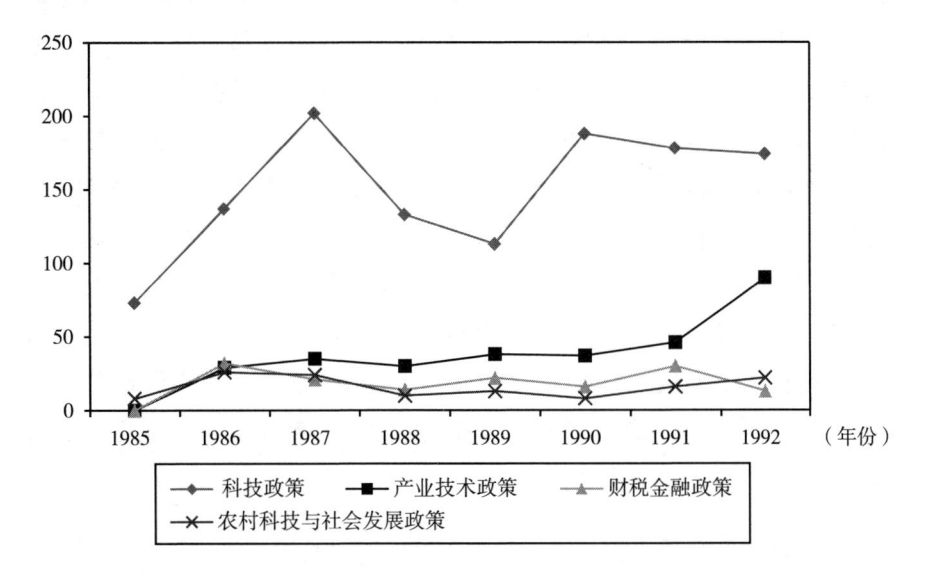

图 9-8 1985～1992 年中国科技创新政策力度比较

这一阶段的主要特征为：（1）科技政策方面，重视科研机构改革，其中科技改革进程分项指数最高，为 3.73。主要内容是改革科技体制，促进科技与经济结合。1985 年中共中央颁布的《关于科技体制改革的决定》（以下简称《决定》）规定：放活科研机构，放宽研发人员的管理政策。为落实科技体制改革，政府在《决定》的基础上出台了一系列配套政策和文件；加强基础研究，与上一阶段相比，其科技改革进程指数为1.48，提高了48%。1986年国务院批准成立了国家自然科学基金委员会，形成了"面上、重点、重大项目三个层次为主，一系列专项基金相互配合的项目资助格局"；科技计划的科技改革进程分项指数为1.97，与前阶段相比提高了97%。此阶段，国家科技委员会先后推出了星火计划、"863计划"、火炬计划等。这一时期为配合重大科技计划实施，出台了科技领域法律层面上的基本法《中华人民共和国科学技术进步法》，从宏观环境上推动了科技体制改革，促进了科技进步。（2）产业技术政策方面，与上阶段相比，科技成果与知识产权的政策力度较大，改革进程分项指数为2.03，提高了103%，科技服务中介的科技改革进程分项指数为2.28，提高了128%，表明此阶段政府仍然比较重视知识产权保护与科技市场发展。企业科技进步与高新技术产业化政策力度增长速度较慢，改革进程指数为1.38，提高了38%。（3）财税金融政策支持技术引进与改造的政策力度加大，其中，科技经费与财政改革进程分项指数为1.61，科技金融与税收政策的改革进程分项指数为1.86。例如，国务院制定了《关于运用税收优惠推动技术引进结构优化的暂行规定》等。（4）农村科技与社会发展政策力度增长迅速，改革进程分项指数为4.56，提高了356%。例如，1989年国务院制定了《关于依靠科技进步振兴农业加强农业科技成果推广工作的决定》；1990年农业部实施了《农业部发布适用农业科技成果办法（试行）》《农业科研机构科技开发工作管理办法》，1992年实施了《农业科技开发工作管理办法》等政策，极大地促进了农业科技与生产力水平的提高。

3. 全面实施科教兴国战略：转变经济发展方式

1993~2000年是中国全面实施科教兴国战略阶段，科技创新政策的改革进程总指数是2.32，比上一阶段增加221%（见图9-9）。科技政策力度增长速度放慢，年均政策力度为142.8，科技改革进程方面指数为1.82，比上阶段下降了8.54%；产业技术政策力度与上阶段基本持平，年均政策力度为42.4，科技改革进程方面指数为1.95；农村科技与社会发展、财税金融政策力度增长速度加快，年均政策力度分别为 25.1、23.4，科技改革进程方面指数分别为 3.36、2.15，比上阶段上升了 81.62%、23.56%。

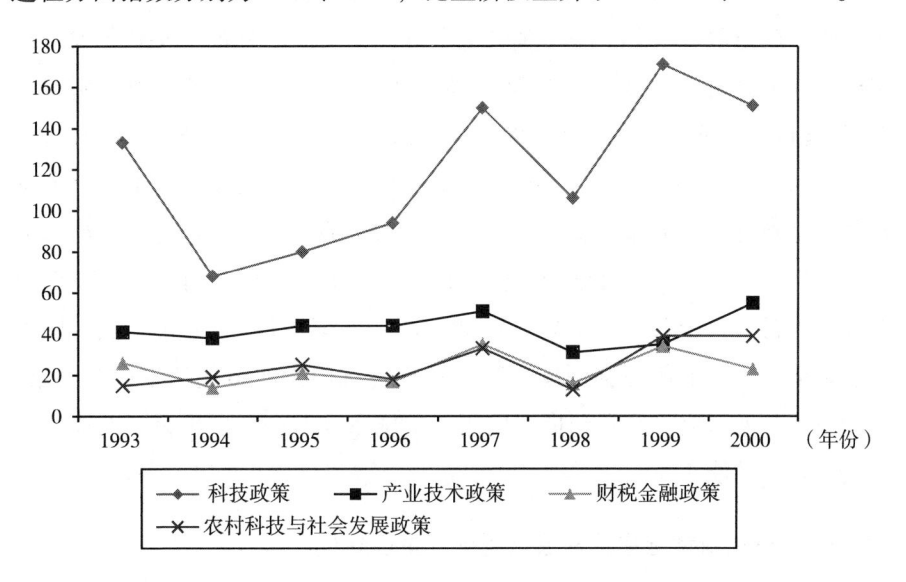

图 9-9　1993~2000 年中国科技创新政策力度比较

这一阶段的主要特征是：（1）科技政策方面，科研计划管理制度不断完善，科技改革进程分项指数为 1.92，与上阶段基本持平。财政部在 1996 年和 1997 年分别制定了《科技三项费用管理办法》和《国家级重点新产品补助经费管理办法》等。（2）产业技术政策方面，支持科技中介建设的政策力度增长速度较快，科技改革进程分项指数为 2.56，比上阶段上升了 12.28%；加大技术引进，推动企业科技进步。这一时期的产业科技政策重视通过技术引进推动技术进步，政府相继出台了《关于推进引进技术消化吸收的若干规定》《中华人民共和国技术引进合同管理条例》等政策。（3）财税金融政策方面，随着市场经济的发展，以科技金融与税收为手段支持科技发展的政策比重提高，其科技改革进程分项指数为 2.81，比上阶段增加了 30.70%，尤其是税收优惠方面政策增多，改变了单一的财政拨款的方式。财政部 1996 年颁布的《关于促进企业技术进步有关财务税收问题的通知》，以及 1999 年出台的《中共中央、国务院关于加强技术创新、发展高科技、实现产业化的决定》涉及税收优惠的政策，财政部及国家税务总局为落实《中共中央、国务院关于加强技术创新、发展高科技、实现产业化的决定》制定了一系列税收政策。(4) 农村科技与社会发展政策方面，促进农业科技进步的政策力度保持较高的增长速度，科技改革进程分项指数为7.94，比上阶段增加了74.12%。例如，1996年农业部出台了《农业部科学技术进步奖奖励办法》及其实施细则，同年制定了《引进国际先进农业科学技术项目管理办法》《关于加快乡镇企业科技进步的意见》；2000年财政部制定了《关于财政支持建立农业科技推广示范基地的实施意见》等政策。社会发展政策侧重于关注环境保护与清洁能源的应用推广。例如，为了推动全社会节约能源、提高能源利用效率，1997年全国人大常委会出台了《中华人民共和国节约能源法》，明确指出：国务院管理节能工作的部门会同国务院科技主管部门发布节能技术政策大纲，指导节能技术研究、开发和推广应用，实施重大节能科研项目、节能示范项目、重点节能工程。

4. 建设创新型国家：从追赶型到自主创新型

2001~2008年是中国提高创新能力，建设创新型国家阶段。经过前几个阶段的模仿创新，科技体制改革取得了阶段性成果，为中国科技创新进程推进奠定了坚实基础。如图9-10所示，此阶段的科技改革进程总指数为4.11，与上一阶段相比增加了77.16%；科技政策的年均力度是119.1，

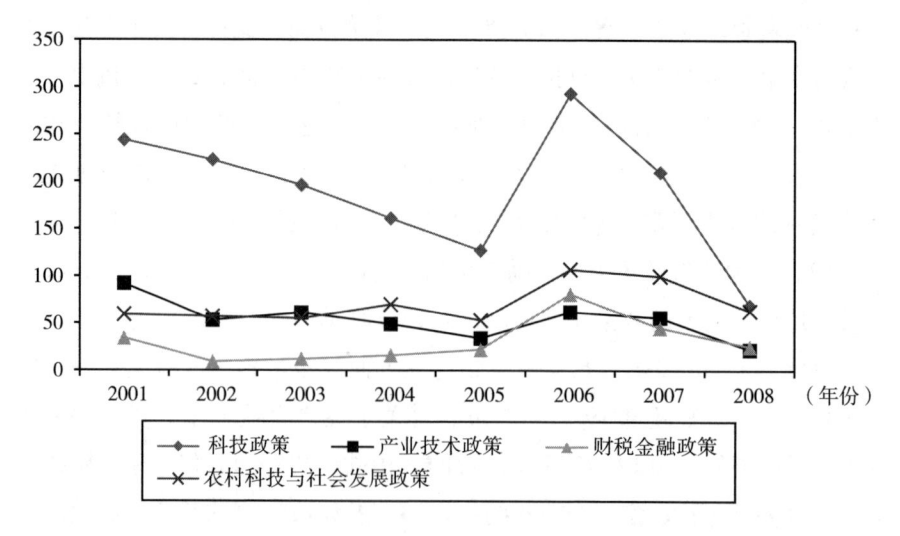

图9-10　2001~2008年中国科技创新政策力度比较

科技改革进程方面指数是 2.49，比上阶段增加 36.81%；产业技术政策的年均力度是 53.6，科技改革进程方面指数是 2.68，较上阶段提高 37.44%；农村科技与社会发展政策的年均力度是 53.1，改革进程方面指数是 8.46，比上阶段提高 151.79%；财税金融政策的年均力度是 30.5，改革进程方面指数是 2.81，比上阶段提高了 30.70%。

这阶段的政策特点是：(1) 科技政策方面，基础研究与科研基地政策力度增强，科技改革进程分项指数为 3.78，比上阶段提高了 181.16%；技术标准体系不断完善，改革进程分项指数为 2.56，比上阶段提高了 85.5%。"十五"期间（2001~2005 年），科技部提出"人才、专利、技术标准"，首次从战略高度提出将技术标准落实到具体科技工作中。(2) 产业技术政策方面，科技发展的战略向自主创新转变。从中国经济社会发展的进程来看，加快转变经济发展方式，推动产业结构优化升级，加快能源资源节约与环境保护对自主创新提出了要求。2006 年 1 月召开的全国科技大会，发布了《国家中长期科学和技术发展规划纲要（2006—2020 年）》，提出 2006~2020 年，中国科学和技术发展要以提升国家竞争力为核心，明确提出"自主创新、重点跨越、支撑发展、引领未来"指导方针，推动科技支撑产业发展。2002 年国家经贸委、财政部、科学技术部、国家税务总局联合发布了《国家产业政策》《关于用高新技术和先进适用技术改造提升传统产业的实施意见》，国家经贸委颁布了《关于加速实施技术创新工程形成以企业为中心的技术创新体系的意见》。(3) 财税金融政策方面，支持科技创新政策形式多样化，除了财政补贴、税收优惠等传统政策工具外，还综合利用基金、保险等手段支持企业创新。科技经费与财政政策的科技改革进程分项指数为 2.32、金融税收政策的科技改革进程分项指数为 3.3，分别比上阶段提高了 56.76%、17.44%。2001 年财政部发布了《国家自然科学基金财务管理办法》，规范国家自然科学基金的预算、收入、支出和结余管理。2005 年，科技部实施《科技型中小企业技术创新基金财务管理暂行办法》，支持中小企业科技创新；商务部、中国出口信用保险公司联合出台了《关于利用信用保险实施科技兴贸战略的通知》；国家发展改革委、科技部、财政部、商务部等 10 个部门联合发布了《创业投资企业管理暂行办法》。(4) 农村科技与社会发展政策方面，关于科学技术普及的政策力度增长突出，科技改革进程分项指数为8.86，比上阶段提高了786%。为提高国民科技素质，2001年国务院同意设立"科技活动周"；2002年全国人大常委会颁布了《中华人民共和国科学技术普及法》；2004年国土资源部、科学技术部发布了《国土资源科学技术普及行动纲要》（2004—2010年）。

5. 科技创新治理现代化阶段：加快建设创新型国家

2009年至今是科技创新治理现代化阶段，截至2016年，科技改革进程总指数为3.24，与上一阶段相比下降了21.17%，但四个方面的政策力度在重点领域保持较高水平，中国已经初步形成了科技创新政策体系。如图9-11所示，科技政策的年均力度为101.6，科技改革进程方面指数为1.34，比上阶段下降了46.18%；产业技术政策力度为56.4，科技改革进程方面指数为2.55，比上阶段下降了4.85%；农村科技与社会发展政策的政策力度为40.8，科技改革进程方面指数为6.65，比上阶段下降了21.3%；财税金融政策的政策力度为26.1，科技改革进程方面指数为2.42，比上阶段下降了13.88%。

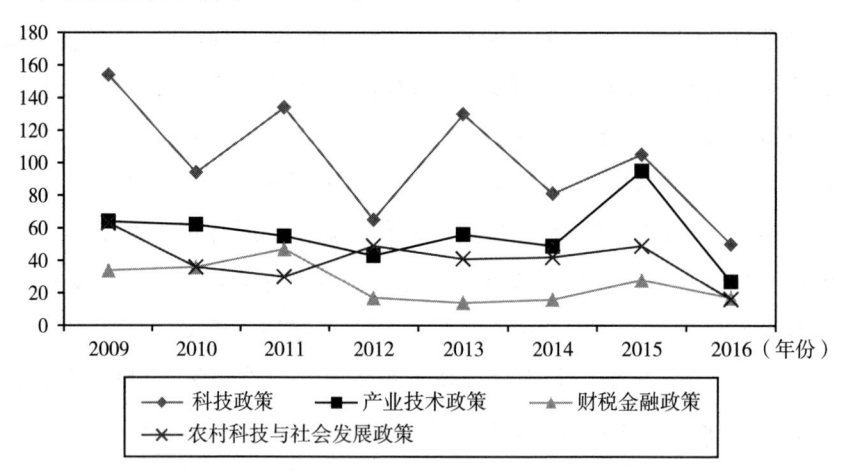

图9-11 2009~2016年中国科技创新政策力度比较

这一阶段政策制定的特点主要为：（1）科技政策方面，进一步深化科技体制改革，科技改革进程方面指数为1.34。2006年发布了《国家中长期科学和技术发展规划纲要》（2006—2020年）；2011年科技部发布《国家"十二五"科学和技术发展规划》；2012年召开的全国科技创新大会提出要进一步深化科技体制改革，着力解决制约科技创新的突出问题；实施创新驱动发展战略。党的十八大强调科技创新是提高社会生产力和综合国力的战略支撑，必须摆在国家发展的核心位置。改革科技管理体制方面，科研计划管理科技改革进程分项指数为1.22，与上年相比降低了59.06%，主要包括完善人才发展机制、进一步优化创新环境，扩大科技开放合作等。(2) 产业技术政策方面，确立企业在技术创新中的主体地位。企业科技进步与高新技术产业化科技改革进程分项指数为1，增速与上阶段相比降低了53.05%。2012年9月，中共中央、国务院印发了《关于深化科技体制改革加快国家创新体系建设的意见》，提出要确立企业在技术创新中的主体地位，推进科研院所和高等院校科研体制机制改革，完善国家创新体系。(3) 财税金融政策方面，科技金融与税收政策力度增速加快，科技改革进程分项指数为3.86，与上年相比提高了16.97%。科技部为拓展中小企业科技创新的融资渠道，引导社会资金进入科技创新领域，2011年颁布了《关于促进科技和金融结合加快实施自主创新战略的若干意见》，2012年颁布了《关于进一步鼓励和引导民间资本进入科技创新领域的意见》。(4) 农村科技与社会发展政策方面，农业政策的改革进程分项指数为8.89，与上年相比下降了37.00%。为促进农业技术推广、提高农业创新能力，2012年全国人大制定实施了《中华人民共和国农业技术推广法》，2013年财政部出台了《中央财政农业技术推广与服务补助资金管理办法》，进一步推进农业科技创新，为农业产业服务。

9.6 本章小结

本章选取1977~2016年中国国家立法机关、中央政府及所属部门制定并颁布的4995条科技创新政策样本，通过对总体政策样本进行梳理和研究，并运用赋值法测量政策力度，构建中国科技体制改革进程指数，得出以下研究结论。

1. 中国科技创新政策的现实特征

（1）中国科技创新政策总体上表现为政策层级偏低，以通知、办法等行政文件为主，共3771条，占政策文件总数的75.56%；法规、条例文件较少，共1180条，占政策文件总数的23.64%；法律文件最少，只有42条，仅占政策文件总数的0.82%。从科技创新的制定部门来看，1977~2016年协同颁布科技创新政策数增多，协同颁布政策的部门数增多，协同颁布科技创新政策力度加强，其中，1977~1984年部门协同颁布的科技创新政策有72条，政策力度为140；到2009~2016年协同颁布的政策数量增加到247条，政策力度为327。

（2）基于1977~2016年中国科技创新政策力度的测量结果，1977年以来中国科技创新政策的力度和数量都有所提高，每年科技创新政策的数量和力度增长速度不同。在科技创新体系初步形成以后，最主要的任务是根据现实情况不断调整现有的政策，但这种调整不涉及整个科技创新政策体系，尤其是层级较高的法律法规。

（3）从政策执行部门来看，在已有的4995条科技创新政策中，共检索出254条与产学研协同创新有关的政策。1977~1984年协同创新的政策数量和力度分别为27和16，并且自1992年以来，涉及产学研协同创新的政策数量和力度快速增加，2009~2016年科技创新政策数量和力度增加为102和116，说明政府越来越关注科技创新主体的协同创新。从政策内容来看，尤其强调加强以企业为主体的科技创新联盟的建设，以提高科技成果转化率。但关于产学研战略联盟专门的政策较少，基本是分散在各个创新政策中的条款，并且政策效力不高。

2. 中国科技体制改革进程指数演变趋势

从总体上看，中国科技体制改革进程总指数不断提高，随着科技创新体系的完善，改革进程总指数开始下降。具体研究结果如下：

（1）全面恢复建设阶段（1977~1984年），政策制定形式以科技政策为主，产业技术政策、财税金融政策、农村科技与社会发展政策数量与力度较低。此阶段，科技体制改革进程总指数为1，科技政策力度为608，年均76；产业技术政策力度为160，年均20；财税金融政策力度为87，年均10.90；农村科技与社会发展政策力度为70，年均8.80。

（2）深化科技体制改革阶段（1985~1992年），中国科技创新政策制定形式仍然以科技政策为主，但其他方面的政策数量和力度都有所增加。科技体制改革进程总指数为1.99，与上阶段相比增长了99%。科技政策年均增长力度为142.80。产业技术政策、农村科技与社会发展政策、财税金融政策的政策力度都有所增加，平均政策力度分别为44.5、15.8、18.9，改革进程方面指数分别为2.03、1.85、1.74。

（3）全面实施科教兴国战略阶段（1993~2000年），科技改革进程加快，产业技术政策和财税金融政策力度与上阶段基本持平，科技创新政策的改革进程总指数为2.32。科技政策力度增长速度放慢，年均政策的改革进程方面指数为1.82，比上阶段下降了8.54%；产业技术政策力度逐年增加，改革进程方面指数为1.95；农村科技与社会发展、财税金融政策力度增长加快，改革进程方面指数分别为3.36、2.15，比上阶段上升了81.62%、23.56%。

（4）建设创新型国家阶段（2001~2008年），科技体制改革进程总指数为4.11，与上阶段相比增加了77.16%；科技政策的改革进程方面指数为2.49，比上阶段增加36.81%；产业技术政策的改革进程方面指数为2.68，较上阶段提高37.44%；农村科技与社会发展政策的改革进程方面指数是8.46，比上阶段提高151.79%；财税金融政策的改革进程方面指数为2.81，比上阶段提高了30.70%。

（5）科技创新治理现代化阶段（2009年至今），截至2016年，科技体制改革进程总指数为3.24，与上一阶段相比改革进程指数下降了21.17%，但是四个方面的政策力度在重点领域保持较高的水平，此阶段中国科技创新政策体系已初步形成。科技政策的改革进程方面指数为1.34，比上阶段的改革进程指数下降了46.18%；产业技术政策的改革进程方面指数为2.55，比上阶段下降了4.85%；农村科技与社会发展政策的改革进程方面指数为6.65，比上阶段下降了21.30%；财税金融政策改革进程方面指数为2.42，比上阶段下降了13.88%。

第10章

科技体制改革对中国农业科研院所科技创新效率的影响

自改革开放以来,中国科技体制改革经历了五个阶段的发展,并取得了重大进步和明显成效,在降低技术转化成本、促进技术转化、合理配置资源、提高创新效率等方面的作用凸显。创新实践表明,在法律完善和政策实施有力的科技创新体制环境中,创新主体能够更有效地发挥自身的创新优势,创新主体之间实现优势互补。本章在第9章的基础上,基于创新链的视角,测度了2006~2016年农业科研院所整体科技创新效率、知识创新效率和成果转化效率,并进一步分析科技体制改革对中国农业科研院所科技创新效率的影响。

10.1 科技创新效率测算模型构建与数据处理

10.1.1 两阶段链式网络DEA模型

农业科技体制改革以来,各级政府鼓励农业科研院所面向市场化改革,不仅解决了部分研发经费的来源,也激发了科技人员从事科研和科技成果转化的积极性。在中国市场经济条件下,科研院所既是公益主体也是市场主体,一方面,科研院所从事前沿性、基础性的科学研究,为社会提供科技领域的公共物品;另一方面,承担着将科研成果在市场上进行转化的责任，通过中介机构与企业进行交易，获得相应的经济收益。为了解决传统 DEA 模型无法准确计算具有网络生产系统决策单元的效率问题，本部分利用两阶段链式网络 DEA 模型"打开黑箱"进行效率评价。以中间产出即科技成果为界，将农业科研院所的科技研发过程分为知识创新阶段和成果转化阶段（见图 10 – 1）。第一阶段为知识创新阶段，设 X_i 为第一阶段投入，$X_i = (x_{i1}, x_{i2}, x_{i1}, \cdots, x_{im})^T$；设 Z_i 为第一阶段的产出，$Z_i = (z_{i1}, z_{i2}, z_{i1}, \cdots, z_{ik})^T$。第二阶段为科技成果转化阶段，设 Y_i 为第二阶段的投入，$Y_i = (y_{i1}, y_{i2}, y_{i1}, \cdots, y_{ik})^T$。

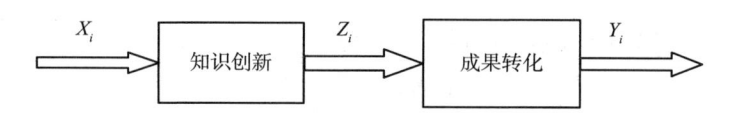

图 10 – 1　两阶段链式网络 DEA 模型示意

考虑决策单元两阶段的关联性，在测算创新效率时应该满足两个条件：（1）累计产出不超过累计投入；（2）中间产出在两阶段的权重相同。在此基础上建立评价决策单元的整体纯技术效率的模型：

$$E = \max(u^T Y_i + \sum_{d=1}^{2} u_i^{(d)})/v^T X_i \qquad (10-1)$$

$$\text{s.t.} = \begin{cases} u^T Y_j + \sum_{d=1}^{2} u_i^{(d)} - V^T X_j \leq 0, \ j = 1, 2, \cdots, n \\ \delta^T Z_j + u_i^{(1)} - V^T X_j \leq 0, \ j = 1, 2, \cdots, n \\ u^T Y_j + u_i^{(2)} - \delta^T X_j \leq 0, \ j = 1, 2, \cdots, n \\ u \geq \varepsilon e_s, \ u \geq \varepsilon e_m, \ u \geq \varepsilon e_k, \ u_i^{(1)} \in R^1, \ u_i^{(2)} \in R^1 \end{cases} \qquad (10-2)$$

其中，v^T、δ^T 和 u^T 分别表示第一阶段投入、中间产出和第二阶段投入的权重向量；ε 为阿基米德无穷小；$u_i^{(d)}$ $(d=1,2)$ 表示规模报酬的状态；$e_s^T = (1,1,\cdots,1) \in R^s, e_m^T = (1,1,\cdots,1) \in R^m, e_k^T = (1,1,\cdots,1) \in R^k$。

利用查尼斯 – 库珀（Charnes-Cooper）变换，令 $t = 1/v^T X_i$、$u = tu$、$\varphi = t\delta$、$w = tv$、$\eta_i^{(1)} = tu_i^{(1)}$、$\eta_i^{(2)} = tu_i^{(2)}$，令 $\bar{\varepsilon} = t\varepsilon$，线性转换得：

$$E = u^T Y_i + \sum_{d=1}^{2} \eta_i^{(d)} \qquad (10-3)$$

$$\text{s.t.} = \begin{cases} u^T Z_j + \eta_i^{(1)} - w^T X_j \leq 0, j = 1,2,\cdots,n \\ \delta^T Y_j + u_i^{(2)} - \varphi^T X Z_j \leq 0, j = 1,2,\cdots,n \\ w^T X_j = 1 \\ u \geq \varepsilon e_s, u \geq \varepsilon e_m, u \geq \varepsilon e_k, u_i^{(1)} \in R^1, u_i^{(2)} \in R^1 \end{cases} \quad (10-4)$$

若 u^*、w^*、φ^*、$\eta_i^{(1)}$、$\eta_i^{(2)}$ 为模型的最优解，则整体效率、第一阶段效率、第二阶段效率分别为：$u^* Y_i + \sum_{d=1}^{2} \eta_i^{(d)}$、$(u^* Z_i + \eta_i^{(1)})/w^{*T} X_i$、$(u^* X_i + \varphi^{*T} X Z_j)/\delta^{*T} Z_i$。

用关联指数 CI 表示两阶段的关联度：

$$CI = E/E^{(1)} \times E^{(2)} \quad (10-5)$$

其中，CI > 1 表示两阶段关联有效；CI = 1 表示两阶段关联弱有效；CI < 1 表示两阶段关联无效。

10.1.2 指标选取、数据来源与处理

本节选取测算两阶段科技创新效率的指标，并将研发经费、研发基础投入进行平减以消除通货膨胀因素的影响。

1. 指标选取

在农业科研院所的知识创新阶段，主要分析农业科技资源投入知识创新产出这一过程的效率。考虑数据可得性，选择研发人员折合全时当量、研发经费内部支出、研发基础设施投入作为农业科研院所知识创新阶段的投入指标。论文是科研院所学术实力和贡献的重要衡量指标，专利是用来对科研院所知识产权进行测度的有效指标，将其作为产出指标也是文献中常见的做法，因此，这里将农业科研院所发表科技论文数和专利授权量作为知识创新阶段的产出指标。在成果转化阶段，主要考虑中国农业科研院所的市场行为，将第一阶段知识创新产出发表的科技论文数、专利授权量作为成果转化阶段的投入，用技术性收入作为经济产出指标，整体反映农业科研院所成果市场转化情况（见表10-1）。

表 10 – 1　　　　　　农业科研院所科技创新效率测度变量集合

阶段	指标	描述
知识创新阶段投入	研发人员全时当量（人·年）	从事研发、成果应用、科技服务工作时间占本人全部工作90%及以上的研发人员数量
	研发经费（亿元）	科技创新活动经费投入
	研发基础设施（亿元）	科研仪器设备、科研房屋建筑投入
知识创新阶段产出（成果转化阶段投入）	专利授权量（项）	国内外授权的专利数量
	发表科技论文数（篇）	研发人员每年以第一作者在国内外期刊发表的学术论文数量
成果转化阶段产出	技术性收入（亿元）	技术转让、技术咨询、技术服务、技术培训、技术承包、技术出口、技术入股、联营分红等活动所取得的收入

2. 数据来源与处理

由于创新活动两个阶段从投入到产出有明显的时滞性，按照通常的做法，本节假设这两阶段时滞为1年。由于获取的数据中，2006年以前的产出数据缺失，2016年以后的数据未获得，因此，第一阶段投入、产出指标为2005~2015年数据，第二阶段经济产出为2006~2016年的数据。数据主要来自《全国农业科技统计资料汇编》，涵盖了全国各省份（西藏农业科研院所数据缺失较多，考虑数据处理方便，不包含西藏）农业部门所属的科研院所的研发经费、研发人员、研发基础设施投入和研发产出的基本情况。

考虑到农业研发经费（研发经费和研发基础设施投入）对科研活动的促进作用不仅与当年研发经费有关，也与过去时期投入的研发经费有关联，因此，在对模型进行回归分析前，因统计数据中关于研发经费的数据均为增量数据，借鉴吴延兵（2006）关于研发经费内部投入进行校正的方法，对研发经费存量进行测算，测算公式为：

$$KR_{it} = ER_{it} + (1-\delta)KR_{i,t-1} \qquad (10-6)$$

其中，KR_{it} 表示 i 地区 t 时期的研发经费存量；ER_{it} 表示 i 地区 t 时期的研发经费流量；δ 表示折旧率，本节采用文献中常选定的15%；$KR_{i,t-1}$ 表示 i 地

区 $t-1$ 时期的研发经费存量。基期存量为：

$$KR_1 = ER_1(1+g)/(g+\delta) \quad (10-7)$$

以农业研发经费内部投入为例，折旧率 $\delta = 15\%$。其中，g 为 2005~2015 年农业科研院所研发经费的年均增长率，据此可得到农业科研院所的研发经费内部投入存量。对农业研发经费投入使用历年来生产者物价指数（PPI）对相关变量数据进行平减，以消除通货膨胀因素的影响（见表 10-2）。

表 10-2　科技创新效率测度样本投入产出变量描述性统计

变量	均值	标准差	最小值	最大值
研发经费（亿元）	15.501	1.6734	0.400	134.374
研发人员（人/年）	2012.894	960.037	181.000	4815.000
研发基础（亿元）	2.241	2.836	0.027	21.274
科技论文（篇）	794.976	567.720	18.000	3585.000
专利受理（件）	114.706	162.444	0.000	962.000
技术性收入（亿元）	0.532	0.690	0.000	3.599

运用 DEA 模型测量农业科研院所科技创新效率时，产出需要随着投入的增加而增加，具有等张性。本部分运用了皮尔逊（Pearson）相关分析，结果如表 10-3 所示。

表 10-3　投入产出变量之间的 Pearson 相关性检验

项目	研发经费	研发人员	研发基础	科技论文	专利受理	技术性收入
研发经费	1.00					
研发人员	0.65**	1.00				
研发基础	0.96**	0.613**	1.00			
科技论文	0.81***	0.79**	0.82**	1.00		
专利受理	0.89**	0.55**	0.86**	0.81**	1.00	
技术性收入	0.707	0.58**	0.74**	0.68**	0.67**	1.00

注：** 和 *** 表示相关系数在 5% 和 1% 的显著性水平下显著。

从表 10-3 可以看出，两阶段的投入产出指标均在 5% 的显著性水平正相关，满足模型的等张性要求。第一阶段的投入指标研发经费投入、研发人员投入、研发基础设施投入与产出指标科技论文数、专利受理量显著正相关，相关系数分别为 0.81、0.89、0.79，0.55、0.82、0.86。第二阶段的投入指标科技论文数、专利受理量与产出指标技术性收入显著正相关，相关系数分别为 0.68、0.67，因此本部分建立的 DEA 效率测度模型是有效的。

10.2 农业科研院所科技创新效率测度结果分析

基于 2006~2016 年中国农业科研院所的科技资源投入与科技活动产出等数据，得到农业科研院所两阶段科技创新效率总体情况（见表 10-4）。总体来看，2006~2016 年，中国农业科研院所知识创新效率（E_1）平均值为 0.707，成果转化效率（E_2）平均值为 0.261，整体科技创新效率（E）平均值为 0.179。

表 10-4　2006~2016 年农业科研院所两阶段科技创新效率总体情况

年份	E_1	E_2	E	CI
2006	0.732	0.248	0.165	0.909
2007	0.708	0.293	0.191	0.921
2008	0.734	0.224	0.157	0.955
2009	0.640	0.204	0.124	0.950
2010	0.688	0.249	0.165	0.963
2011	0.697	0.235	0.161	0.983
2012	0.740	0.321	0.239	1.006
2013	0.709	0.259	0.185	1.007
2014	0.755	0.308	0.231	0.993
2015	0.733	0.211	0.144	0.931
2016	0.643	0.323	0.203	0.977
均值	0.707	0.261	0.179	0.970

表 10-4 反映了中国农业科研院所整体科技创新效率低于两个分阶段的效率，成果转化效率低于知识创新效率。同时，除 2012 年、2013 年关联度（CI）大于 1 外，其余 8 年间关联度（CI）均小于 1，说明农业科研

院所创新系统整体运行并不顺畅，知识创新与成果转化阶段相互衔接不紧密，农业科研院所每年有大量的农业科研成果未有效转化的问题亟待解决。从图10-2也可以看出，2006~2016年中国农业科研院所整体科技创新效率的变动趋势与成果转化效率的变动趋势基本一致，表明农业科研院所成果转化效率偏低是整体科技创新效率偏低的主要原因。

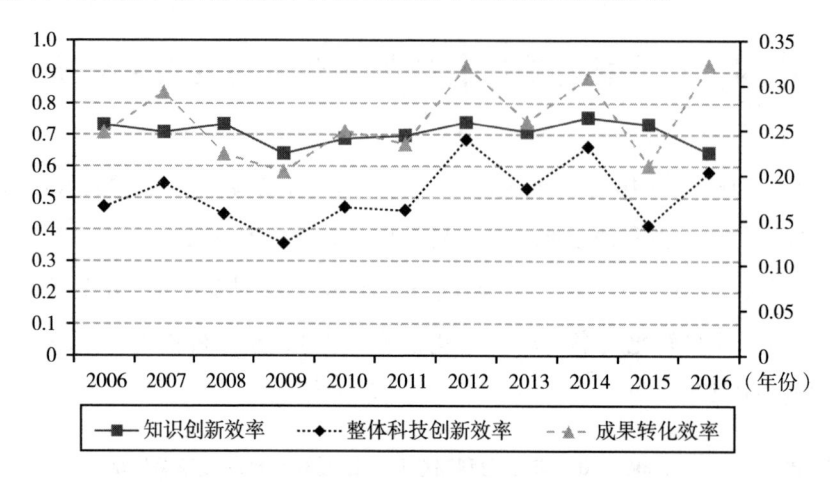

图10-2 2006~2016年农业科研院所两阶段平均科技创新效率分析

从时间变化角度来看，2011年后整体科技创新效率水平呈现波动中增加的趋势。2006~2011年农业科研院所整体科技创新效率水平较低，2009年达到最低点0.124，到2012年增加到最大值0.239。在国家实施创新驱动发展战略之前，中国科研管理弊端较为突出，存在科研项目多头管理，重复研究，科学研究与经济发展"两张皮"等问题，严重制约了农业科研院所创新效率的提高。为改变这一局面，党的十八大明确指出：实施创新驱动发展战略，进一步深化科技体制改革，解决制约科技创新的突出问题，并出台了一系列促进科技创新的措施，农业科研院所整体科技创新效率开始呈现增长趋势。2015年农业科研院所整体科技创新效率又下降到"谷底"，为0.144。这主要是因为处于经济结构调整期间，农业科技创新主体要逐步适应农业经济新常态。2016年，整体科技创新效率增长到0.203，科技成果转化效率达到最大值0.323，知识创新效率值略有下降，为0.642。同年，中共中央、国务院出台《国家创新驱动发展战略纲要》，农业部出台《深入实施〈中华人民共和国促进科技成果转化法〉若干细则》，以充分调动农业部属科研院所及科技人员转移转化科技成果的积极性，规范成果转移转化行为，推动农业科技源头创新，推动农业科研院所科技创新效率的提高，提升科技支撑现代农业发展的能力和水平。

10.3 科技体制改革进程指数的影响效果

本节进一步对科技体制改革进程指数的影响效果进行分析。由于农业科研院所作为科技创新主体，其科技创新效率不仅受到创新系统中政策因素（用科技体制改革进程指数衡量）的影响，还包括其他相关因素的影响：农业科研院所自身因素（人力资本结构、科研成果质量、协同创新模式）以及外部技术市场发育程度、农村经济发展水平等因素，因此本书以科技体制改革进程指数作为主检验变量，将其他影响因素作为控制变量，在此基础上建立 Tobit 模型，以科技体制改革进程指数来反映中国科技体制改革情况，分析其对农业科研院所科技创新效率的影响。

10.3.1 模型构建与变量选择

1. 模型构建

为进一步分析农业科研院所科技创新效率的影响因素，将两阶段 DEA 模型测算的农业科研院所的科技创新效率作为被解释变量，将科技体制改革进程指数作为主解释变量，将人力资本结构、科研成果质量、协同创新模式、技术市场发育程度、农村经济发展水平变量作为控制变量，构建计量经济模型。因为利用两阶段网络 DEA 模型计算出的效率值是 0 和 1 之间的受限因变量，若因变量部分连续或部分离散，普通的最小二乘法（OLS）估计出的系数将导致有偏且不一致，因此，选择 Tobit 回归模型分析农业科研院所两阶段科技创新效率的影响因素。

具体形式如下：

$$E_{it} = \alpha_0 + \beta_1 ProF_{it} + \beta_2 Paper + \beta_3 Capital_{it} + \beta_4 \ln TechM_{it} + \beta_5 \ln AvGDP_{it} +$$
$$\beta_6 \ln Patent + \beta_7 Policy + \beta_8 Mid + \beta_9 West + u_i \quad (10-8)$$

$$E_{1it} = \alpha_0 + \beta_1 ProF_{it} + \beta_2 Paper + \beta_3 Capital_{it} + \beta_4 \ln TechM_{it} + \beta_5 \ln AvGDP_{it} +$$
$$\beta_6 \ln Patent + \beta_7 Policy + \beta_8 Mid + \beta_9 West + u_i \quad (10-9)$$

$$E_{2it} = \alpha_0 + \beta_1 ProF_{it} + \beta_2 Paper + \beta_3 Capital_{it} + \beta_4 \ln TechM_{it} + \beta_5 \ln AvGDP_{it} +$$
$$\beta_6 \ln Patent + \beta_7 Policy + \beta_8 Mid + \beta_9 West + u_i \quad (10-10)$$

其中，被解释变量E_{it}、E_{1it}、E_{2it}分别表示第i省农业科研院所t年科技创新效率、知识创新效率、成果转化效率；Mid（中部）、$West$（西部）两个区域虚拟变量作为控制变量；α为常数项，$\beta_1 \sim \beta_9$为回归系数，u_i为误差项。

式（10-8）主要分析创新环境对农业科研院所科技创新效率的影响，式（10-9）主要分析创新环境对农业科研院所知识创新效率的影响，式（10-10）主要分析创新环境对农业科研院所成果转化效率的影响。

2. 变量选择

由于测算出的知识创新效率的时间范围为2005～2015年，测算出的成果转化效率的时间范围为2006～2016年，因此，选择解释变量数据的时间范围为2005～2016年。

（1）人力资源结构。用农业科研院所中高级职称人数占比表示（$ProF$），数据来源于《全国农业科技统计资料汇编》（2005～2016年）。

（2）农业科研院所科技成果质量。用农业研发人员在国外发表的论文占比（$Paper$）反映，数据来源于《全国农业科技统计资料汇编》（2005～2016年）。

（3）协同创新模式。用企事业单位委托资金占比（$Capital$）表示，数据来源于《全国农业科技统计资料汇编》（2005～2016年）。

（4）技术市场的发育程度。用全国技术市场年成交合同数（$TechM$）表示，数据来源于《全国技术市场统计年度报告》（2005～2016年）。

（5）农村经济发展水平。用农户村居民人均纯收入（$AvGDP$）表示，数据来源于国家统计局。

（6）中国农业科技创新政策环境。用2005～2016年科技体制改革进程指数（$Policy$）表示。

(7) 中国农业科技创新的法律保障环境。用各地区对专利的保护力度（*Patent*）表示科技创新法律保障环境，通过各地区管理专利工作部门的专利执法数计算得出，数据来源于国家知识产权局 2005~2016 年数据。

3. 描述性统计分析

自变量的描述统计结果见表 10-5。

表 10-5　　　　　　　　　　　描述性统计结果

变量	具体指标	均值	标准差	最小值	最大值
ProF	中高级职称人数占比	0.609	0.097	0.238	0.818
Paper	国外发表的论文占比	0.071	0.073	0.000	0.415
Capital	企事业单位委托资金占比	0.031	0.055	0.000	0.398
TechM	全国技术市场年成交合同数（项）	176.304	437.833	0.000	3940.799
AvGDP	农村居民人均纯收入（元）	7969.571	4458.707	1984.600	25520.400
Patent	专利保护力度（件）	439.067	1095.518	0.000	11496.000
Policy	科技体制改革进程指数	12.524	5.274	5.238	25.048

表 10-5 中，中高级职称人数占比（*ProF*）的最大值为 0.818，最小值为 0.238，表明中国农业科研院所内部的人力资源结构差异明显；企事业单位委托资金占比（*Capital*）的最大值 0.398，最小值为 0.000，均值仅为 0.031，说明中国农业科研院所实施协同创新合作模式的规模还较小；全国技术市场年成交合同数（*TechM*）的最大值为 3940.799，最小值为 0.000，标准差为 437.833，反映了中国各省份农业科研院所技术市场的发育程度存在较大的差距；专利保护力度（*Patent*）的最大值为 11496.000，最小值为 0.000，均值为 1095.518，标准差为 1095.518，反映了各省份专利保护的法律制度环境差异大。

10.3.2　实证结果分析

最终检验结果见表 10-6。根据检验结果，科技改革进程指数对农业科研院所整体科技创新效率［式（10-8）］产生正向影响，回归系数为 0.063。其中，科技改革进程指数变量通过了 1% 的显著性水平检验。

分阶段来看，科技改革进程指数对知识创新效率［式（10-9）］和成果转化效率［式（10-10）］产生显著的正向影响，回归系数分别为0.021、0.077，均通过了1%的显著性水平检验，表明中国近十年来，科技体制改革成效显著，对提高农业科研院所创新资源配置水平起了重要作用。因此，应继续深化农业科技体制改革，进一步统筹和完善管理协调机制。

表10-6　　农业科研院所科技创新效率影响因素实证结果分析

变量	模型（10-9）整体效率	p>|t|	模型（10-10）知识创新效率	p>|t|	模型（10-11）成果转化效率	p>|t|
科技体制改革进程指数	0.063***	0.004	0.021***	0.000	0.077**	0.033
中高级职称人数占比	0.015	0.903	0.690***	0.000	-0.232	0.251
在国外发表的论文占比	0.421***	0.002	1.422***	0.000	1.278***	0.000
企事业单位委托资金占比	0.642***	0.000	0.693***	0.003	0.735***	0.009
技术市场年成交合同数对数	0.025***	0.001	-0.028***	0.009	0.042***	0.001
农村居民人均纯收入对数	0.032	0.364	0.063	0.227	0.083	0.154
专利保护力度对数	0.010	0.875	0.019**	0.038	0.075	0.457
中部地区	-0.174	0.457	-0.030	0.349	0.029	0.458
西部地区	-0.047	0.835	-0.063	0.840	-0.015	0.968
常数项	-0.504*	0.069	0.263	0.480	-0.692	0.131

注：***、**和*分别表示回归系数在1%、5%和10%的显著性水平下显著；括号里面的数字为对应的T检验值。

控制变量中的人力资源结构、科技成果质量、协同创新模式对农业科研院所的科技创新效率产生正向影响；但在分阶段检验中，人力资本结构对农业科研院所成果转化效率产生了不显著的负向影响。技术市场发育程度、农村经济发展水平、专利保护力度对农业科研院所整体科技创新效率产生了正向影响；但在分阶段中，技术市场发育程度对农业科研院所知识创新效率产生了显著的负向影响。

10.4 本章小结

本章基于 2006~2016 年中国农业科研院所省级面板数据，首先利用两阶段链式网络 DEA 模型，测算并比较了农业科研院所知识创新阶段和成果转化阶段的科技创新效率，在此基础上，基于构建的科技体制改革进程指数，实证分析科技体制改革对农业科研院所科技创新效率的影响。研究发现：

（1）总体上，中国农业科研院所整体科技创新效率低于知识创新效率和成果转化效率，成果转化效率低于知识创新效率，两阶段之间关联度较低，反映了农业科研院所创新链上知识创新与成果转化缺乏有效衔接机制。国家实施创新驱动发展战略后，成果转化阶段和整体科技创新效率波动增加趋势明显。

（2）科技改革进程指数对农业科研院所整体科技创新效率产生了正向影响，表明中国近十年来，科技体制改革成效显著，对提高农业科研院所创新资源配置水平起了重要作用。因此，应继续深化农业科技体制改革，进一步统筹和完善管理协调机制。

第 *11* 章

农业科技创新政策对中国农业科研院所创新产出的影响

习近平总书记指出,"农业出路在现代化,农业现代化关键在科技进步"[①],农业科技创新对于解决"三农"问题具有重大意义,完善中国农业科技创新政策,有利于提高农业科技创新能力,助力实现乡村振兴战略。改革开放40多年来,中国农业科技创新政策体系不断完善,为农业科技进步作出了突出贡献。但与发达国家相比,中国农业科技专利交易数量、创新能力依然较低,农业科学研究和经济发展存在"两张皮"的现象。中国农业科研院所不仅是农业科技创新体系中的重要创新主体,也是农业科技创新政策首要调节的对象。在此背景下,分析农业科技创新政策对农业科研院所创新产出的影响以及政策制定的调整方向显得十分必要。本章对1978~2015年农业科技创新政策进行赋值量化,从政策强度、政策目标和政策措施三个维度分析农业科技创新政策对中国农业科研院所创新产出的影响。

11.1 中国农业科技创新政策的赋值与测量方法

在中国科技体制改革的过程中,农业科技创新政策为促进农业科研院

---

① 《"平语"近人——习近平的"三农观"》,新华网,2015年12月29日。

所创新、农业科技成果转化提供了法律与政策支持手段。本章梳理了中国改革开放以来（1978~2015年）全国人大及其常委会、国务院及国务院办公厅、农业部、科技部、财政部等部门发布的1513条农业科技创新政策。表11-1给出了中国农业科技创新政策情况的基本统计结果。

表11-1　　　　　　　　农业科技创新政策基本统计

类型	法律 （部）	条例、部令 （部）	暂行条例、条例、规定等 （条）	办法、意见、规划等 （条）	通知、公告 （条）
数量	12	25	388	375	713

资料来源：《中国科技法律法规与政策选编》（1985~2008年）、《中国科技政策要目概览》（1949~2010年）、中国中央政府及相关部门官网、北大法宝法律数据库。

11.1.1　中国农业科技创新政策的赋值方法

农业科技创新政策赋值主要从政策层级、政策目标、政策措施三个维度、五个等级赋值。对农业科技创新政策的赋值参考了彭纪生等（2008）、张永安和闫瑾（2016）的方法，赋值范围是1~5分，其中，政策强度赋值是依据政策颁布部门的属性以及政策的类型对政策进行赋值；政策目标赋值是对基础研究、知识产权保护、科技成果转化三个目标分别赋值；政策措施赋值是对人才激励措施、管理体制改革措施、财政税收措施三类措施分别赋值。为保证政策赋值的科学性，我们邀请了8名政策研究人员组成专家打分小组，根据政策内容对政策分类和得分标准进行了小组讨论和修改，最后确定了中国农业科技创新政策赋值测量标准（见表11-2）。

表11-2　　　　　　　　农业科技创新政策测量标准

	得分	农业科技创新政策测量标准
政策层级	5	全国人民代表大会及其常务委员会颁布的法律
	4	国务院颁布的条例、各个部委的部令
	3	国务院颁布的暂行条例、规划，各个部委颁布的条例、规定
	2	部委颁布的暂行规定、办法、意见、规划
	1	通知、公告

续表

得分			农业科技创新政策测量标准
政策目标	基础研究	5	从法律上全面支持基础研究和科研基地建设，出台基础研究发展规划，增强原始创新能力
		4	加强重点实验室、研究中心建设，并出台相应的管理办法；加强自然科学基金支持力度，出台具体管理措施；支持重点学科建设
		3	设置重点实验室、研究中心，以及验收规定
		2	颁布关于建设重点实验室的指导意见、重点学科建设意见
		1	仅仅提到增加原始创新能力，没有具体措施
	知识产权保护	5	从法律层面上全方面保护各领域科技成果与知识产权
		4	提出保护知识产权的详细条款，加强对特定领域的科技成果与知识产权的保护
		3	提出保护知识产权的具体措施，加强国家科技成果的管理
		2	明确提出知识产权保护，未涉及具体的问题
		1	涉及知识产权保护的若干问题
	科技成果转化	5	从立法的角度全面规定科技成果转化
		4	强调科技成果产业化、商品化、国际化；农业科研院所拥有更多自主权，技术转让收入享受税收优惠；建立健全科技成果转化中介服务体系，促进科技成果转化
		3	强调科技成果转化；推动科研院所改革，促进科技成果转化
		2	强调科技成果的推广、转移、转让
		1	仅提出解决科研与经济脱节的问题
政策措施	管理体制改革	5	全面进行科技体制改革，建设国家农业科技创新联盟及多元化的农业科技产业化服务体系
		4	深化科技体制改革，强化对农业科研院所分类指导，规范各类科研院所产权制度、岗位设置、科研投入等具体措施，建设农业科技创新体系
		3	采取措施进行农业科研院所分类改革，明确各类农业科研院所的性质，提出促进农业科技成果转化政策
		2	提出改革农业科技体制机制，重视农业科研院所的农业科技成果转化
		1	只提到加强农业科研管理工作，没有提到具体措施

续表

得分			农业科技创新政策测量标准
政策措施	人才激励	5	科研成果归个人所有,研发人员可带成果保留待遇创办企业;项目申请上采用竞争择优的分配激励政策;允许科技人员在企业兼职、离岗创业,最大限度促进人才流动;科技人才的社会福利与社会保障政策水平较高
		4	加大分配制度改革,按个人贡献定酬、股权分红等分配方式;促进人才流动;较好的社会福利与保障制度
		3	对科技进步有重大贡献的人才,给予科技奖励;将个人职称评定、薪酬、考核与科技成果转化联系;相对完善的社会福利与保障制度
		2	简化科技人才进出境的手续,鼓励人才流动,建立海外留学人才的绿色通道,吸引人才
		1	没有提到激励人才的具体措施,仅仅提到科研单位人事制度改革
	科技经费管理	5	全面改进研发经费配置办法,优化中央财政投入结构,实行科学事业费用分类管理,对基础研究类科研单位实行全额预算
		4	加强科技专项计划、重点基础研究计划、国家科技支撑计划等的经费管理,提高科研院所经费使用效益
		3	规范科技计划课题经费国库支出、公益性科研院所业务费用支出
		2	仅仅提到改进科技经费管理,严肃财政纪律
		1	没有具体的经费管理措施,仅仅提到增强科技经费管理工作

11.1.2 中国农业科技创新政策的测量方法

按照以上的赋值标准,借鉴彭纪生等(2008)有关技术政策的测量,依据国家行政权力与政策类型确定中国农业科技创新政策强度、政策目标力度、政策措施力度的赋值标准。

$$TP_i = \sum_{j=1}^{N} P_{ij} \qquad (11-1)$$

其中,TP_i 表示 i 年农业科技创新政策强度,i 表示年份,$i \in [1978, 2015]$;j 表示 i 年颁布的第 n 项政策,$j \in [1, N]$;P_{ij} 表示按照层级打分的 i 年第 n 条政策得分。

$$TEG_i = \sum_{i=1}^{N} EG_i \times P_i TEG_i = \sum_{j=1}^{N} EG_{ij} \times P_{ij} \qquad (11-2)$$

其中，TEG_i 表示 i 年农业科技创新政策目标（措施）力度；EG_{ij} 表示 i 年第 j 条政策的政策目标（措施）得分；P_{ij} 表示在 i 年按照层级打分的第 j 条政策得分。

$$MTEG_i = MTEG_{i-1} + TEG_i \; MTEG_i = MTEG_{i-1} + TEG_i \qquad (11-3)$$

其中，$MTEG_i$ 是在根据每年政策的废止和重复进行调整后的农业科技创新政策的目标（措施）的累计力度值。

11.2 中国农业科技创新政策的演变分析

农业科技创新政策力度在不同的历史阶段表现出不同的特点，本章从政策强度、政策目标力度（基础研究目标力度、知识产出保护目标力度、科技成果转化目标力度）、政策措施力度（管理体制改革措施力度、人才激励措施力度、科技经费管理措施力度）三个维度对农业科技创新政策的演变趋势和特征进行梳理分析。

11.2.1 中国农业科技创新政策强度的演变分析

图 11-1 和表 11-3 分别给出了 1978~2015 年中国农业科技创新政策数量和强度以及其在不同阶段①的均值变化情况。农业科技创新政策数量和强度分别从恢复建设阶段（1978~1984 年）的 14.14 项和 30.57 增加到全面建设创新体系阶段（2006~2015 年）的 60.60 项和 92.30，平均每阶段增加了 43.87% 和 31.81%。

---

① 本章在借鉴中共中央党史研究室第三研究部著《中国改革开放30年》（辽宁人民出版社2008年版）中对农业科技创新体系发展历程的划分方法，以标志性的政策及战略出台为划分依据，将1978~2015年的农业科技创新政策演变划分为四个阶段：恢复建设阶段（1978~1984年）；科技体制改革初期阶段（1985~1997年）；科技体制深化改革阶段（1998~2005年）；全面建设创新体系阶段（2006~2015年）。农业科技创新政策阶段的划分相对综合，但与中国科技体制改革阶段划分无本质差别。

第 11 章　农业科技创新政策对中国农业科研院所创新产出的影响　**201**

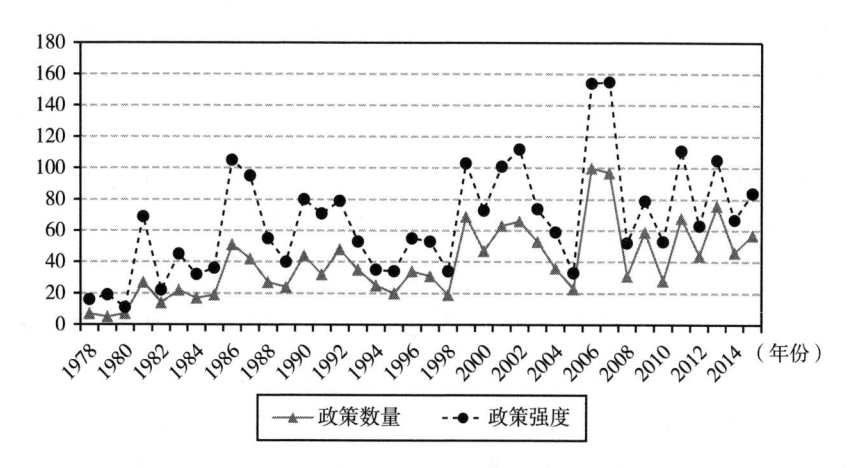

图 11-1　1978~2015 年中国农业科技创新政策数量和强度变化

表 11-3　　　　　　不同阶段农业科技政策数量和强度均值变化

均值	1978~1984 年 （恢复建设）	1985~1997 年 （科技体制改革初期）	1998~2005 年 （科技体制深化改革）	2006~2015 年 （全面建设创新体系）
政策数量（项）	14.14	33.23	47.00	60.60
政策强度	30.57	60.77	73.63	92.30

　　1978~1984 年，中国农业科技体制处于恢复建设阶段。1978 年邓小平在全国科技大会上强调"科学技术是生产力"，1979 年中共中央颁布的《关于加强农业发展若干问题的决定》提出"要逐步形成门类齐全、布局合理的农业科技研究体系"，中国农业科研院所逐步恢复，农业科技攻关计划开始实施，该阶段平均每年颁布的农业科技创新政策的数量为 14.14 项，政策强度为 30.57。1985~1997 年是中国科技体制改革初期阶段。1985 年中共中央颁布的《关于科学技术体制改革的决定》标志着中国科技体制改革正式启动。这一时期农业科技创新政策数量和强度增加明显。此外，这一阶段颁布的政策大多是法律、法规等基础性的科技创新政策，因此政策强度平均增长幅度明显大于政策数量平均增长幅度。1998~2005 年中国进入科技体制深化改革阶段，制定"科教兴国战略""可持续发展战略"等，与农业科技创新相关的政策数量和力度增长显著。2006~2015 年是中国农业科技创新政策数量和强度均值增加最快的时期，2006 年《国家中长期科学和技术发展规划纲要（2006—2020 年）》发布，极大促进了农业相关科技创新政策的颁布实施，该

阶段的平均政策数量和力度分别达到60.60项和92.30。同时，随着中国农业科技创新政策体系的完善，近几年颁布的基础性法律、法规政策较少，通知、意见类政策较多，政策数量和强度波动增长幅度的差距缩小。

综上分析可以发现，改革开放以来，随着中国农业科技体制改革的推进，农业科技创新政策的数量和强度呈现波动性增长的态势。

11.2.2 中国农业科技创新政策目标力度的演变分析

图11-2和表11-4分别给出了1978~2015年农业科技创新政策目标力度、不同阶段政策目标力度均值的变化情况。其中，基础研究、知识产权保护、科技成果转化政策目标分别从恢复建设阶段（1978~1984年）的1.71、7.14、12.29增加到全面建设创新体系阶段（2006~2015年）的27.50、31.90、46.10，平均每阶段增加了100.26%、45.38%、39.17%。

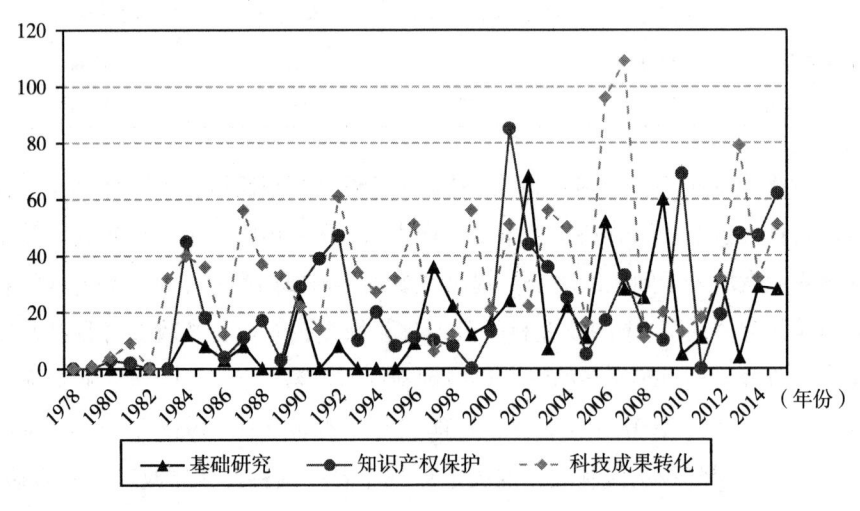

图11-2　1978~2015年中国农业科技创新政策目标力度变化

表11-4　　不同阶段农业科技政策目标力度均值变化情况

目标力度均值	1978~1984年 （恢复建设）	1985~1997年 （科技体制改革初期）	1998~2005年 （科技体制深化改革）	2006~2015年 （全面建设创新体系）
基础研究	1.71	7.38	22.75	27.50
知识产权保护	7.14	17.46	27.00	31.90
科技成果转化	12.29	32.38	35.50	46.10

恢复建设阶段（1978~1984 年），中国农业科技创新体系各政策目标力度值较小，以科技成果转化目标为主。基础研究、知识产权保护、科技成果转化政策目标均值分别为 1.71、7.14、12.29。到 1985~1997 年的科技体制改革初期阶段，中国主要强调实施"科技发展面向经济"的发展战略，科技成果转化目标力度值达到 32.38，远超基础研究目标和知识产权保护的目标平均力度值。其中，1986 年国务院批准了国家科学技术委员会提出"抓一批短、平、快的项目促进农村经济振兴的星火计划"，极大促进了相关的政策出台；1996 年全国人大常委会出台《中华人民共和国促进科技成果转化法》等法律制度，有力推动了农业科技成果转化和农村经济发展。1998~2005 年科技体制深化改革阶段，中国逐步加强了基础研究和知识产权保护目标的力度，1998 年决定实施国家重点基础研究计划（973 计划），旨在提升中国基础研究的自主创新能力，形成未来高新技术的创新源头。2002 年，科技部、教育部、国家自然基金委等共同出台了《关于进一步增强原始性创新能力的意见》，国务院出台《中华人民共和国专利法实施细则》等措施保护科研院所的发明专利权，此阶段基础研究目标的政策力度增加到 22.75，知识产权保护目标的政策力度为 27.00，与科技成果转化政策目标力度差距缩小。2006~2015 年为全面建设创新体系阶段，政府出台的基础研究和知识产权保护目标的政策力度增长幅度较小，力度均值分别为 27.50 和 31.90，而科技成果转化目标政策的力度增长速度加快，力度均值达到 46.10。

综上所述，1978~2015 年期间中国农业科技创新政策各目标力度波动性增加，其中主要以成果转化政策目标为主，基础研究目标的政策力度平均增加幅度最大。

11.2.3 中国农业科技创新政策措施力度的演变分析

图 11-3 和表 11-5 给出了 1978~2015 年中国各农业科技创新政策措施力度及不同阶段政策措施力度均值变化情况。其中，管理体制改革、人才激励和科技经费管理政策措施力度分别从恢复建设阶段（1978~1984 年）的 8.00、22.14 和 4.90 增加到全面建设创新体系阶段（2006~2015

年)的 54.90、52.00 和 28.50，平均每阶段分别增加了 61.85%、23.79% 和 55.29%。

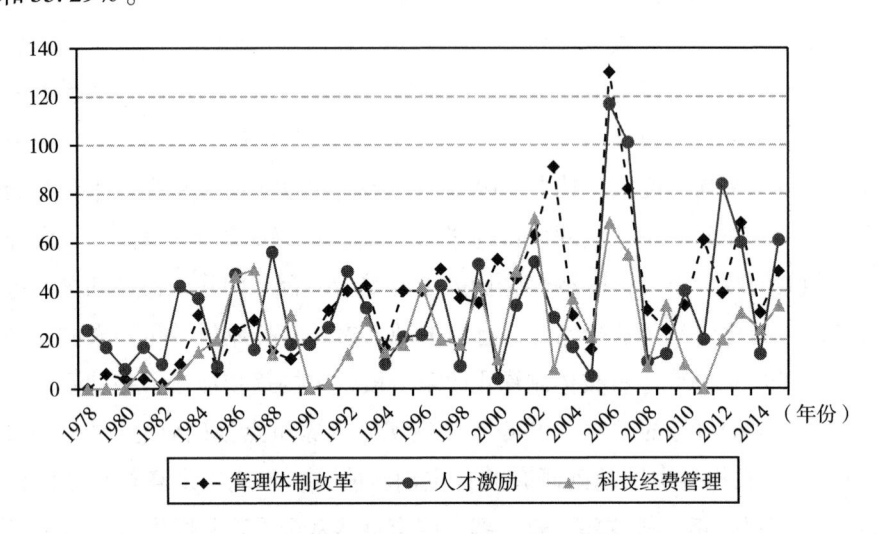

图 11-3　1978~2015 年中国农业科技创新政策措施变化

表 11-5　　　　　　不同阶段农业科技政策措施力度均值变化情况

措施力度均值	1978~1984 年 （恢复建设）	1985~1997 年 （科技体制改革初期）	1998~2005 年 （科技体制深化改革）	2006~2015 年 （全面建设创新体系）
管理体制改革	8.00	28.08	46.25	54.90
人才激励	22.14	28.08	25.13	52.20
科技经费管理	4.29	22.92	32.00	28.50

整体来看，科技经费管理措施主要配合管理体制改革措施、人才激励措施颁布实施。1978~1984 年，改革开放初期中国重视人才激励措施的实施，人才激励措施力度均值最高，为 22.14，管理体制改革措施平均力度值为 8.00，科技经费管理措施平均力度值为 4.29。1978 年召开的党的十一届三中全会确立了"尊重知识、尊重人才"的基本国策，但这一时期中国仍然沿用苏联计划配置科技资源模式，科技体制僵化，科技经费管理不善，研发人员的创新积极性依然不高。为改变这一局面，1985~1997 年、1998~2005 年两个阶段，中国进行持续的科技管理体制改革，例如，出台了《关于分流人才、调整结构、进一步深化科技体制改革的若干意见》《关于科学事业费管理的暂行规定》等一系列配套措施，使农业科技管理

体制改革措施力度达到46.25,科技经费管理措施力度达到32.00,超过人才激励措施的力度。2006~2015年全面建设创新体系阶段,管理体制改革措施和科技经费管理措施持续增加,力度均值分别为54.90和28.50,同时中国对科技人才的重视程度进一步提高,力度值达到52.20,科技人才措施力度与管理体制改革措施力度差距缩小。2006年中共中央办公厅、国务院办公厅印发《关于进一步加强高技能人才工作的意见》,2007年科学技术部、财政部、教育部等印发《关于加强农村实用科技人才培养的若干意见》,2015年中共农业部党组颁布了《关于加强农业农村经济发展新型智库建设的意见》等人才措施,有力地促进了农业科技创新人才的培养,调动了科技人才的创新积极性。

综上所述,1978~2015年中国农业科技管理体制改革措施、人才激励措施、科技经费管理措施力度波动增加,其中管理体制改革措施力度增加幅度最大。

11.3 中国农业科技创新政策的影响效果

本节选取农业科研院所的创新投入指标和创新产出指标,通过建立计量经济模型来定量评价农业科技创新政策对农业科研院所创新产出的影响。

11.3.1 数据来源、指标选取与数据处理

农业科研院所的创新投入指标主要有研发经费、研发人员、农业科技创新政策累计强度、农业科技创新政策措施累计力度、农业科技创新政策目标累计力度;[①] 创新产出指标主要有经济产出和知识产出。其中,研发经费、研发人员、经济产出和知识产出指标均来自农业部《全国农业科技统计资料汇编》(1998~2015年)(见表11-6)。

---

① 一项政策只要没有被废除就会一直对创新主体产生影响,截至某个时点,发挥作用的政策不仅包括当前的政策,还包括之前颁布的政策。因此,本章选择考虑重复和废止后的累计政策强度和力度值。

表 11-6　　　　　农业科研院所投入、产出及政策测量指标

一级指标	二级指标	最小值	最大值	均值	标准差
经济产出绩效	技术性收入（千元）	647261	1681672	1085584	299742.00
知识产出绩效	发表科技论文（篇）	14653	29543	22928	5610.00
	专利申请量（件）	174	6934	2188	2156.00
研发经费与人员	R&D 课题人员（人）	31146	53972	42613	6652.00
	R&D 课题经费投入（千元）	111719	1443180	542245	428194.00
政策强度	政策累计强度	540	1522	1019	306.82
政策目标	基础研究目标累计力度	108	565	337	146.81
	知识产权保护目标累计力度	277	812	514.10	157.54
	科技成果转化目标累计力度	507	1252	870.52	236.26
政策措施	管理体制改革措施累计力度	421	1340	885.53	293.71
	人才激励措施累计力度	520	1243	845.10	231.26
	科技经费管理措施累计力度	328	869	617.95	171.68

考虑到农业研发经费对科技创新效率的促进作用存在滞后性，农业研发投入对科研活动的促进作用不仅与当年研发经费有关，也与过去时期投入的研发经费有关联，因此，进行回归分析前，借鉴吴延兵（2006）关于研发经费投入的存量校正方法，对农业科研院所投入的研发经费进行存量校正，测算公式为：

$$KR_{it} = ER_{it} + (1-\delta) KR_{i,t-1} \qquad (11-4)$$

其中，KR_{it} 表示 i 地区 t 时期的研发经费存量；ER_{it} 表示 i 地区 t 时期的研发经费流量；δ 表示折旧率，本章采用文献中常选定的 15%；$KR_{i,t-1}$ 表示 i 地区 $t-1$ 时期的研发经费存量。基期科研存量：

$$KR_1 = ER_1(1+g)/(g+\delta) \qquad (11-5)$$

以农业研发经费内部投入为例，折旧率 $\delta = 15\%$。其中，g 为 1997~2015 年农业科研院所研发经费的年均增长率，经计算 $g = 13.2\%$，则 $KR_1 = 3.88ER_1$，据此可得到 1997~2015 年农业科研院所的研发经费内部投入存量。同时对农业研发经费投入使用历年来生产者价格指数（PPI）对相关变量数据进行平减，以消除通货膨胀因素的影响。

11.3.2　计量经济模型构建

科技创新活动的定量分析多选择知识生产函数，农业科研院所在科技

创新活动中将资本、人员、政策等资源投入转化为论文、专利、产品、服务等创新产出，符合科技创新主体知识生产的特征。因此，本章利用知识生产函数来分析农业科研院所的产出绩效，知识生产函数通常被设定柯布—道格拉斯型：

$$\ln Y_{it} = \beta_0 + \beta_1 \ln K_{it} + \beta_2 \ln L_{it} + \beta_3 \ln A_{it} + \mu_{it} \quad (11-6)$$

其中，Y 表示创新产出；K 表示研发经费投入；L 表示研发人员投入；A 反映创新产出效率；β_1 和 β_2 分别表示科技资金的投入弹性系数和科技人员投入弹性系数；μ 表示随机误差。盛亚和孔莎莎（2012）在研究中国知识产权政策对科技创新绩效的影响时，认为政策投入可以被认为是技术水平即 A 形成的大部分原因。

本章在传统的柯布-道格拉斯生产函数的基础上，在投入要素中将政策强度、政策目标和政策措施作为 A 引入知识生产函数中，建立计量模型，深入探究农业科技创新政策的强度、政策目标和政策措施对农业科研院所的创新产出绩效的影响。本章选择建立固定效应模型，具体形式如下：

$$\ln Y_{it} = \alpha + \beta_1 \ln K_{it} + \beta_2 \ln L_{it} + \beta_3 \ln P_{it} + \varepsilon_{it} \quad (11-7)$$

$$\ln Y_{it} = \alpha + \beta_1 \ln K_{it} + \beta_2 \ln L_{it} + \beta_3 \ln MR_{it} + \beta_4 \ln TM_{it} + \beta_5 \ln SF_{it} + \varepsilon_{it}$$
$$(11-8)$$

$$\ln Y_{it} = \alpha + \beta_1 \ln K_{it} + \beta_2 \ln L_{it} + \beta_3 \ln AD_{it} + \beta_4 \ln ID_{it} + \beta_5 \ln FD_{it} + \varepsilon_{it}$$
$$(11-9)$$

其中，t 表示时间；i 表示31个省份。由于农业科技创新活动包括知识创新阶段和科技成果转化阶段，因此，选取农业科研院所发表的论文数、专利申请数代表农业科研院所的知识产出，选取技术性收入（指技术成果转让、技术培训、技术咨询、技术服务、技术承包所取得的收入）代表农业科研院所经济产出，模型统一用 Y 表示知识产出和经济产出。K 代表农业科研院所研发经费投入；L 代表农业科研院所研发人员投入；ε_{it} 为随机误差；P 代表政策强度；MR、TM 和 SF 分别代表管理体制改革措施、人才激励措施和科技经费管理措施力度的累积年度值，AD、ID 和 FD 分别代表科技成果转化目标、知识产权保护目标和基础研究目标力度的累积年度值。

式（11-7）用于评价农业科技创新政策强度的效果，式（11-8）用于评价农业科技创新政策目标力度的效果，式（11-9）用于评价农业科技创新政策措施力度的效果。

11.3.3 实证结果分析

将政策强度、政策目标力度和政策措施力度的测量结果分别引入固定效应知识生产函数模型中，分析其对农业科研院所的知识产出与经济产出绩效的影响。

1. 农业科技创新政策强度的效果分析

运用计量经济模型式（11-7）对农业科技创新政策强度的效果进行检验，检验结果见表 11-7。研究结果显示，在1%的显著性水平下，农业科技创新政策强度（P）对全国农业科研院所的技术性收入、专利申请量产生显著的正向影响，农业科技创新政策强度每增加1%，技术性收入和专利申请量分别增加0.0046%和2.50%，而对论文发表数量没有显著的影响。研究结果表明，总体上中国农业科技创新政策对农业科研院所的技术性收入、专利申请起了显著的推动作用，但是未对论文发表产生显著的正向影响，反映出农业科技创新政策对基础研究的重视程度不够。研究结果还显示，在1%的显著性水平下，中国农业科研院所研发人员投入（L）和研发经费投入（K）对科技创新产出产生显著的正向影响，但研发人员投入对农业科研院所创新产出的影响程度明显高于研发经费投入的影响程度，表明研发人员投入是推动中国农业科研院所科技创新产出的主要推动力。

表 11-7　　　　　以农业科技创新政策强度为自变量的回归结果

变量名	技术性收入	论文发表量	专利申请量
常数项	-0.041 (-1.220)	-0.772 (-1.460)	-23.485 *** (-19.850)
研发经费	0.293 *** (3.180)	0.116 *** (2.920)	0.314 *** (3.800)
研发人员	0.854 *** (7.880)	0.660 *** (14.370)	0.746 *** (7.580)
科技政策	0.005 ** (2.290)	0.142 (1.160)	2.504 *** (9.840)

注：*** 和 ** 分别表示回归系数在1%和5%的显著性水平下显著；括号里的数字为对应的T检验值。

2. 农业科技创新政策目标力度的效果分析

运用计量经济模型式 (11-8) 对农业科技创新政策目标力度的效果进行检验，检验结果见表 11-8。研究结果显示，在 1% 和 5% 的显著性水平下，知识产权保护政策力度 (ID) 对农业科研院所的专利申请量和技术性收入分别产生显著的正向影响，农业科技创新政策目标力度每增加 1%，专利申请量和技术性收入分别增加 1.45% 和 1.47%，但对论文发表数量产生负向的影响。

表 11-8　以农业科技创新政策目标力度为自变量的回归结果

变量名	技术性收入	论文发表量	专利申请量
常数项	-8.1988*** (-2.77)	0.1951 (0.15)	-30.0246*** (-10.02)
研发经费	0.2621*** (2.64)	0.1186*** (3.05)	0.3063*** (3.38)
研发人员	0.7970*** (7.19)	0.6615*** (14.3)	0.7418*** (6.80)
基础研究政策	-1.6371*** (-3.22)	0.2658 (1.21)	-1.1638** (-2.25)
知识产权保护政策力度	1.4710** (2.41)	-4.2567 (-1.62)	1.4467** (2.34)
科技成果转化政策力度	1.3668* (1.75)	0.1605 (0.47)	3.2082*** (4.06)

注：***、** 和 * 分别表示回归系数在 1%、5% 和 10% 的显著性水平下显著；括号里的数字为对应的 T 检验值。

知识产权保护政策确保研发人员和科研院所拥有发明专利的合法权益，在技术转让中规定了双方的权利与义务，为农业科研院所申请和转让科研成果提供了重要的法律保证，因此能够显著提高农业科研院所专利申请量和技术性收入。基础研究政策力度 (FD) 对论文发表量影响不显著，对专利申请和技术性收入产生负的影响。由于基础研究政策的目的是通过加强实验基地建设、促进重点学科发展，以提高中国原始性创新能力，在目前中国农业科研资源有限的条件下，重视发展基础研究可能在短期内对农业科研院所的技术性收入和专利申请产生负的影响。

在 10% 和 1% 的显著水平下，科技成果转化目标力度 (AD) 分别显著提高了农业科研院所的专利申请量和技术性收入,科技成果转化目标力度每增加1%,专利申请量和技术性收入分别增加3.21%和1.37%,但对农业科研院所的论文发表数量无显著正向影响。近年来,政府部门出台的政策放宽了对农业科研院所科技成果的管理权限,改革科研人员绩效评价方式,为农业科研院所科技成果转化创造了有利条件,有效提高了农业科研院所的专利申请量和技术性收入。

3. 农业科技创新政策措施的效果分析

运用计量经济模型式(11-9)对农业科技创新政策措施力度的效果进行了检验,结果见表11-9。

表11-9 以农业科技创新政策措施力度为自变量的回归结果

变量名	技术性收入	论文发表量	专利申请量
常数项	-6.1519** (-2.05)	-3.149 (-0.24)	-35.0118*** (-12.37)
研发经费	0.2377** (2.53)	0.1105*** (2.79)	0.2302*** (2.58)
研发人员	0.7952*** (7.05)	0.6470*** (13.88)	0.6609*** (6.15)
管理体制改革	-1.8584** (-2.25)	0.0368 (0.10)	-2.6924*** (-3.34)
人才激励措施	1.4745* (1.82)	0.5000 (1.43)	4.5190*** (5.62)
科技经费管理措施	1.5256 (1.59)	-0.4541 (-1.10)	2.8266*** (3.08)

注:***、**和*分别表示回归系数在1%、5%和10%的显著性水平下显著;括号里的数字为对应的T检验值。

研究结果显示,在5%和1%的显著性水平下,管理体制改革措施(MR)对农业科研院所的技术性收入和专利申请量均产生显著的负向作用,对论文发表数量无显著影响,这反映出中国农业科技管理体制改革措施仍存在较大局限性,制约了农业科研院所科研工作的顺利开展。就当前农业科技体制的实施效果来看,不仅未能弥补计划经济体系的缺陷和不足,反而出现了更加不合理竞争的现象,因此,应继续深化农业科技体制改革,进一步统筹和完善管理协调机制。在10%和1%的显著水平下,人才激励措施(TM)的实施分别对专利申请和技术性收入产生显著的促进作用,人才激励措施力度每增加1%,专利申请和技术性收入分别增加4.52%和1.47%,但对论文发表没有显著影响。这反映了人才激励措施的实施有效地调动了农业科研人才的创新和成果转化的积极性,进而显著提高了农业科研院所的专利申请量和技术性收入。在1%的显著性水平下,科技经费管理措施(SF)对专利申请量产生显著正向影响,科技经费管理措施力度每增加1%,专利申请量则增加2.83%,但其对技术性收入和论文发表影响不显著。科技经费管理措施主要通过改进各项研发经费配置办法和经费预算管理办法、加强财政预算监督来提高科技经费使用效率,从而有助于提高农业科研院所专利申请量。

11.4 本章小结

本章对中国改革开放以来(1978~2015年)的农业科技创新政策按照政策层级、政策目标和政策措施进行分类,并运用赋值方法对农业科技创新政策进行分类测量,在此基础上,分析其演变的趋势和特征;然后将农业科技创新政策的量化结果引入知识生产函数模型,分析不同类型的农业科技创新政策对农业科研院所创新产出的影响,以评价农业科技创新政策的效果。本章通过以上研究,得到以下结论。

1. 中国改革开放以来(1978~2015年)的农业科技创新政策演变趋势和特征

中国农业科技创新政策数量、政策强度、政策目标力度、政策措施力度均呈现整体性波动增加的趋势,同时呈现以科技成果转化为主要目标、政策措施侧重管理体制改革层面的特征。

2. 不同类型农业科技创新政策对农业科研院所创新产出的影响

(1) 中国农业科技创新政策强度增加能够显著提高农业科研院所的技

术性收入和专利申请量,但对论文发表量没有产生显著影响,这反映了中国农业科技创新政策对基础研究推动效果不明显。

(2)农业科技创新政策目标力度方面,基础研究政策目标力度对农业科研院所专利申请量和技术性收入产生显著的负向影响,对论文发表数量影响不显著;知识产权保护政策目标能够显著提高农业科研院所的专利申请量和技术性收入,对论文发表数量产生显著的负向影响;科技成果转化政策目标力度的加强有利于提高科研院所技术性收入和专利申请量,对论文发表数量的影响不显著。实证结果表明科技成果转化与知识产权保护政策目标的作用效果显著,基础研究政策目标的作用并未得到应有的体现。

(3)农业科技创新政策措施力度方面,管理体制改革措施力度对农业科研院所的技术性收入和专利申请量产生显著的负向作用,对论文发表数量无显著影响;人才激励措施力度对农业科研院所的专利申请量和技术性收入具有显著的促进作用;科技经费管理措施对农业科研院所专利申请量产生显著的正向影响效果,对技术性收入和论文发表数量影响不显著。虽然管理体制改革措施力度高于人才激励和科技经费管理措施力度,但并未产生应有的政策效果。

(4)农业科研院所科技创新投入要素中,研发人员投入对农业科技创新产出的影响程度高于研发经费投入的影响程度,反映出人力资源是中国农业科研院所创新产出的主要驱动力。

第12章

研究结论与政策建议

本书在对农业科研院所创新活动内在机理进行分析的基础上,构建了农业科研院所科技创新的理论分析框架,选择农业科研院所的宏观和微观数据,从经费投入、人力资源投入和科研基础条件投入三个维度以及知识生产产出和技术转让产出两种产出类型,分析不同层级、不同行业、不同区域和不同创新模式农业科研院所科技创新投入和产出的现状与演变。在此基础上,基于创新模式与创新环境视角,探究农业科研院所创新效率。根据研究结论,提出提高农业科研院所创新效率的政策建议,为提升中国农业科研院所科技创新能力提供决策支持。

12.1 研究结论

本书通过对创新要素和创新模式与农业科研院所创新效率,以及创新环境与农业科研院所创新效率等方面的研究,得出以下研究结论。

1. 农业科研院所科技活动收入和创新产出持续增长,经费来源以政府资金投入为主;省级农业科研院所科技创新投入和产出显著高于国家级和地市区级农业科研院所

本书从经费投入、人力资源投入和科研基础条件投入三个维度以及知识生产产出和技术转让产出两种产出类型,分析不同层级、不同行业、不同地区和不同创新模式农业科研院所科技创新投入和产出的现状、动态特征及其差异。主要结论如下：当前中国农业科研院所科技活动收入和支出均大幅度增长，1998~2015年其年均增长速度分别为13.51%和15.80%，其中，科技活动收入主要来源于政府资金投入，科技活动支出则多用于其他日常支出，人员劳务费和设备购置费占比较低。从人力资源结构来看，农业科技人员主要以课题活动人员为主，科技管理人员和科技服务人员占比较为稳定。此外，本科学历和硕士研究生学历的科技人员是全国农业科研院所从事科技活动人员的中坚力量。科研基础条件投入水平不断提高，且主要以政府拨款为主，企业资金投入较少。全国农业科研院所创新产出总量呈增加趋势，但国际化水平不高，省级和国家级农业科研院所是主要的知识产出者，中国农业科研院所通过技术转让获得的技术性收入约占总收入的10.00%，但人均中文科技论文发表数量、专利所有权转让和许可收入显著下降。省级农业科研院所科技创新投入和产出显著高于国家级和地市级农业科研院所；种植业行业的农业科研院所科技创新投入和产出显著高于畜牧业、渔业、农垦和农机化行业的农业科研院所。

2. 中国农业科研院所创新效率呈现稳步上升的特征，人力资源投入成为最重要的驱动力；相对于独立创新模式，农业科研院所选择协同创新模式具有更高的创新效率

本书基于2009~2015年中国农业科研院所的省级面板数据，运用SFA技术无效率方法实证检验协同创新模式对农业科研院所创新效率的影响，并使用MFA实证分析独立创新和协同创新两种创新模式之间是否存在技术水平差距。通过研究得到如下结论：（1）从时间趋势看，2009~2015年中国农业科研院所创新效率的均值较高，且呈现稳步上升的态势；从空间趋势看，绝对β收敛的检验结果显示东部、中部和西部三大区域农业科研院所的创新效率趋于发散，这表明不存在中部和西部地区农业科研院所的创新效率追赶东部地区农业科研院所创新效率的趋势。（2）从选择不同创新模式农业科研院所的创新效率年度变化及效率分组水平角度看：在高研发强度下，独立创新模式无法实现农业科研院所创新效率的再提高，协同创新模式可以实现农业科研院所创新效率的进一步提升；选择协同创新的农业科研院所多分布于高效率组，低效率组中大多数是选择了独立创新模式的农业科研院所。(3) 中国农业科研院所科技创新研发经费的产出弹性与研发人员的产出弹性之和为 0.60，农业科研院所的创新产出处于规模报酬递减的阶段；同时，研发人员对研发经费的替代弹性为 2.32>1，研发经费对研发人员的替代弹性为 0.37<1，表明农业科研院所研发经费投入增多难以有效替代研发人员的减少，而研发人员的增多可在一定程度上有效替代部分研发经费的减少。(4) 从不同创新模式的选择对农业科研院所创新效率影响角度看，选择协同创新模式农业科研院所的创新效率显著高于选择独立创新模式农业科研院所的创新效率，且协同创新与农业科研院所创新效率之间存在显著的正相关关系；从空间维度看，相对于西部地区，东部地区农业科研院所选择协同创新模式更易显著提高其创新效率。(5) 从农业科研院所创新模式的技术水平差距角度来看，协同创新与独立创新之间存在技术差距，协同创新模式的技术水平要显著高于独立创新模式的技术水平。

3. 参与协同创新和知识积累正向促进农业科研院所创新产出提高；选择协同创新模式的农业科研院所在各项创新产出方面具有显著优势，协同创新对农业科研院所创新产出的影响是非线性的

本书利用中国农业科研院所微观数据，分析中国农业科研院所创新模式的现状，考察参与协同创新对农业科研院所创新产出的具体影响，同时探究科研基础条件与知识积累对创新产出的影响。与此同时，选用中国 30 个省份农业科研院所 2009~2015 年的面板数据构建动态面板门槛回归模型，以研发禀赋结构为门槛变量，实证检验协同创新对中国农业科研院所创新产出的影响。得到以下研究结论：(1) 农业科研院所参与协同创新对其国外发表科技论文和申请发明专利有显著促进作用，若三年前与其他机构合办研究部门将使其国外发表科技论文数显著增加 7 倍、发明专利申请受理数显著增加 2 倍，但并未显著影响其学术著作出版数量，且对其国内发表科技论文有显著负影响。(2) 知识积累显著影响农业科研院所创新产出，而当期投入对中国农业科研院所创新产出的影响作用并不明显，创新平台对农业科研院所国外科技论文发表数量有显著促进作用。(3) 当门槛变量 $1.636<endow\leqslant1.920$，即农业科研院所研发禀赋结构合理时，协同创新才能显著提高农业科研院所创新产出；农业科研院所研发禀赋结构不

合理时，选择协同创新模式反而不利于其创新产出的提高。

4. 基础研究经费投入与高学历、高职称人才资源投入均对提高农业科研院所创新产出有显著作用，不同创新模式下的影响有所不同

本书基于中国农业科研院所省级面板数据，实证检验了不同创新模式下经费结构和人力资源结构对农业科研院所创新产出的影响。研究发现：（1）农业科研院所的基础研究经费投入与其创新产出之间均呈正相关关系；但选择独立创新模式的农业科研院所更注重基础研究，而选择协同创新模式的农业科研院所既注重基础研究，同时也重视对试验发展经费的投入。（2）科技人力资源投入对农业科研院所创新产出效率的促进作用大于研发经费投入对产出效率的促进作用。（3）随着课题活动人员、科技管理人员比例的增加，农业科研院所创新产出效率均表现为先增后降的趋势，呈倒"U"型关系。（4）当全国平均科技管理人员和课题活动人员占比分别为15.70%和65.28%时，农业科研院所的创新产出效率达到峰值；选择独立创新模式的农业科研院所，当科技管理人员和课题活动人员占比分别为15.80%和64.09%时，其创新产出效率达到峰值；选择协同创新模式的农业科研院所，当科技管理人员和课题活动人员占比分别为15.09%和66.08%时，其创新产出效率达到峰值。（5）高技术能力科技人力资源对创新产出效率的促进作用大于高学历科技人力资源对创新产出效率的促进作用。

5. 中国科技创新政策表现出政策层级偏低的特点，协同创新政策力度和数量逐年递增；科技体制改革进程总指数不断提高，但在科技创新治理现代化阶段有所下降

近十年来科技体制改革进程总指数对中国农业科研院所的创新效率有明显的促进作用。本书选取1977~2016年中国国家立法机关、中央政府及所属部门制定并颁布的4995条科技创新政策样本，通过对政策样本进行梳理和研究发现：（1）中国科技创新政策总体上表现的特点是政策层级偏低，以通知、办法等行政文件为主，而法规、条例文件较少，法律文件仅占政策文件总数的0.82%。（2）中国科技创新政策的力度和数量不断增加，从2009年开始呈下降趋势；但协同创新政策力度和数量呈逐年上升趋势。(3) 科技政策由单一的中央政府科技部门制定转变为科技部门与非科技部门联合颁布，更加注重科技创新对产业发展的支撑作用。

在此基础上，本书运用政策赋值法构建了中国科技体制改革进程指数。得出如下结论：从总体上看，中国科技体制改革进程总指数不断提高，随着科技创新体系的不断完善，改革进程总指数有所下降。(1) 全面恢复建设阶段（1977~1984年），政策制定形式以科技政策为主，产业技术政策、财税金融政策、农村科技与社会发展政策数量与力度较低。(2) 深化科技体制改革阶段（1985~1992年），中国科技创新政策制定形式仍然以科技政策为主，但其他方面的政策数量和力度都有所增加。科技体制改革进程总指数为1.99。产业技术政策、农村科技与社会发展政策、财税金融政策科技改革进程方面指数分别为2.03、1.85、1.74。(3) 全面实施科教兴国战略阶段（1993~2000年），科技改革进程加快，科技体制改革进程总指数为2.32。其中，农村科技与社会发展、财税金融政策力度增长速度加快，其改革进程方面指数分别为3.36、2.15，比上阶段分别上升了81.62%、23.56%。(4) 建设创新型国家阶段（2001~2008年），科技体制改革进程总指数为4.11，其中，增长较为突出的农村科技与社会发展政策的改革进程方面指数为8.46，比上阶段提高151.79%。(5) 科技创新治理现代化阶段（2009年至今），截至2016年，科技体制改革进程总指数为3.24，与上一阶段相比改革进程总指数下降了21.17%，表明中国科技创新政策体系已初步形成，科技政策、产业技术政策、财税金融政策、农村科技与社会发展政策四个方面的改革进程指数均下降。

科技改革进程指数（2005~2016年）对农业科研院所整体科技创新效率产生了正向影响。表明中国近十年来科技体制改革成效显著，对提高农业科研院所创新资源配置水平起到了重要作用。因此，应继续深化农业科技体制改革，进一步统筹和完善管理协调机制。

6. 农业科技创新政策能显著影响农业科研院所创新产出，科技成果转化政策目标和人才激励政策措施能显著提高农业科研院所的专利申请量和技术性收入，而管理体制改革措施则对其有显著的负向作用

本书在将农业科技创新政策划分成政策强度、政策目标和政策措施的基础上，运用扩展的知识生产函数模型分析其对农业科研院所创新产出的影响。研究结果显示：（1）总体上看，中国农业科技创新政策强度增加能够显著提高农业科研院所的专利申请量，但对技术性收入和论文发表量没有显著影响。（2）农业科技创新政策目标中基础研究政策力度对农业科研院所专利申请量和技术性收入产生显著的负向影响；知识产权保护政策目标能够显著提高农业科研院所的专利申请量和技术性收入，但对论文发表数量呈显著的负向影响；科技成果转化政策目标能显著提高农业科研院所技术性收入和专利申请量，对论文发表数量的影响则不显著。（3）农业科技创新政策措施中的管理体制改革措施对农业科研院所的技术性收入和专利申请量有显著的负向影响，这反映出中国农业科研院所的管理体制改革措施有待完善，农业科研院所的农业科技基础性研究有所欠缺；人才激励政策措施的实施对农业科研院所专利申请量和技术性收入具有显著的促进作用；科技经费管理措施对农业科研院所专利申请量产生显著的正向影响，对技术性收入和论文发表数量影响不显著。

12.2 政策建议

基于上述研究结论，本书提出以下提高中国农业科研院所科技创新效率的政策建议。

1. 政府引导、多方共建，加快完善农业科研院所协同创新机制

协同创新可以实现各创新主体人才、知识、技术、资本等创新要素的有效对接，实现"1+1>2"的效果。相对于独立创新模式，协同创新模式不仅显著提高了农业科研院所的创新效率，同时对农业科研院所内部创新单元创新效率的提高也有显著的正向影响。

在协同创新机制完善过程中，政府是创新政策的创设主体，应发挥政策引导、沟通协调、财政资助、信息服务等多项作用，成为协同创新的重要发起者、参与者和主要推动力量。（1）发挥政府的行政职能，为农业科研院所开展协同创新创造外部创新生态系统。注重顶层设计，健全体制机

制,把构建协同创新体系作为深化科技体制改革的重要内容,同时完善构建协同创新机制过程中相关的人才配套政策,营造协同创新氛围。(2)发挥政府引导力,多部门、多组织联动,为农业科研院所开展协同创新创造内部协同创新生态系统。发挥政府的引导力、农业科研院所及高等院校的研发力、农业企业的市场导向力以及农民专业合作社等新型经营主体的桥梁纽带作用;同时,将政府、农业企业、高等院校、第三方科技服务中介机构和金融机构等主体纳入协同创新网络框架,为农业科研院所探索出兼具整体性、动态性和互补性,多方共建、协同创新利益和风险分担的内部协同创新生态系统。(3)推进协同平台建设,保障协同创新顺利实现。推进政府服务平台、农业科研院所科技平台和农业企业成果转化平台建设,多平台共建,为构建协同创新机制奠定平台基础。

与此同时,作为创新主体的农业科研院所自身也应加大对协同创新的重视程度,搭建合理的跨组织管理框架来实现与其他创新主体的互动合作。具体措施主要包括:(1)加强学科带头人,尤其是青年学科带头人的培养锻炼,培养协同创新的骨干力量。立足创新工作需要,联合国内外知名高等院校和科研院所,选派青年学科带头人到国内外知名高等院校或科研机构进行有针对性的短期学习或合作研究,提高其创新能力。(2)充分利用农业科研院所科研条件平台资源,组建协同创新团队;在此基础上,与国内知名高等院校和科研机构进行项目合作,组建科研联合体,开展共性技术协同攻关,不断提升科技创新水平。(3)加强与科技型龙头企业、农民专业合作社等新型经营主体的合作,实现农业科研成果与市场和农户的有效对接,加速科技创新成果的推广应用,使现有科技成果尽快转化为现实生产力。

2. 加大基础研究经费投入,优化农业科研院所经费结构配置

基础研究经费投入显著地提高了农业科研院所创新产出。基础研究处于创新链的最前端,属于创新过程中的基础驱动力,为新发明及新专利提供知识源泉,是提升中国农业科研院所原始创新能力的关键。应加强对农业基础研究的顶层设计、宏观指导和整体布局,全盘谋划不同学科的基础研究工作,聚焦农业科技发展的重大基础性、前沿性创新研究。基于此,

（1）不断加强政府资金对基础研究的支持力度，用于提高重大项目研发水平和重大成果培育能力，加快重大科技基础设施建设，强化基础研究后备队伍培育；将基础研究经费占比提升到10%以上，达到发达国家对基础研究投入的支持强度。（2）政府通过政策杠杆，引导、鼓励社会资金向农业科研院所尤其是国家级农业科研院所原始创新研究流动，增加其基础研究经费投入。（3）通过财政政策、经济杠杆和管理体制创新，引导国家级农业科研院所等国家科技战略力量从事面向国家需求和产业需求的基础研究，并逐步优化外部环境，将国家级农业科研院所等国家科技战略力量打造成基础研究的创新主体。

3. 营造良好的创新环境，优化人才结构，激发创新人才的创新活力

人力资源投入已经成为中国农业科研院所创新产出的最重要驱动力，且高技术能力的人力资源对农业科研院所研发产出有显著的正向影响，亟须高质量人才发挥其对创新驱动的动力效应。（1）加大人才引进力度，深化农业科技人才培养机制。实施更积极、更开放、更有效的人才引进政策，紧扣农业科技创新重点研究领域，加大高端人才引进力度；将科技创新纳入教育规划，优化学科建设，结合教育改革试点，探索校、企、院联合招生、完善培养模式，提升高等院校人才培养对农业科技创新的支撑能力。（2）继续健全和完善人才评价机制。政府应该建立科学化、社会化、市场化的人才评价机制，对不同人才实行差别化评价。对从事基础研究的科技人员，重点评价其原始创新能力、学术水平及影响力；对主要从事应用研究和技术开发的人才，要着重评价其技术创新与集成能力、取得的自主知识产权和重大技术突破、成果转化、对农业产业发展的实际贡献；对从事社会公益研究、科技管理服务和实验技术的人才，重在评价考核工作绩效，引导其提高服务水平和技术支持能力。（3）健全人才顺畅流动机制，破除农业科研院所人才流动障碍，打破学历、人事关系等制约，促进人力资源合理流动、有效配置，为人才跨地区、跨行业、跨体制流动提供支撑条件。（4）深入推进"放管服"，激发农业科研院所创新活力。继续推进简政放权，给予农业科研院所更多自主权，加强知识产权保护，深化绩效奖励、间接费用补偿等措施提高研发人员薪酬水平。

人力资源结构是反映农业科研院所人力资本质量的重要标志。因此，农业科研院所应加大对人才的培养与引进力度，注重人力资本结构的协调性和合理性。（1）在加强素质教育和制订培训计划的基础上，改革人才培养模式，深化院企协同育人，引导农业企业参与农业科研院所人才培养。（2）逐步改进和完善研发环境，并大力培养、引进高质量人才，加快农业科研院所与高等院校、农业企业之间人才的双向流动。（3）改善研究条件，加强实验室和试验基地的建设与管理，为人才的成长和发展提供创新平台。同时，调整不同创新模式农业科研院所人才资源的配置结构。选择不同创新模式的科研院所应根据自身的科研实力来规划科研人员数量结构，优化科技管理人员、课题活动人员的数量，尽可能地实现最高效率组合的最优结构比例，减少因科技管理人员过多而造成的行政化严重问题；同时给予科技活动人员更多的自主权。（4）完善考核评估和激励机制。加强科研成果考核评估机制，注重科研成果的质量、贡献和影响，强化科技创新人才激励机制；改革农业科研院所职称评审制度，优化完善职称评审体系。

4. 优化研发禀赋结构，提高农业科研院所协同创新能力

农业科研院所应逐步优化研发禀赋结构，以提高协同创新能力。无论是研发经费投入还是研发人员投入，均存在较为明显的边际效应，因此，农业科研院所应协调好研发经费与研发人员投入的配比关系，实现自身要素与禀赋结构的匹配，以此实现对协作方知识、技术的消化吸收，并将其编码为适合自身发展的显性知识，实现协同创新各主体人才结合、技术互补、资源配置和效益共赢，缓解农业科研院所独立创新所存在的研发风险大、研发周期长和研发的正外部性等问题。

5. 强化创新平台建设，增强农业科技创新的支撑能力

创新平台对促进农业科研院所科技创新有显著影响。创新平台是集聚创新要素的重要载体，是激活创新要素的重要设施。基于此，（1）政府应发挥其在平台建设方面的主导地位与引导作用，鼓励农业科研院所进行创新平台建设，并制定相关政策措施、加大资金倾斜以保障创新基础平台的建设与运行。（2）围绕产业需求，政府对创新平台的基础建设问题进行科学布局与合理规划，同时农业科研院所在加强与其他创新主体联系的基础上，积极引入社会资本，整合各类科技创新要素，由此搭建一批创新要素配置更优、联合创新活动更强、开放服务水平更高的创新平台，并对已建创新平台提质升级，增强创新平台的集聚效应和对农业科技创新的支撑能力。

6. 深化科技体制改革，加强顶层设计

改革开放以来，中国的科技体制改革共经历了五个阶段，科技体制完成了从高度计划性体制向市场体制转型，初步形成了以市场为导向的科技创新体系。深化中国农业科技创新体制改革，加强科技体制顶层协调机制设计，充分发挥集中力量办大事的体制优势。推动制定新一轮的中长期科技发展规划，为确立中国未来农业科技创新的发展战略方针、目标和举措，紧紧围绕促进科技与经济社会发展深度融合，规划通过健全科技创新治理机制、构建新型科技计划体系、完善科研项目和资金管理、强化科技管理基础制度建设、完善创新导向的评价制度等，推动政府简政放权、放管结合、优化服务，建立健全符合科研规律、激发创新活力的体制机制，形成职责明晰、积极作为、协调有力、长效管用的创新治理体系，加快实现从研发管理向创新服务转变；处理好政府与市场配置农业科技资源的关系以及农业科研院所与农业企业、农业高校之间的关系。推进农业科技创新要素在农业创新体系内部实现充分流动和优化配置。

7. 完善中国科技政策协调机制，增强科技成果转化政策力度

研究表明，农业科技管理体制改革措施对农业科研院所的技术性收入和专利申请量有显著的负向作用，科技成果转化的政策目标显著提高了农业科研院所的技术性收入和专利申请量。这反映出中国农业科研院所的管理体制改革措施有待完善，需要继续强化科技成果转化政策。

加强科技管理体制协调机制。目前，中国国家项目管理任务由相应部委的专业机构负责，政府需要进一步完善科技项目管理的专业机构，加强科技项目协调机制的建设。加强顶层设计，统筹考虑、系统规划和协调推进科技项目管理的专业机构建设工作，优化专业机构建设工作的政策环

境，激发专业机构活力，提高其科技项目管理能力。政府还应强化多部门联合的科技计划和项目经费管理协调机制，促进农业科技创新部门与农业产业部门横向合作、鼓励国家农业科研院所和地方农业科研院所之间的纵向合作，以充分发挥其各自创新优势。

增强科技成果转化政策力度。中国农业科研院所的科技人员对完成项目任务、发表论文、专著考虑较多，对科研成果是否能够顺利应用于实践中考虑较少，导致农业科技成果的有效供给不足。因此，农业科技创新项目立项应围绕产业链部署创新链、围绕创新链完善资金链，聚焦国家农业战略目标和产业需求，集中农业科技创新要素，保证农业科技成果的有效供给。农业科技成果具有公益性和基础性，农业科研院所在农业科技成果转化过程中承担了更多的社会责任，但盈利能力相对较弱。因此，国家应制定有利于农业科技成果转化的支持政策，以进一步激发农业科研院所及其科技人员的积极性，提高农业科技成果的转化效率。推动产学研协同开展科技成果转移转化，建立面向农业企业的技术服务站点网络，推动农业科技成果与农业产业、农业企业需求有效对接，通过研发合作、技术转让、技术许可等多种形式，实现农业科技成果的市场价值和社会价值。

参 考 文 献

1. 白俊红，蒋伏心. 协同创新、空间关联与区域创新绩效 [J]. 经济研究，2015 (7): 174-187.

2. 白俊红，吕晓红. 自主研发、协同创新与外资引进——来自中国地区工业企业的经验证据 [J]. 财贸经济，2014, 35 (11): 89-100.

3. 柏振忠. 农业科技创新的投入机制与金融支持问题研究 [J]. 科技与经济，2009, 22 (6): 37-40.

4. 柏振忠. 世界主要发达国家现代农业科技创新模式的比较与借鉴 [J]. 科技进步与对策，2009, 26 (24): 39-41.

5. 蔡彦虹，李仕宝，饶智宏，姜鹏. 我国农业科技成果转化存在的问题及对策 [J]. 农业科技管理，2014, 33 (6): 8-10, 84.

6. 曹执令，杨会全. 论我国农业科技服务体系的创新思路 [J]. 人民论坛，2011 (29): 238-239.

7. 常向阳，韩园园. 农业技术扩散动力及渠道运行对农业生产效率的影响研究——以河南省小麦种植区为例 [J]. 中国农村观察，2014 (4): 63-70.

8. 陈光华，梁嘉明，杨国梁. 产学研合作研发是规模经济的吗？——以广东省省部产学研合作专项为例的分析 [J]. 科学学研究，2014, 32 (6): 882-889.

9. 陈恒，侯建. R&D 投入、FDI 流入与国内创新能力的门槛效应研究——基于地区知识产权保护异质性视角 [J]. 管理评论，2017, 29 (6): 85-95.

10. 陈慧女，周伊. 中国农业科技创新模式变迁及策略选择 [J]. 科技进步与对策，2014, 31 (17): 70-74.

11. 陈建伟. 我国农业科技创新效率研究 [D]. 北京：中国农业科学

技术出版社, 2010.

12. 陈劲, 阳银娟. 协同创新的理论基础与内涵 [J]. 科学学研究, 2012, 30 (2): 161-164.

13. 陈劲, 阳银娟. 协同创新的驱动机理 [J]. 技术经济, 2012, 31 (8): 6-11.

14. 陈劲. 科学、技术与创新政策 [M]. 北京: 科学出版社, 2013.

15. 陈志强. 福建农业产业化龙头企业科技创新能力及效率研究 [D]. 福建: 福建农林大学, 2013.

16. 陈志兴. 农业科技企业创新模式的比较与选择 [J]. 农业科技管理, 2007, 26 (4): 94-96.

17. 陈子韬, 孟凡蓉, 王焕. 科技人力资源对科技创新绩效的影响: 基于企业和高校机构的比较 [J]. 科学学与科学技术管理, 2017, 38 (9): 173-180.

18. 程华, 廖中举. 中国环境政策演变及其对企业环境创新绩效影响的实证研究 [J]. 技术经济, 2010, 29 (11): 8-13.

19. 池敏青, 李晗林. 福建省科研院所科技活动经费投入结构分析 [J]. 江苏科技信息, 2017 (30): 12-14, 21.

20. 戴小枫, 边全乐, 汪学军. 关于如何建立新的农业科技创新体系 [J]. 农业科技管理, 2000 (1): 2-5.

21. 董明涛. 我国农业科技创新资源的配置效率及影响因素研究 [J]. 华东经济管理, 2014, 28 (2): 53-58.

22. 杜金沛. 论农业企业科技创新政策中的主要弊端及其不良后果 [J]. 农业部管理干部学院学报, 2011, 29 (1): 84-87.

23. 杜娟. 基于 DEA 模型的我国农业科技创新投入产出分析 [J]. 科技进步与对策, 2013, 30 (8): 82-85.

24. 杜生鸣, 鲁耀斌. 我国技术创新中的科技政策评析 [J]. 科技管理研究, 2006 (2): 4-7, 20.

25. 段莉. 典型国家建设农业科技创新体系的经验借鉴 [J]. 科技管理研究, 2010, 30 (4): 23-28.

26. 范柏乃, 段忠贤. 中国自主创新政策: 演进、效应与优化 [J].

中国科技论坛, 2013, 1 (9): 5-12.

27. 冯文娜. 高新技术企业研发投入与创新产出的关系研究——基于山东省高新技术企业的实证 [J]. 经济问题, 2010 (9): 74-78.

28. 付野, 张广胜, 田慧勇. 基于DEA的农业科技龙头企业技术创新效率评价——以辽宁省为例 [J]. 社会科学辑刊, 2011 (1): 133-137.

29. 傅丽, 张社梅. 四川省农业科技创新效率评价研究 [J]. 农村经济与科技, 2015 (7): 33-36.

30. 高启杰. 农业科技企业技术创新能力及其影响因素的实证分析 [J]. 中国农村经济, 2008 (7): 32-38.

31. 高启杰. 中国农业技术创新模式及其相关制度研究 [J]. 中国农村观察, 2004 (2): 53-60, 81.

32. 辜胜阻, 黄永明. 加快农业技术创新与制度创新的对策思考 [J]. 经济评论, 2000 (6): 25-28.

33. 郭江江, 戚巍, 王子晨. 我国高校研发投入与创新产出关系的实证研究 [J]. 中国高教研究, 2014 (3): 37-41.

34. 郭久荣. 以色列农业科技创新体系及对中国农业科技发展的启迪作用 [J]. 世界农业, 2006 (7): 39-42.

35. 何海燕, 王子文, 姜李丹, 蔡静静. 我国产学研协同创新影响因素研究——基于Ordered Logit模型实证分析 [J]. 华东经济管理, 2014, 28 (9): 106-110.

36. 何利辉, 经庭如. 农业科技投入的国际比较及中国的对策 (下) [J]. 世界农业, 2003 (2): 10-11.

37. 何郁冰. 产学研协同创新的理论模式 [J]. 科学学研究, 2012, 30 (2): 165-174.

38. 胡慧英, 申红芳, 廖西元, 陈金发. 农业科研机构科技创新能力的影响因素分析 [J]. 科研管理, 2010, 31 (3): 78-88.

39. 胡瑞法, 时宽玉, 崔永伟, 黄季焜. 中国农业科研投资变化及其与国际比较 [J]. 中国软科学, 2007 (2): 53-58, 65.

40. 胡祎, 陈芳, 易建勇, 张正河, 王静, 莫英杰. 中国农业科技创新现状及其存在的问题与对策 [J]. 食品与机械, 2017, 33 (1): 209-212.

41. 黄钢,徐玖平. 论科技价值链管理与农业科技创新 [J]. 农业科技管理,2005 (4):1-5.

42. 黄季焜,胡瑞法. 中国农业科研投资:效益、利益分配及政策含义 [J]. 中国软科学,2000 (9):21-24.

43. 黄季焜. 迈向 21 世纪的中国粮食经济 [M]. 北京:中国农业出版社,1998.

44. 黄季焜. 深化农业科技体系改革,提高农业科技创新能力 [J]. 农业经济与管理,2013 (2):5-8.

45. 黄敬前,郑庆昌. 建国以来我国农业科技政策及其特征分析 [J]. 技术经济与管理研究,2014 (9):124-128.

46. 纪绍勤. 我国农业科技创新体系研究 [D]. 北京:中国农业科学院,2005.

47. 季柯辛. 农业技术创新模式研究:一个国内文献述评 [J]. 农业部管理干部学院学报,2015 (4):20-25.

48. 姜丽华,谢能付,刘世洪. 农业科研机构科技创新能力评价研究 [J]. 中国农学通报,2015,31 (26):266-273.

49. 姜丽华. 农业科研机构科技创新能力评价的理论与方法研究 [D]. 北京:中国农业科学院,2014.

50. 蒋和平,刘学瑜. 我国农业科技创新体系研究评述 [J]. 中国农业科技导报,2014,16 (4):1-9.

51. 旷宗仁,梁植睿,左停. 中国农业科技创新政策目标设定与实现情况分析 [J]. 华南农业大学学报(社会科学版),2012,11 (2):59-68.

52. 旷宗仁,章瑾,左停. 中国农业科技创新投入产出分析 [J]. 中国科技论坛,2012 (7):132-136.

53. 李春红. 现代农业亟需农业科技政策的调整与创新研究 [J]. 农业科研经济管理,2010 (3):2-5.

54. 李国祥. 促进我国农业科技人力资源的有效配置 [J]. 科技导报,1999 (8):52-54,57.

55. 李洪文,曹琼,李成标. 农业区域科技创新能力评价研究——以湖北省为例 [J]. 湖北农业科学,2013,52 (14):3443-3446.

56. 李纪生,陈超,徐世艳. 农业科研投资对农业生产率增长效应的实证分析[J]. 江苏农业学报,2010,26(3):645-648.

57. 李金祥,刘瀛弢,毛世平,谢玲红,吴敬学. 国家级农业科研机构政府投入缺口分析[J]. 农业经济问题,2014,35(7):27-35.

58. 李强,韩伯棠,翟立新. 共科研机构绩效评价测度体系研究[J]. 科学学研究,2006,24(2):18-21.

59. 李强,刘冬梅. 我国农业科研投入对农业增长的贡献研究——基于1995~2007年省级面板数据的实证分析[J]. 中国软科学,2011(7):42-49.

60. 李想,穆月英. 农业科技创新投入要素贡献的动态分析——基于状态空间模型的实证[J]. 经济经纬,2013(4):39-43.

61. 李晓轩,杨国梁. 中国科学院研究所评价的逻辑模型研究[J]. 科学学与科学技术管理,2009,30(4):5-8.

62. 李晓轩. 我国国立科研机构绩效评价的实践与思考[J]. 中国科学院院刊,2005,20(5):395-398.

63. 李玉蕾,袁乐平. 战略人力资源管理对企业绩效的影响研究[J]. 统计研究,2013,30(10):92-96.

64. 李哲敏,潘月红. 国外农业科研、投入体制和机制研究[J]. 科技与管理,2005,7(1):39-42.

65. 连燕华. 技术创新政策概论[J]. 科学管理研究,1998(5):10-15.

66. 梁正. 从科技政策到科技与创新政策——创新驱动发展战略下的政策范式转型与思考[J]. 科学学研究,2017(2):13-19.

67. 林伯德. 农业科技创新能力评价的理论模型探讨[J]. 福建农林大学学报(哲学社会科学版),2010,13(3):54-59.

68. 林梅,陈奇榕. 福建农业科技创新模式绩效评价指标体系的研究[J]. 福建农业学报,2009,24(4):375-379.

69. 林青宁,毛世平. 中国上市公司研发效率及其影响因素分析——基于2007~2014年中国上市公司的经验数据[J]. 技术经济,2017,36(2):57-64.

70. 林毅夫. 发展战略、自生能力和经济收敛 [J]. 经济学（季刊），2002（1）：269-300.

71. 刘春香，闫国庆. 农业技术创新成效研究 [J]. 农业经济问题，2012（2）：32-37.

72. 刘丹，闫长乐. 协同创新网络结构与机理研究 [J]. 管理世界，2013（12）：1-4.

73. 刘冬梅，郭强. 我国农村科技政策：回顾、评价与展望 [J]. 农业经济问题，2013（1）：43-48.

74. 刘凤朝，孙玉涛. 我国科技政策向创新政策演变的过程、趋势与建议——基于我国289项创新政策的实证分析 [J]. 中国软科学，2007（5）：34-42.

75. 刘辉，李小芹，李同升. 农业技术扩散的因素和动力机制分析——以杨凌农业示范区为例 [J]. 农业现代化研究，2006，27（3）：178-181.

76. 刘笑明，李同升. 农业技术创新扩散的国际经验及国内趋势 [J]. 经济地理，2006，26（6）：931-935.

77. 刘旭，王秀东. 完善投入体制和机制，推进农业科技自主创新能力建设 [J]. 农业经济问题，2007（3）：24-30.

78. 柳卸林，田凌飞. 不同产业研发投入对区域创新产出的影响 [J]. 科技进步与对策，2019，36（4）：33-39.

79. 龙冬平，李同昇，于正松. 农业技术扩散中的农户采用行为研究：国外进展与国内趋势 [J]. 地域研究与开发，2014，33（5）：132-139.

80. 陆建中，李思经. 农业科研机构自主创新能力评价指标体系研究 [J]. 中国农业科技导报，2011，13（4）：1-6.

81. 罗伟，连燕华，方新. 技术创新与政府政策 [M]. 北京：人民出版社，1996.

82. 马红霞，刘琪. 我国农业科技创新发展的问题及其对策探究 [J]. 吉林师范大学学报（人文社会科学版），2010，38（3）：68-71.

83. 马利华，颜会哲，颜平建. 县域农业科技创新能力指数测评研究 [J]. 安徽农业科学，2011，39（26）：16305-16307.

84. 毛世平, 曹志伟, 刘瀛弢, 吴敬学. 中国农业科研机构科技投入问题研究——兼论国家级农业科研机构科技投入 [J]. 农业经济问题, 2013, 34 (1): 49-56, 111.

85. 孟金卓. 农业科研公共投入对于农业生产率增长的贡献研究 [J]. 科技管理研究, 2012, 32 (18): 40-44.

86. 莫鸣, 曾福生. 农业科技创新政策的基本内涵 [J]. 湖南农业大学学报（社会科学版）, 2004, 5 (4): 19-22.

87. 倪芝青, 林晔, 沈悦林, 徐燕椿, 徐克庄. 城市创新指数指标选择研究——以杭州为例 [J]. 科技进步与对策, 2011, 28 (6): 123-126.

88. 欧阳煌, 李思. 创新扩散、制度网络与专业合作社发展——基于小世界网络视角 [J]. 中国农村经济, 2016 (8): 84-97.

89. 潘峰英. 科研院所人力资源管理方式研究 [J]. 人力资源管理, 2015 (1): 81-82.

90. 庞柏林. 中国农业技术创新驱动模式研究 [J]. 学习与探索, 2008 (1): 171-173.

91. 庞长伟. 自主创新还是引进创新？——合作效率对创新模式转换的影响 [J]. 科技进步与对策, 2016, 33 (5): 97-103.

92. 彭纪生, 仲为国, 孙文祥. 政策测量、政策协同演变与经济绩效：基于创新政策的实证研究 [J]. 管理世界, 2008 (9): 25-36.

93. 彭宇文, 吴林海. 我国农业科技创新问题的研究 [J]. 上海经济研究, 2006 (11): 55-60.

94. 皮珊. 我国农业科技创新体系建设的主要问题及对策 [J]. 湖南财政经济学院学报, 2009, 25 (1): 59-62.

95. 戚湧, 王静. 基于社会网络分析的产学研协同创新网络研究 [J]. 中国科技论坛, 2015 (11): 11-17.

96. 齐晓辉. 我国可持续农业技术创新模式的选择 [J]. 科技管理研究, 2010, 30 (6): 22-24.

97. 钱福良. 中国现代农业科技创新体系问题与重构 [J]. 农业经济, 2017 (1): 38-40.

98. 裘孟荣, 袁飞. 论农业技术创新与扩散的宏观管理 [J]. 农业技术经济, 1996 (1): 21-24.

99. 邵建成. 中国农业技术创新体系建设研究 [D]. 咸阳: 西北农林科技大学, 2002.

100. 邵宇军, 唐斯斯. 西部农业科技创新能力实证研究——基于科技经费投入的视角 [J]. 中国经贸导刊, 2013 (26): 9-14.

101. 申红芳, 廖西元, 陈金发, 王磊. 中国农业科研投资的不均衡研究——农业科研投资基尼系数的计算及其分解 [J]. 软科学, 2008, 22 (12): 55-59.

102. 申红芳, 廖西元, 陈金发. 国家级农业科研机构科技生产力评估 [J]. 科研管理, 2009, 30 (6): 163-171.

103. 申红芳. 农业科研机构科技产出绩效评价及其影响因素分析 [J]. 科研管理, 2010, 31 (6): 126-135.

104. 时宽玉, 胡瑞法, 黄季焜, 李仕宝, 许宁. 新一轮改革以来中国农口科研单位的收入结构变化及其区域间的差异 [J]. 中国软科学, 2008 (11): 45-49, 73.

105. 史烽, 高阳, 陈石斌, 蔡翔. 技术距离、地理距离对大学——企业协同创新的影响研究 [J]. 管理学报, 2016, 13 (11): 1665-1673.

106. 宋蕾, 辛宇. 农业科技人力资源对农业经济增长的作用分析 [J]. 科技与管理, 2006 (5): 137-140.

107. 宋在田, 高成. 以人为本, 建立高素质科技队伍 [J]. 农业科研经济管理, 1999 (2): 47-49.

108. 苏时鹏, 郑逸芳, 黄森慰. 基于DEA-Tobit模型的农业科技推广服务效率研究——对福建省306个农业科技推广项目的实证分析 [J]. 技术经济, 2011, 30 (9): 90-95.

109. 孙联辉. 影响我国农业科技进步的障碍因素 [J]. 河南大学学报 (社会科学版), 2003 (3): 77-80.

110. 孙锐. 战略人力资源管理、组织创新氛围与研发人员创新 [J]. 科研管理, 2014, 35 (8): 34-43.

111. 孙月芳. 农业科研单位科技人力资源研究 [D]. 上海: 华东师范大学, 2008.

112. 孙早,宋炜. 企业 R&D 投入对产业创新绩效的影响——来自中国制造业的经验证据 [J]. 数量经济技术经济研究, 2012, 29 (4): 49 - 63, 122.

113. 覃肖响, 王树进. 我国农业科技创新体系问题的本因分析 [J]. 科技与经济, 2006, 19 (3): 32 - 35.

114. 万宝瑞. 实现农业科技创新的关键要抓好五大转变 [J]. 农业经济问题, 2012 (10): 4 - 7.

115. 王广, 郭翔宇. 农业科技创新动力机制影响因素与创新 [J]. 学术交流, 2016 (5): 136 - 141.

116. 王国红, 刘隽文, 邢蕊. 竞合视角下中小企业协同创新行为的演化博弈模型研究 [J]. 中国管理科学, 2015, 23 (S1): 662 - 666.

117. 王建明. 中国农业科研投资与农业经济增长的互动关系研究 [J]. 农业技术经济, 2009 (1): 103 - 109.

118. 王农, 周莉, 王跃华, 闫立金, 王倩. 农业科研协同创新动力机制研究探讨 [J]. 科学管理研究, 2016, 34 (1): 91 - 92, 120.

119. 王培玲. 双创视野下农村科技人员创新动力激励机制创新研究 [J]. 农业经济, 2017 (7): 107 - 109.

120. 王雅鹏, 吕明, 范俊楠, 文清. 我国现代农业科技创新体系构建: 特征、现实困境与优化路径 [J]. 农业现代化研究, 2015, 36 (2): 161 - 167.

121. 王玉春, 郭媛嫣. 上市公司 R&D 投入与产出效果的实证分析 [J]. 产业经济研究, 2008 (6): 44 - 52.

122. 吴建寨, 杨海成, 李斐, 孔繁涛. 发达国家农业科技创新体系及其经验借鉴 [J]. 世界农业, 2016 (9): 157 - 161, 199.

123. 吴敬学, 毛世平, 王志丹. 提升我国农业科技原始创新能力的思路与对策 [J]. 农业经济问题, 2012 (8): 56 - 59.

124. 吴雪莲, 张俊飚, 何可, 丰军辉. 财政科技投入与农业科研机构创新水平的长期均衡及短期动态关系研究——基于中国 1998~2011 年省级面板数据分析 [J]. 华中农业大学学报 (社会科学版), 2015 (4): 49 - 55.

125. 吴延兵. R&D 存量、知识函数与生产效率 [J]. 经济学（季刊），2006, 5 (3)：1129-1156.

126. 吴友群，赵京波. 产学研合作的经济绩效研究及其解释 [J]. 科研管理，2014, 35 (7)：147-153.

127. 夏恩君，顾焕章. 构建我国农业技术创新的动力机制 [J]. 农业经济问题，1995 (11)：42-45.

128. 肖碧云. 基于 DEA 模型的我国农业科技创新资源配置效率研究 [J]. 吉林农业科技学院学报，2016, 25 (4)：62-65.

129. 肖天天. 我国农业科技创新的政策支持研究 [D]. 河北：河北大学，2014.

130. 谢玲红，毛世平. 中国涉农企业科技创新现状、影响因素与对策 [J]. 农业经济问题，2016 (5)：87-96.

131. 熊彼特. 经济发展理论 [M]. 杜贞旭，译. 北京：中国商业出版社，2009.

132. 胥巍. 四川省水稻科研机构自主创新能力的效率评价研究 [D]. 四川：四川农业大学，2009.

133. 徐建培. 中国创新政策体系的现状以及建设的方向 [R]. 上海浦东创新论坛，2013-10-27.

134. 徐维祥，江为赛，刘程军. 协同创新网络、知识管理能力与企业创新绩效——来自创新集群的分析 [J]. 浙江工业大学学报（社会科学版），2016, 15 (1)：11-17.

135. 徐秀丽，李小云，左停，叶敬忠. 农业科技政策应以支持农民生计改善为导向 [J]. 中国农村经济，2003 (12)：4-10.

136. 许朗. 中国农业科研机构科技创新研究——能力、效率与模式 [D]. 南京农业大学，2009.

137. 严成樑，龚六堂. R&D 规模、R&D 结构与经济增长 [J]. 南开经济研究，2013 (2)：3-19.

138. 严成樑，周铭山，龚六堂. 知识生产、创新与研发投资回报 [J]. 经济学（季刊），2010, 9 (3)：1051-1070.

139. 严焰，池仁勇. R&D 投入、技术获取模式与企业创新绩效——基于浙江省高技术企业的实证 [J]. 科研管理, 2013, 34 (5): 48-55.

140. 杨丽娟. 我国科技人力资源现状与问题研究 [D]. 合肥: 合肥工业大学, 2007.

141. 杨秀玉. 基于熵权 TOPSIS 法的区域农业科技创新能力及收敛性分析 [J]. 华中农业大学学报 (社会科学版), 2017 (3): 42-50, 150, 151.

142. 姚琼, 许美思, 张泳. 技术创新模式、资源整合与企业绩效: 以农业科技企业为例 [J]. 科技管理研究, 2015, 35 (3): 8-14.

143. 于水, 安开根. 试析我国农业科技推广体系与机制创新 [J]. 科学学与科学技术管理, 2009, 30 (1): 13-20.

144. 于水, 张海彬. 我国农业科技创新体系运行的政策环境研究 [J]. 中国高校科技与产业化, 2009 (4): 69-71.

145. 余泳泽, 张先轸. 要素禀赋、适宜性创新模式选择与全要素生产率提升 [J]. 管理世界, 2015 (9): 13-31.

146. 袁杰, 陈华志. 产学研合作对高校学术竞争力的区域效应研究 [J]. 华南理工大学学报 (社会科学版), 2014 (1): 136-139.

147. 袁学国, 郑纪业, 李敬锁. 中国农业科技投入分析 [J]. 中国农业科技导报, 2012, 1 (1): 11-15.

148. 袁宇, 傅建祥. 山东省农业科技创新主体研究 [J]. 科技与经济, 2014, 27 (5): 30-34.

149. 岳书敬, 刘朝明. 人力资本与区域全要素生产率分析 [J]. 经济研究, 2006 (4): 90-96, 127.

150. 詹雯婷, 章熙春, 胡军燕. 产学研合作对企业技术能力结构的双元性影响 [J]. 科学学研究, 2015, 33 (10): 1528-1537.

151. 张彩彬. 中国农业科研投资效率研究 [D]. 重庆: 西南大学, 2011.

152. 张静, 王宏伟. 我国知识资本生产特征及其对经济增长的影响 [J]. 科学学研究, 2017 (8): 38-48.

153. 张静, 张宝文. 基于 Malmquist 指数法的我国农业科技创新效率实证分析 [J]. 科技进步与对策, 2011, 28 (7): 84-88.

154. 张莉侠, 俞美莲, 王晓华. 农业科技创新效率测算及比较研究 [J]. 农业技术经济, 2016 (12): 86-92.

155. 张淑辉, 郝玉宾. 农业科技成果低转化率的主要原因探讨 [J]. 理论探索, 2014 (1): 98-101.

156. 张伟, 朱玉春. 农业技术扩散研究综述 [J]. 科技与经济, 2012, 25 (5): 52-56.

157. 张永安, 闫瑾. 技术创新政策对企业创新绩效影响研究——基于政策文本分析 [J]. 科技进步与对策, 2016, 33 (1): 108-113.

158. 张玉梅, 游良志, 刘凤伟. 中国农业科研投资区域分配及其经济效率研究 [J]. 中国科技论坛, 2009 (6): 115-119.

159. 张跃强, 陈池波. 财政农业科技投入对农业科技创新绩效的影响 [J]. 科技进步与对策, 2015, 32 (10): 50-54.

160. 赵红专, 翟立新, 李强. 公共科研机构绩效评价的指标与方法 [J]. 科学学研究, 2006 (1): 85-90.

161. 赵瑞全. 论中国农业科技人力资源的有效利用 [J]. 中国农学通报, 2006 (3): 453-455.

162. 赵骁炀. 山西农业科技创新效率研究 [J]. 经济师, 2014 (10): 148-149.

163. 赵芝俊, 张社梅. 近20年中国农业技术进步贡献率的变动趋势 [J]. 中国农村经济, 2006 (3): 4-12.

164. 郑有贵. 1978年以来农业技术政策的演变及其对农业生产发展的影响 [J]. 中国农史, 2000 (1): 91-98.

165. 朱承亮, 师萍, 岳宏志, 韩先锋. 人力资本、人力资本结构与区域经济增长效率 [J]. 中国软科学, 2011 (2): 110-119.

166. 朱广其. 我国农业技术创新的主体、模式及对策 [J]. 农业现代化研究, 1997 (3): 5-8.

167. 朱玉春, 黄增健. 我国农业科技创新能力区域比较研究 [J]. 商业研究, 2008 (9): 133-136.

168. Aiyar S. S., Feyrer J.. A Contribution to the Empirics of Total Factor Productivity [J]. Social Science Electronic Publishing, 2002.

169. Alston, J. M. , Andersen, M. A. , James, J. S. P. G. Pardey. Persistence Pays: U. S. Agricultural Productivity Growth and the Benefits from Public R&D Spending [J]. http: trove. nla. gov. au/work/36778161, 2010.

170. Anderson, J. R. . Agricultual Technology: Policy Issues for the International Community [M]. CAB International, Walling ford, 1994.

171. Ansoff, H. I. . Corporate Strategy: An Analytic Approach to Business Policy for Growth and Expansion [M]. New York: McGraw-Hill Book, 1965: 15 – 33.

172. Azizan A. S. . Strengthening Malaysia's Scientific and Technological Development through Human Capital Development [J]. Procedia – Social and Behavioral Sciences, 2013, 91: 648 – 653.

173. Bamey J. . Firm Resources and Sustained Competitive Advantage [J]. Journal of Management. 1991 (1): 99 – 120.

174. Battese G. E. , O'Donnell D. S. P. R. J. . A Metafrontier Production Function for Estimation of Technical Efficiencies and Technology Gaps for Firms Operating Under Different Technologies [J]. Journal of Productivity Analysis, 2004, 21 (1): 91 – 103.

175. Beintema N. M. and G. J. Stads. Public Agricultural R&D Investments and Capacities in Developing Countries: Recent Evidence for 2000 and Beyond [R]. ASTI Background Note. International Food Policy Research Institute, 2010.

176. Benhabib J. , Spiegel M. . The Role of Human Capital in Economic Development: Evidence from Aggregate Cross-Country Data [J]. Journal of Monetary Economics, 1994, 34 (2): 24 – 41.

177. Benhabib J. , Spiegel M. . The Role of Human Capital in Economic Development Evidence from Aggregate Cross – country Data [J]. Journal of Monetary Economics, 1994, 34 (2): 143 – 173.

178. Charnes A. , Cooper W. W. , Rhodes E. . Measuring the Efficiency of Decision Making Units [J]. European Journal of Operational Research, 1978, 2 (6): 429 – 444.

179. Chen A. Z. , Huffman W. E. , Rozelle S. . Technical Efficiency of Chinese Grain Production: A Stochastic Production Frontier Approach [C]. 2003 Annual Meeting, July 27 – 30, Montreal, Canada. American Agricultural Economics Association, 2003.

180. Chesbrough H. W. . Open Innovation [M]. Harvard Business School Press, Boston, MA, 2003.

181. Earl M. . Knowledge Management Strategies: Toward a Taxonomy [J]. Journal of Management Information Systems, 2001 (1): 215 – 242.

182. Etzkowita H. . The Triple Helix: University-Industry-Government Innovation in Action [J]. London and New York: Routledge, 2008.

183. Fanelli V. , Maddalena L. . A Time Delay Model for the Diffusion of a New Technology [J]. Nonlinear Analysis Real World Applications, 2012, 13 (2): 643 – 649.

184. Francisco José Acedo, Barroso C. , Cristóbal Casanueva Rocha, et al. Co-Authorship in Management and Organizational Studies: An Empirical and Network Analysis [J]. Journal of Management Studies, 2006, 43 (5): 957 – 983.

185. Freitas I. M. B. , Tunzelmann N. V. Mapping Public Support for Innovation: A Comparison of Policy Alignment in the UK and France [J]. Research Policy, 2008, 37 (9): 1446 – 1464.

186. Geroski P. A. . Models of Technology Diffusion [J]. Research Policy, 1999, 29 (4): 603 – 625.

187. Haken, H. . Synergetics: An Introduction [M]. 3nd ed. Berlin: Spring-Verlag, 1983.

188. Heshmati A. , Mulugeta Y. . Technical Efficiency of the Ugandan Matoke Farms [J]. Applied Economics Letters, 1996, 3 (7): 491 – 494.

189. Jennifer, S. J. , Philip, G. P. , Julian, M. A. . Agricultural R&D Policy: A Tragedy of the International Commons [M]. University of Minnesota Department of Applied Economics: Staff Paper Series, 2008: 1789 – 1806.

190. Jeong S. , Choi J. Y. , Kim J. . The Determinants of Research Collab-

oration Modes: Exploring the Effects of Research and Researcher Characteristics on Co-authorship [J]. Scientometrics, 2011, 89 (3): 967.

191. Jha R., Chitkara P., Gupta S.. Productivity, Technical and Allocative Efficiency and Farm Size in Wheat Farming in India: A DEA approach [J]. Applied Economics Letters, 2000, 7 (1): 1 – 5.

192. Jones C. I.. R&D-Based Models of Economic Growth [J]. Journal of Political Economy, 1995, 103 (4): 759 – 784.

193. Jones, C., J. Williams. Too Much of a Good Thing? The Economics of Investment in R&D [J]. Journal of Economic Growth, 2000, 5 (1): 65 – 85.

194. Kettle T. J.. R&D, Scope Economies and Company Structure: A "Not-so-Fixed Effect" Model of Plant Performance [J]. Research Department in Economics, 1994 (7): 1 – 38.

195. Li X. . Sources of External Technology, Absorptive Capacity, and Innovation Capability in Chinese State-Owned High-Tech Enterprises [J]. World Development, 2011, 39 (7): 1240 – 1248.

196. Lucas R. E.. On the Mechanism of Economic Development [J]. Journal of Monetary Economics. 1998, 22 (1): 3 – 42.

197. Pardey P., Craig G.. Casual Relationships between Public Sector Agricultural Research Expenditures and Output [J]. American Journal of Agricultural Economics, 1989, 71 (4): 9 – 19.

198. Paul M. Romer. Increasing Returns and Long Run Growth [J]. Journal of Political Economy. 1986 (10): 1002 – 1037.

199. Peres R., Muller E., Mahajan V.. Innovation Diffusion and New Product Growth Models: A Critical Review and Research Directions [J]. International Journal of Research in Marketing, 2010, 27 (2): 91 – 106.

200. Raan A. F. J. V.. The Influence of International Collaboration on the Impact of Research Results [J]. Scientometrics, 1998, 42 (3): 423 – 428.

201. Riverabatiz L. A., Romer P. M.. Economic Integration and Endogenous Growth [J]. Quarterly Journal of Economics, 1991, 106 (2): 531 – 555.

202. Robinson D. K. R. , Huang L. , Guo Y. , et al. . Forecasting Innovation Pathways (FIP) for New and Emerging Science and Technologies [J]. Technological Forecasting & Social Change, 2013, 80 (2): 267 - 285.

203. Rogers E. M. . Diffusion of Innovations [M]. New York: The Free Press, 1983.

204. Romer P. . Endogenous Technological Change [J]. Journal of Political Economy, 1990 (98): 71 - 102.

205. Rothwell R. . Public Innovation Policy: To Have or to Have Not? [J]. R&D Management, 1986, 16 (1): 25 - 36.

206. Scherer F. M. . Firm Size, Market Structure, Opportunity and the Output of Patented Inventions [J]. American Economic Review, 1965, 55 (5): 1097 - 1125.

207. Schultz T. W. . Institutions and the Rising Economic Value of Man [J]. American Journal of Agricultural Economics, 1968, 50 (5): 1113 - 1122.

208. Tsai K. H. , Hsieh M. H. , Hultink E. J. . External Technology Acquisition and Product Innovativeness: The Moderating Roles of R&D Investment and Configurational Context [J]. Journal of Engineering & Technology Management, 2011, 28 (3): 184 - 200.

209. Wang W. , Fergola P. , Lombardo S. , et al. . Mathematical Models of Innovation Diffusion with Stage Structure [J]. Applied Mathematical Modelling, 2006, 30 (1): 129 - 146.

210. Wang, Huang Y. L. , Wu S. , et al. . Information Technology Innovation in India: The Top 100 IT Firms [J]. Technological Forecasting & Social Change, 2012, 79 (4): 700 - 708.

211. Wright P. M. , Mc Mahan G. C. , Mc Williams A. . Human Resources and Sustained Competitive Advantage: A Resource-based Perspective [J]. International Journal of Human Resource Management. 1994 (2): 301 - 326.

图书在版编目（CIP）数据

中国农业科研院所科技创新效率研究：基于创新模式和创新环境视角/毛世平等著. —北京：经济科学出版社，2019.11

ISBN 978-7-5218-0999-2

Ⅰ.①中… Ⅱ.①毛… Ⅲ.①农业技术-技术革新-研究-中国 Ⅳ.①F323.3

中国版本图书馆 CIP 数据核字（2019）第 210820 号

责任编辑：齐伟娜 初少磊
责任校对：郑淑艳
技术编辑：李 鹏 范 艳

中国农业科研院所科技创新效率研究：基于创新模式和创新环境视角
毛世平 等/著
经济科学出版社出版、发行 新华书店经销
社址：北京市海淀区阜成路甲28号 邮编：100142
总编部电话：010-88191217 发行部电话：010-88191540
网址：www.esp.com.cn
电子邮件：esp@esp.com.cn
天猫网店：经济科学出版社旗舰店
网址：http://jjkxcbs.tmall.com
北京季蜂印刷有限公司印装
710×1000 16开 15.5印张 250000字
2019年11月第1版 2019年11月第1次印刷
ISBN 978-7-5218-0999-2 定价：56.00元
(图书出现印装问题，本社负责调换。电话：010-88191510)
(版权所有 侵权必究 打击盗版 举报热线：010-88191661
QQ：2242791300 营销中心电话：010-88191537
电子邮箱：dbts@esp.com.cn)